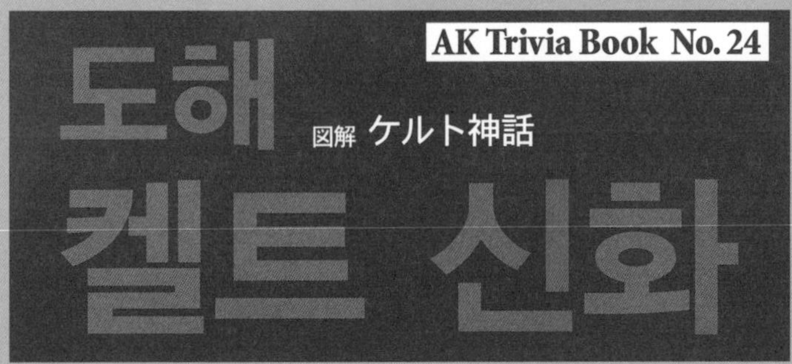


이케가미 료타 | 지음



AK TRIVIA BOOK

## ■ 켈트인의 역법

프랑스 남부 콜리니에서 발견된 유적 등을 조사한 결과, 켈트인은 우수한 천문학 지식을 가지고 있었으며 독자적인 역법을 사용했다는 것이 밝혀졌다.

그들은 달이 차고 기우는 것을 기준으로 한 태음력을 사용했으며, 1년은 12개월(30일인 월이 7개, 29일인 월이 5개)로 모두 355일이었다. 오차는 2년 반마다 한 번, 30일의 윤달을 설정함으로써 조정했다.

12개의 월 중 30일인 월은 MAT, 29일인 월은 ANMAT이라고 불렀다. MAT과 ANMAT에는 「완전한 달」과 「불완전한 달」이라는 의미가 있는데, 「좋은 달」과 「나쁜 달」로 해석하여 전쟁의 개전 등 중요한 결정을 할 때의 기준으로 삼았다는 설도 있다.

하루의 시작은 낮이 아니라 밤으로, 현대의 감각으로 본다면 전날 밤부터 하루가 시작된다고 여겼다.

(6쪽에 계속)

## 머리말

얼스터의 영웅 쿠 훌린, 피아나 기사단을 이끄는 영웅 핀 막 쿨과 그에게 모살당한 비극의 영웅 디어뮈드 등 이제는 라이트노벨이나 게임으로 일본에서도 인기가 많은 켈트 신화. 그 원류는 바로 아일랜드, 그리고 웨일스에 남아 있는 사본(寫本)집이다. 10세기부터 16세기에 걸쳐 성립된 이 사본들의 내용은 민화라는 형태로 현지 사람들에게 이어져 내려왔으며 현재까지도 전해지고 있다.

본서는 이런 이야기집들의 내용을 중심으로 신이나 영웅이 어떤 인물이었는가, 그들이 가진 물건은 어떠한 것이었는가, 켈트인이란 무엇인가? 그리고 그들의 신화란? 라는 부분을 자세하게 소개한다. 켈트 신화 내용 정리에 많은 도움을 줄 수 있으리라 생각한다. 하지만 이 이야기들이 보통내기가 아니라서, 초고나 번역, 재구성, 그리고 민화에 따라 이야기의 얼개나 세부 사항이 다른 경우가 적지 않다. 때로는 똑같은 내용의 이야기인데도 등장인물이 완전히 뒤바뀌어 있는 경우까지 있다. 본서에서는 가능한 한 이런 내용들을 폭넓게 다루려고 했지만, 지면 사정 때문에 부득이하게 싣지 못했던 내용도 있음을 양해해주셨으면 한다.

본서를 작성하면서, 나보다 먼저 켈트 신화 관련 책을 냈던 동생 이케가미 쇼타에게 여러 방면에서 도움을 받았다. 어떤 의미에서는 공저라고 해도 좋을지 모른다. 또 편집부 T씨, K여사께는 늦은 작업 속도로 다대한 폐를 끼쳤다. 이곳에 감사와 사죄의 말을 올린다.

여러분 덕분에 이 책을 무사히 간행할 수 있었습니다. 나머지는 독자 여러분께서 기뻐하실 만한 책이 되기를 기원할 뿐입니다.

이케가미 료타

# 목차

## ■ 켈트 4대 제전

켈트의 전통이 짙게 남아 있는 아일랜드에서는 2월 1일, 5월 1일, 8월 1일, 11월 1일에 고대부터 이어진 4개의 제전이 현재에도 열리고 있다. 당시 사람들에게 1일의 시작은 밤이었기 때문에 현재에도 제전은 1일 전야부터 시작된다.

**임볼크 Imbolc(Imbolg) 2월 1일**

봄의 시작을 알리는 제전이다. 아일랜드에서의 양의 출산과 수유의 개시 시기에 관계가 있다고 전해진다. 성 브리짓, 그리고 그 전신인 불꽃과 풍요의 여신 브리이드의 제일이기도 하다.

**벨타네 Beltane 5월 1일**

여름의 시작을 알리는 제전이다. 『사나스 호르믹』에서 말하길, 예전에는 2개의 장작불 사이를 가축들에게 통과시키며 무병과 식재를 기원하는 의식이 드루이드 사이에서 열렸다고 한다. 에린 침략 신화에서는 제2의 이주민 파르홀론이 아일랜드에 이주한 날이며, 웨일스의 『루드와 레펠리스의 이야기』에서는 프리다인에서 두 마리의 용이 다툰 날이었다.

**루나사 Lughnasadh 8월 1일**

가을의 시작을 알리는 제전이다. 『사나스 호르믹』에서는, 광명의 신 루의 제일이라 각지에서 축제가 열렸다고 한다. 개중에도 가장 큰 축제가 열린 곳이 지고왕이 사는 타라이다. 루나사에 앞서 7월 마지막 2주에는 아에나하 타르텐이라고 불리는, 죽은 자를 기리기 위한 축제가 열렸다. 그것은 일종의 체육대회로, 『침략의 서』에서는 루를 길러준 부모였던 탈티우의 죽음을 기린 루가 시작했다고도, 그의 결혼을 기념해서 열렸다고도 전해진다.

**사윈 Samhain 11월 1일**

겨울의 도래를 알리는 제전이다. 지상과 이세계가 이어지는 날이며 현재의 할로윈의 유래이기도 하다. 「성해가는 반년」과 「쇠해가는 반년」을 나누는 날이며, 여름의 죽음을 기리기 위해 타라에서 대대적으로 행사가 열렸다고 한다. 이야기 안에서는 포워르가 징세한 날이라거나 지상에서 쫓겨난 투아하 데 다난이 지상의 밀이나 우유를 빼앗는 날로 등장한다. 또 핀 막 쿨이 퇴치한 괴물 아레인이 타라를 습격한 날도 사윈의 밤이었다.

제 1 장

# 켈트 신화와 그 세계

No.001

# 켈트 신화란?

고대 유럽을 무대로 신화적인 로망의 여운을 현대에 전하는 켈트 신화. 하지만 그 신들에 대한 지식은 어디까지 남아 있는 것일까.

## ● 아일랜드에 남은 켈트의 신들

엄밀한 의미에서 켈트인들의 신화는 현대인인 우리가 알 수 없다. 왜냐하면 켈트인들은 그런 「지식」을 문자로 남기지 않았기 때문이다. 결국 그들이 구전으로 전해왔던 부족의 신들이나 종교관, 창세 신화 등은 로마와 그 뒤를 이은 기독교 문화의 세례를 받아 유라시아 대륙 서부(흔히 말하는 유럽 대륙)에서 자취를 감추었다. 갈리아인을 비롯하여 유라시아 대륙 서부에 살고 있던 켈트인 부족들의 신화, 신앙에 관해서는 이제 그리스 로마와 같은 외국인이 남긴 자료나 로마화된 사람들이 남긴 고고학 유물, 그리고 주변 지역 신화와의 비교에서 유추할 수밖에 없다.

현재 켈트 신화라고 불리는 것은, 섬나라라는 특수한 환경으로 인해 구전 · 전승이 많이 남아 있는 아일랜드, 그리고 웨일스의 자료에서 만들어진 것이다. 10세기부터 16세기에 걸쳐 기독교의 수도사들은 현지 사람들에게 전해지는 이야기를 문자 자료로 기록해 남겼다. 또한 아일랜드, 웨일스 사람들은 민화라는 형태로 이런 이야기를 현재에까지 전하고 있다. 주된 내용으로는 **투아하 데 다난**이라고 불리는 신들의 아일랜드 식민지 개척과, 훗날 아일랜드인의 선조가 되는 **밀레시안**과의 투쟁을 그린 **에린 침략 신화**. 신들의 피를 물려받은 영웅들이 활약하는 **얼스터 이야기**나 **핀 이야기**. 웨일스에 전해지는 신화로서, 흔히 마비노기온이라는 이름으로 알려진 이야기들. 그리고 신화적인 색채가 강한 역사 이야기나 이세계 모험담 등을 들 수 있다. 본서의 내용도 이런 전승을 중심으로 구성하였다. 다만 이것들이 반드시 **켈트인**의 신화나 신앙을 정확하게 전하는 것은 아님을 주의해야만 한다. 기독교적인 가치관에서 오는 왜곡이나 이야기의 재미를 우선한 민화의 희화화가 군데군데 보이기 때문이다.

## 켈트 신화란?

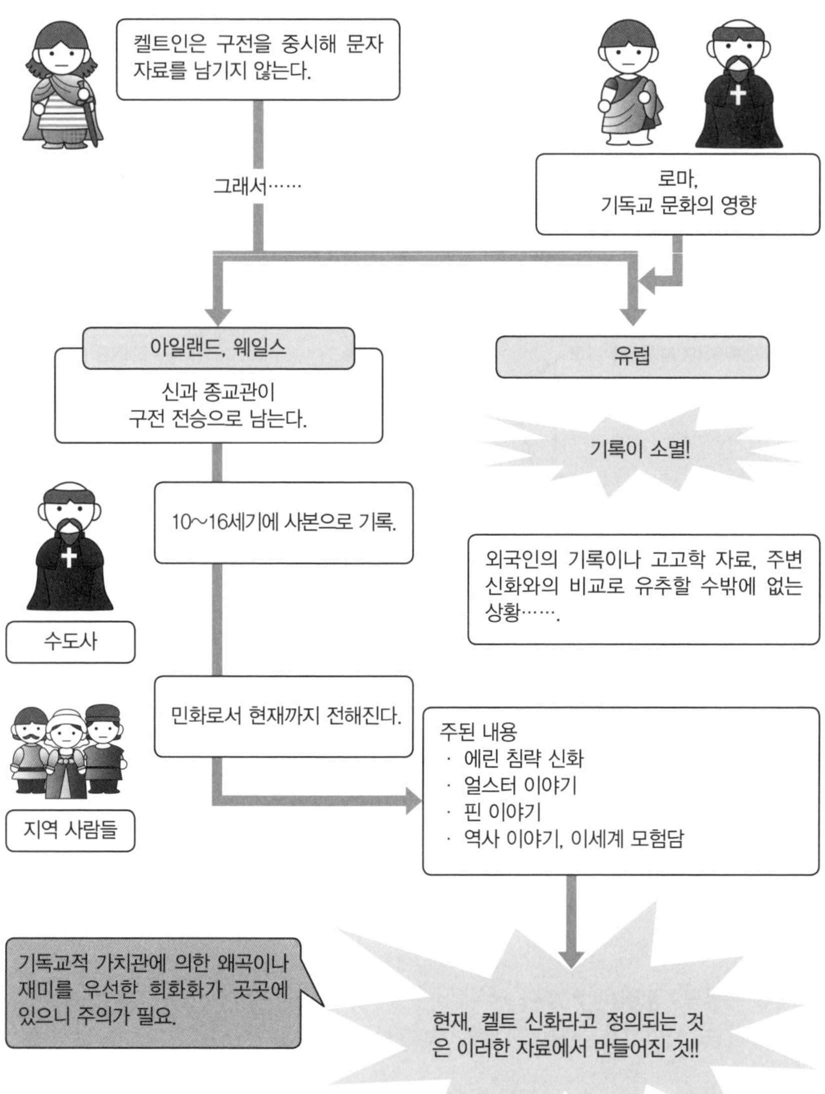
켈트인은 구전을 중시해 문자 자료를 남기지 않는다.
그래서……
로마, 기독교 문화의 영향
아일랜드, 웨일스
신과 종교관이 구전 전승으로 남는다.
유럽
기록이 소멸!
10~16세기에 사본으로 기록.
외국인의 기록이나 고고학 자료, 주변 신화와의 비교로 유추할 수밖에 없는 상황…….
수도사
민화로서 현재까지 전해진다.
지역 사람들
주된 내용
· 에린 침략 신화
· 얼스터 이야기
· 핀 이야기
· 역사 이야기, 이세계 모험담
기독교적 가치관에 의한 왜곡이나 재미를 우선한 희화화가 곳곳에 있으니 주의가 필요.
현재, 켈트 신화라고 정의되는 것은 이러한 자료에서 만들어진 것!!

### 관련 항목

투아하 데 다난 → No.014
에린 침략 신화의 줄거리 → No.002
핀 이야기의 줄거리 → No.004
밀레시안 → No.040
얼스터 이야기의 줄거리 → No.003
켈트인이란? → No.106

No.002

# 에린 침략 신화의 줄거리

세상 끝에 존재하는 녹토, 에린. 그곳은 수많은 민족들이 찾아와 만화경처럼 격렬하게 번영과 쇠퇴를 되풀이하는 혼돈의 대지였다.

## ● 아일랜드의 패권을 둘러싼 싸움의 역사

세상의 서쪽 끝. 그곳에는 에린, 훗날 아일랜드라 불리게 되는 섬이 존재했다. 신이 일으킨 홍수에서 살아남은 노아의 자손 케시르와 그 일족은 긴 여행 끝에 이 섬에 정착한다. 하지만 역병으로 순식간에 멸망하고 만다. 그 후 이 섬에는 몇 번이나 이주민들이 찾아왔지만 그때마다 역병과 **포워르**라고 불리는 마족에게 괴롭힘을 당하여 결국에는 멸망하든지, 아니면 섬을 떠났다. 섬을 떠난 일족 중 **피르 보르**라고 불리게 된 일족은 힘을 비축해 다시 섬을 장악하기에 이른다. 그들의 지배하에 섬은 번영할 것처럼 보였지만, 먼 북쪽 땅에서 새로운 종족이 등장했다. 바로 **투아하 데 다난**이다. 마술과 공예에 뛰어나 신이라고도 불리는 종족이었다. 그들은 이윽고 맞붙게 되었고, 섬 서쪽 모이투라라는 이름의 평원에서 결전. 그 결과 피르 보르는 섬 북서쪽으로 패퇴하고 섬의 주권은 투아하 데 다난에게 넘어갔다. 하지만 그들도 무혈입성한 것은 아니었기에 **누아다** 왕이 그만 부상으로 퇴위하게 된다. 그 뒤를 이은 것이 포워르와 투아하 데 다난의 혼혈아 **브레스**였다. 악정을 펼치는 브레스에게 대항하기 위해 민중은 상처를 치료한 누아다를 다시 지지하며 브레스를 퇴위로 몰아넣는다. 하지만 섬에서 도망친 브레스는 포워르의 군세를 이끌고 다시 섬을 공격하여 에린의 백성을 크게 괴롭혔다. 그때 나타난 것이 브레스와 같은 포워르와의 혼혈아인 광명의 신 **루**이다. 그는 누아다에게서 전권을 위임받아 투아하 데 다난을 이끌고 모이투라 평원에서 포워르와 결전을 벌인다. 훗날 『모이투라 2차 전투』라고 불리는 이 싸움은 투아하 데 다난의 승리로 끝났다. 하지만 신이라 불리던 그들도 역시 다음에 찾아온 종족인 밀레시안에게 밀려 섬에서 쫓겨나 지하나 이세계로 도망치게 된다. 신들의 시대는 끝나고 에린 땅에 영웅의 시대가 도래한 것이다.

## 투아하 데 다난의 이주

신의 홍수에서 살아남은 노아의 자손 케시르의 일족, 아일랜드에 도착.

수많은 종족이 아일랜드에 오지만 역병, 포워르의 공격으로 멸망 혹은 퇴거.

※ 아일랜드의 이주자들
1. 케시르 일족
2. 파르홀론
3. 네베드
4. 피르 보르
5. 투아하 데 다난
6. 밀레시안

피르 보르가 아일랜드에 도착. 아일랜드는 번영한다.

신이라고도 불리는 종족 투아하 데 다난 침략. 피르 보르와 모이투라 평원에서 격돌!

피르 보르가 아일랜드 서북부로 패퇴. 아일랜드는 투아하 데 다난이 지배.

## 투아하 데 다난 시대의 종언

누아다 왕이 부상으로 퇴위. 포워르와 투아하 데 다난의 혼혈아 브레스가 즉위.

브레스의 압정. 민중은 상처를 치료한 누아다를 추대하여 브레스를 폐위에 몰아넣음.

브레스, 포워르를 이끌고 아일랜드를 침공.

포워르와 투아하 데 다난의 혼혈아 광명의 신 루, 투아하 데 다난을 이끌고 교전.

투아하 데 다난이 모이투라 평원에서 포워르와 격돌! 승리한다.

밀레시안 침략. 투아하 데 다난, 밀레시안에게 패해 지하, 이세계로 도망.

현재의 아일랜드 사람들은 투아하 데 다난에게 승리한 밀레시안의 후예라고 여겨진다.

**관련 항목**

포워르 → No.034
투아하 데 다난 → No.014
브레스 → No.036
피르 보르 → No.038
누아다 → No.015
루 → No.016

No.003

# 얼스터 이야기의 줄거리

전설적인 붉은 가지 기사단의 싸움, 그리고 영웅 쿠 훌린의 생애에 대한 이야기는 얼스터 이야기로 알려져 있다.

## ● 얼스터 영웅의 이야기

아일랜드 북쪽에 옛날에는 울라드, 현재는 얼스터라고 불리는 나라가 있었다. 숙부 **페르구스**로부터 왕권을 물려받은 **콘코바**는 명군이라고 불리기에 합당한 인물이었다. 하지만 젊은 약혼자 **데어드레**와 그를 모시던 붉은 가지 기사단의 전사 **노이시**가 야반도주한 뒤부터 그의 행동은 정도를 벗어나기 시작한다. 이 사건으로 수많은 전사들이 그의 곁을 떠나 망명했다. 다만 얼스터에 남았던 전사들도 있었다. 그 대표라고 할 수 있는 것이 콘코바의 조카인 **쿠 훌린**이다. 광명의 신 루의 피를 이은 그는 어린 시절부터 빼어난 재능을 발휘해 아직 수염도 나지 않은 소년이면서도 수많은 일화를 남긴 얼스터 제일의 전사로 성장했다.

이 얼스터의 남서쪽에 **메이브** 여왕과 그의 남편 **알릴**이 통치하는 코노트라는 나라가 있었다. 그녀는 긍지가 높아 항상 남자들을 지배하려는 생각을 가지고 있었다고 한다. 어느 날 메이브는 자신의 남편과 장난으로 재산을 비교하였다. 승부는 거의 호각이었지만 알릴이 가진 황소 **핀베나하**에 필적하는 소를 가지고 있지 않았기에 패배하고 만다. 그래서 그녀는 남편에게 이기기 위해 얼스터 최강의 황소 **돈 쿨리네**를 노리고 여러 나라와 연합해 침공을 개시한다. 운이 나쁘게도 얼스터는 예전 왕이 여신 마하의 화신이던 임부(妊婦)에게 행한 잔혹한 소행 탓에「나라가 위기에 처했을 때 모든 성인 남성이 임부의 고통을 맛본다」는 저주에 걸려 있었다. 소년이었기 때문에 저주를 면한 쿠 훌린은 혼자서 닥쳐오는 군세를 농락하고 얼스터의 전사들이 회복할 시간을 번다. 그리고 결국에는 메이브를 붙잡아 전쟁을 종결시킨다. 하지만 메이브는 이때의 원한을 잊지 않았고, 쿠 훌린은 훗날 그녀가 보낸 자객의 손에 목숨을 잃는다.

## 왕도 얼스터와 콘코바 왕

여신 마하의 화신인 임부에게 잔혹한 행위를 저질러 얼스터 왕도가 저주를 받는다.

얼스터의 왕도 이벤 마하는 「나라가 위기에 처했을 때 모든 성인 남성이 임부의 고통을 맛본다」라는 저주에 걸렸다. 콘코바의 행위 탓이라고도 여겨진다.

콘코바가 숙부 페르구스의 뒤를 이어 얼스터의 왕이 된다.

콘코바가 약혼자로 키운 소녀 데어드레와 붉은 가지 기사단의 전사 노이시가 야반도주.

콘코바가 노이시를 모살하고 데어드레를 자살로 몰아넣는다.

수많은 전사가 콘코바의 정도를 벗어난 행위에 질려 망명한다.

## 쿠 훌린과 「쿨리네의 황소 사냥」

콘코바의 조카이자 광명의 신 루의 피를 이은 쿠 훌린은 젊은 나이에 나라 제일의 전사로 성장.

코노트의 여왕 메이브는 남편 알릴과 재산을 비교했는데, 멋진 소가 없어서 패배.

메이브는 얼스터의 이름 높은 황소 돈 쿨리네를 노리고 인근 국가와 연합해 얼스터를 침공.

전사들이 저주로 움직이지 못하는 가운데 쿠 훌린이 홀로 코노트군을 상대.

쿠 훌린이 메이브를 포박. 코노트, 국가연합은 철수한다.

쿠 훌린은 이때의 일을 잊지 못했던 메이브가 보낸 자객의 손에 살해당한다.

쿠 훌린의 사후에도 얼스터에는 갖가지 사건이 일어났다. 콘코바의 암살 미수와 그리스도의 처형 소식에 격앙하여 콘코바가 사망한 일. 그의 후계자 문제. 그리고 최종적으로 얼스터는 코노트에 패배하게 된다.

### 관련 항목

페르구스 막 로이 → No.049
데어드레 → No.052
쿠 훌린 → No.045
알릴 막 마타 → No.055
콘코바 막 네사 → No.043
노이시 → No.051
메이브 → No.056
돈 쿨리네와 핀베나하 → No.100

No.004

# 핀 이야기의 줄거리

눈부신 무훈을 세워 민중에게 사랑받은 영웅 핀의 이야기. 하지만 그것은 멸망과 신적인 영웅들의 황혼을 뜻하기도 했다.

## ● 아일랜드를 지키는 피아나 기사단 종언의 이야기

아일랜드의 지고왕과 아일랜드를 지키는 기사 집단 **피아나 기사단**. 하지만 그 내정은 유력 씨족인 바스크나 씨족과 모나 씨족이 항상 다투는 상태였다. 바스크나 씨족 출신이자 기사단 단장인 쿨은 모나 씨족의 여성과 사랑에 빠졌지만 모나 씨족에게 살해당하고 만다. 쿨의 자식을 임신한 여성은 무사히 달아나고, 그 후 태어난 아이 디무나는 두 명의 드루이드 여성에게 키워진다. 성장한 디무나는 현자 핀네가스의 밑에서 우연히 지혜의 연어를 받아 엄지손가락에 위대한 지혜를 깃들게 한다. **핀**이라고 불리게 된 그는, 아일랜드 지고왕이 사는 왕도 타라를 덮친 괴물 알레인을 쓰러뜨려 무용을 드러내고 모나 씨족에게 빼앗겼던 아버지의 유산과 단장의 지위를 되찾는다.

핀이 이끌게 된 기사단은 이세계에 사는 신이나 괴물, 때로는 해외로부터 쳐들어오는 위협에서 아일랜드를 지키기 위해 각지를 돌아다닌다. 그중에서 뛰어난 수훈을 올린 자가 핀의 아들 **오신**, 오신의 아들 오스카, 모나 씨족 출신의 젊은 전사 **디어뮈드**였다. 핀이 마음에 들어 했고 신뢰도 두터웠던 디어뮈드였지만, 그가 핀의 처가 될 터였던 지고왕 코르막의 딸 **그라냐**와 사랑의 도주를 하고 난 뒤부터 기사단의 앞날에 암운이 드리우기 시작한다. 집요하게 디어뮈드를 쫓아 모살한 핀은 기사단 전사들의 믿음을 잃었던 것이다. 코르막 사후 지고왕이 된 카이르브레는 커져가는 기사단의 권력을 못마땅하게 여겨 그들의 배척에 나섰다. 모나 씨족의 배신도 겹쳐 차례차례 쓰러지는 기사단. 오스카와 카이르브레가 서로를 쓰러뜨리면서 싸움은 끝나지만 기사단에 이미 과거의 영광은 없었다. 이세계로 초대받아 살아남은 오신은 사촌형제인 키르타와 함께 기사단의 영광을 후세에 전하기 위하여 아일랜드 각지를 방랑한다. 그리고 기독교의 수도사 성 패트릭과 만나게 된다.

## 피아나 기사단 단장의 지위를 잇는 핀

아일랜드를 지키는 피아나 기사단. 하지만 바스크나 씨족과 모나 씨족으로 갈라져 세력 다툼을 벌인다.

바스크나 씨족 출신의 피아나 기사단 단장 쿨이 모나 씨족의 여성과 사랑에 빠져 살해당한다.

임신을 한 여성이 낳은 아이 디무나를 두 명의 드루이드 여성이 키운다.

디무나가 우연히 현자 핀네가스에게서 지혜의 연어를 받아 엄지손가락에 위대한 지혜를 얻는다.

핀이라고 불리게 된 디무나는 왕도 타라를 괴물로부터 구해 기사단 단장이 된다.

단장이 된 핀은 아버지의 적이자 피아나 기사단 단장이었던 골을 용서하고 그를 부관으로 기용한다.

## 핀과 피아나 기사단의 최후

핀이 이끄는 기사단은 이세계나 해외에서 온 위협에서 아일랜드를 지키기 위해 분주한다.

기사단 최고의 전사 디어뮈드와 핀의 약혼자 그라냐가 사랑의 도피.

핀은 디어뮈드를 집요하게 쫓아 모살하였지만 전사들에게서 믿음을 잃는다.

아일랜드 새 지고왕 카이르브레는 기사단의 권력 확대를 우려해 토벌에 나선다.

지고왕 카이르브레와 핀의 손자 오스카가 서로 상대를 쓰러뜨려 전쟁 종결. 기사단은 괴멸한다.

살아남은 핀의 아들 오신과 조카 키르타는 기사단의 영광을 후대에 전한다.

오신과 키르타가 전한 이야기는 훗날 성 패트릭을 비롯한 수도사들에게 기록되어 현재에 전해지게 된다.

### 관련 항목

피아나 기사단 → No.063
핀 막 쿨 → No.064
오신 → No.065
디어뮈드 오 디나 → No.067
그라냐 → No.068

No.005

# 마비노기온 4장의 줄거리

디버드의 대공 프리데리의 고난을 중심으로 그려지는 마비노기의 이야기. 그곳에는 아일랜드와 공통적인 신화 요소가 존재한다.

## ● 웨일스에 전해지는 한 젊은이의 성장과 죽음

현재 웨일스 남서부에 있던 나라 디버드를 다스리던 **프리데리**는 「걱정」을 의미하는 이름을 가지고 있었다. 그의 아버지 **프윌**은 예전 이계의 왕과 1년 동안 영지를 교환했던 적이 있어 이계의 왕이라고도 불리는 군주였다. 그의 어머니 **리안논**도 현명한 여성이었지만 자식을 죽였다는 누명을 써 무고한 벌을 받고 있었다. 그 후 프윌의 부하에게 보호받고 있던 그가 무사히 귀환하여 어머니의 「걱정」이 사라졌다는 의미에서 이 이름을 받았다고 한다.

그 프리데리가 성인이 되었을 때 프리다인(브리튼)에서는 한 가지 문제를 가지고 있었다. **벤디게이드 브란** 왕의 여동생 브란웬이 시집을 간 이웰존(아일랜드)에서 학대를 받은 것이 원인으로 양국이 전쟁 상태였던 것이다. 싸움은 지극히 처참했고 수많은 사람들이 목숨을 잃었다. 이 전쟁에 프리다인 측으로 참가한 프리데리는 브란의 동생 **마나위단**을 포함한 7명의 전사와 함께, 전장에서 숨진 브란의 목을 들고 프리다인으로 귀환했다.

고향으로 돌아온 프리데리는 친척에게 나라를 빼앗긴 마나위단에게, 과부가 된 어머니와 재혼해 디버드에 살도록 권한다. 그는 기꺼이 그 제안을 받아들였지만 행복한 생활은 오래 이어지지 않았다. 디버드가 느닷없이 사람 없는 황야로 변한 것이다. 또한 프리데리 모자도 마술로 사로잡히고 만다. 모든 것은 프윌과 리안논에게 원한을 가진 마법사의 짓이었다. 우연히 진상을 알게 된 마나위단은 마법사와 담판을 짓고 디버드와 프리데리를 구한다.

프리데리는 그 후 웨일스 북동쪽 나라 귀네드의 왕 **마스**와 조카 **귀디온**의 싸움에 말려들어 목숨을 잃는다. 또한 이 사건으로 귀디온의 여동생 **아리안로드**가 낳은 쌍둥이 중 한 명인 **로우**는 어머니에게 저주를 받고 처에게 배신을 당하는 등, 프리데리에 뒤지지 않는 기구한 운명을 걷는다. 하지만 그와는 대조적으로 최후에는 귀네드의 왕으로서 행복한 최후를 맞이한다.

## 기구한 운명을 가진 젊은이들의 이야기

**제1장**

디버드의 대공 프윌, 이계의 왕과 1년간 영지를 교환하여 이계의 왕이라 불린다.

▼

프윌의 처 리안논, 자식을 죽였다는 누명을 쓰고 벌을 받는다.

▼

부하에게 보호받았던 아들이 귀환. 「걱정」거리가 없어졌다는 의미로 「걱정」을 의미하는 프리데리라는 이름이 지어진다.

**제2장**

프리다인의 왕 브란의 여동생 브란웬이 시집을 간 이웰존에서 학대를 받은 것을 계기로 양국이 개전.

▼

프리데리가 프리다인 측으로 참전. 싸움은 처참함의 극을 달리고 프리다인의 왕 브란이 전사.

▼

프리데리와 브란의 동생 마나위단을 비롯한 7명의 전사들이 브란의 목을 프리다인으로 가지고 돌아온다.

**제3장**

나라를 빼앗긴 마나위단, 과부가 된 리안논과 결혼해 디버드를 다스린다.

▼

돌연 디버드가 저주를 받아 무인의 황야가 된다. 프리데리, 리안논도 마법으로 사로잡힌다.

▼

마나위단, 사건의 주모자이자 프윌과 리안논에게 원한을 가졌던 마법사의 처를 붙잡아 마법사를 설득, 평화를 되찾는다.

**제4장**

프리데리, 북방의 나라인 귀네드의 왕 마스와 조카 귀디온의 전쟁에 말려들어 사망.

▼

귀디온의 여동생 아리안로드, 이 사건으로 두 사람의 아이를 낳지만 인정하지 않고 저주를 건다.

▼

아리안로드의 자식 로이, 프리데리와 마찬가지로 파란만장한 생애를 보내지만 행복한 최후를 맞는다.

**관련 항목**

프리데리 → No.074
벤디게이드 브란 → No.075
마스와 귀디온 → No.077
로이 라우 귀페즈 → No.079
프윌과 리안논 → No.072
마나위단 파브 리르 → No.076
아리안로드 → No.078

No.006

# 역사 이야기와 그 외의 이야기 분류

만물에서 신을 찾아내고 전생을 믿는 켈트인들에게 이세계란 현실과 마주한 세계였다. 때문에 수많은 이야기가 남아 있다.

## ● 켈트 문화권에서 사랑받던 이야기의 주제

아일랜드 이야기들은 크게 나누어 에린 침략 신화, 얼스터 이야기, 핀 이야기, 그리고 역사 이야기 이렇게 4개로 분류된다. 역사 이야기는 70편 정도의 이야기들로, 역사상의 인물을 중심으로 이야기가 전개된다. 내용은 환상적인 것이 많지만 그 배후에는 이야기가 쓰인 시대의 정치적 배경이나 세상에 대한 냉소가 담겨 있다고 한다.

상기의 분류는 어디까지나 근세 이후의 분류이며, 중세 아일랜드에서는 다음과 같이 분류하였다. 아데드(최후), 아테드(사랑의 도피), 발레(광란), 카트(싸움), 콤베르트(탄생), 오르긴(살육), 토인(소 잡기), 토흐마르크(구혼), 토갈(파괴), 에흐트래(이세계), 임라우(항해) 등이 있다. 그중에서도 이세계를 모험의 무대로 삼은 이세계 모험담의 에흐트래, 해양 모험담인 임라우는 특히 인기가 높아, 상기 4분류에 더해져 5번째의 분류로 세는 경우도 많다. 에흐트래의 대표적인 이야기는 『코르막의 이세계』가, 임라우의 대표적인 이야기로는 『브란의 항해』, 『마일 둔의 항해』 등을 들 수 있다.

그중에서도 가장 오래된 『브란의 항해』는 다음과 같은 내용이다. 어느 날 신비한 처녀에게서 은색 사과나무 가지를 건네받은 왕자 **브란**은 그녀가 말하는 바다 끝 이상향 「여인의 나라」에 흥미를 가진다. 그는 동지를 모아 3척의 배에 9명씩 태워 대해원으로 나아갔다. 그들은 항해 도중 해신 **마나난**을 시작으로 신비한 사람들과 만나고, 신비한 섬들을 목격한다. 그리고 도착한 「여인의 나라」에서 즐겁게 지내지만, 동료 중 한 명이 고향을 그리워했기에 여인들의 만류도 뿌리치고 고향으로 돌아간다. 하지만 고향에서는 이미 수백 년의 시간이 흘러 있었다. 이제 자신이 알던 고향으로는 돌아가지 못한다는 것을 깨달은 그들은 그 체험을 고향 사람들에게 전하고 덧없게도 바다 너머로 사라진다.

## 역사 이야기의 개요

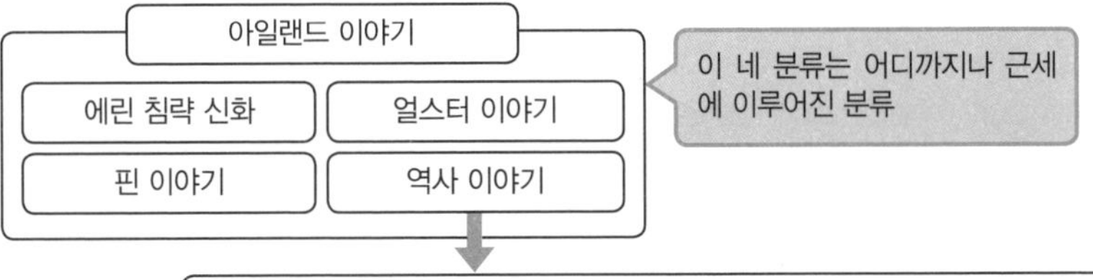


역사 이야기란?

- 역사상의 인물을 중심으로 한 이야기.
- 총 수는 약 70편 정도.
- 내용은 환상적인 것이 많지만, 그 배경에는 당시의 정치적 배경이나 세상에 대한 냉소가 담겨 있다.

## 그 외의 분류

### 기록에 따른 중세 아일랜드 이야기 분류

| | | |
|---|---|---|
| 아데드(최후) / Aided | 아테드(사랑의 도피) / Aithed | 발레(광란) / Baile |
| 카트(싸움) / Cath | 콤베르트(탄생) / Compert | 오르긴(살육) / Orgain |
| 토인(소 잡기) / Táin | 토흐마르크(구혼) / Tochmarc | 토갈(파괴) / Togail |
| 에흐트래(이세계) / Echtrae | 임라우(항해) / Immram | |

이들은 4가지 이야기 분류에 이어 5번째의 분류로 다뤄지는 경우도 있는 인기 높은 이야기들이다.

### 『브란의 항해』 줄거리

왕자 브란은 신비한 미녀가 말하는 「여인의 나라」에 대해 무척 흥미를 가지게 된다.

↓

동지를 모아 3척의 배에 9명씩 태워 출항한다.

↓

해신 마나난을 시작으로 신비한 자들과 만나며 항행을 계속한다.

↓

「여인의 나라」에 도착해 즐겁게 살지만 동료의 바람으로 고향으로 돌아온다.

↓

그 사이 몇백 년이나 경과한 고향. 그들은 고향 사람들에게 자신들의 체험을 전하고 바다 저편으로 사라진다.

**관련 항목**

브란 막 페빌 → No.087
마나난 막 리르 → No.026

No.007

# 에린 침략 신화의 세계

아일랜드 개척 신화와 역사를 전하는 에린 침략 신화. 아일랜드 5개의 주, 그리고 그 유명한 모이투라 등이 주요 무대이다.

## ● 아일랜드를 둘러싼 신들의 싸움

『침략의 서』에 의하면 노아의 자손 케시르가 대홍수 후 처음으로 내린 곳이 아일랜드 최남단, 현재의 코크 주였다고 한다. 그들이 멸망한 300년 후, 제2의 이주민인 파르홀론이 아일랜드 남서부, 현재 케리 주의 켄메어에 상륙했다. 그들은 북서부에 있는 현재의 도니골 주 래포에서, 그 서쪽의 토리 섬과 아란 제도에 요새를 짓고 아일랜드를 계속 위협해온 **포워르**와 싸워 패배를 당했다.

제4이주민 **피르 보르** 이후 아일랜드는 얼스터(울라드), 렌스터(라긴), 미드(미데), 먼스터, 코노트 이렇게 다섯 나라로 나뉘어졌다. 동부 미드 주에 있던 왕도 타라는 원래 역병으로 멸망한 파르홀론의 매립지 센 마이였다. 그 서쪽에는 피르 보르의 여왕 탈티우의 성 텔타운이 있으며, 여기가 훗날 북쪽 4개의 섬에서 골웨이 주 서안에 상륙한 제5의 이주민 **투아하 데 다난**과 제6의 이주민 **밀레시안**이 결전을 벌이는 땅이다.

『모이투라 2차 전투』로 알려진 슬라이고 주의 평원 모이투라(마그 투레드)는 두 번에 걸쳐 전장이 되었다. 첫 번째는 평원 북부에서 피르 보르와 투아하 데 다난의 싸움이, 두 번째는 평원 남부에서 투아하 데 다난과 포워르의 싸움이 열렸다.

밀레시안에게 밀려 현세에서 쫓겨난 투아하 데 다난들은 각자 이세계에 정착했다. 미드 주 보인 강 북안 뉴그레인지의 유적으로 알려진 최고신 **다아다**와 그의 아들 인우스의 브루 나 보냐, 광명의 신 **루**의 도르반, 해신 **마나난**의 마그 메르와 아일랜드 동쪽에 위치한 맨 섬, 시와 화술의 신 **오그마**의 아셀트레이, 지하의 신 미이르의 브리 레흐 등이 그들이 정착한 이세계의 땅이다.

## 에린 침략 신화의 세계

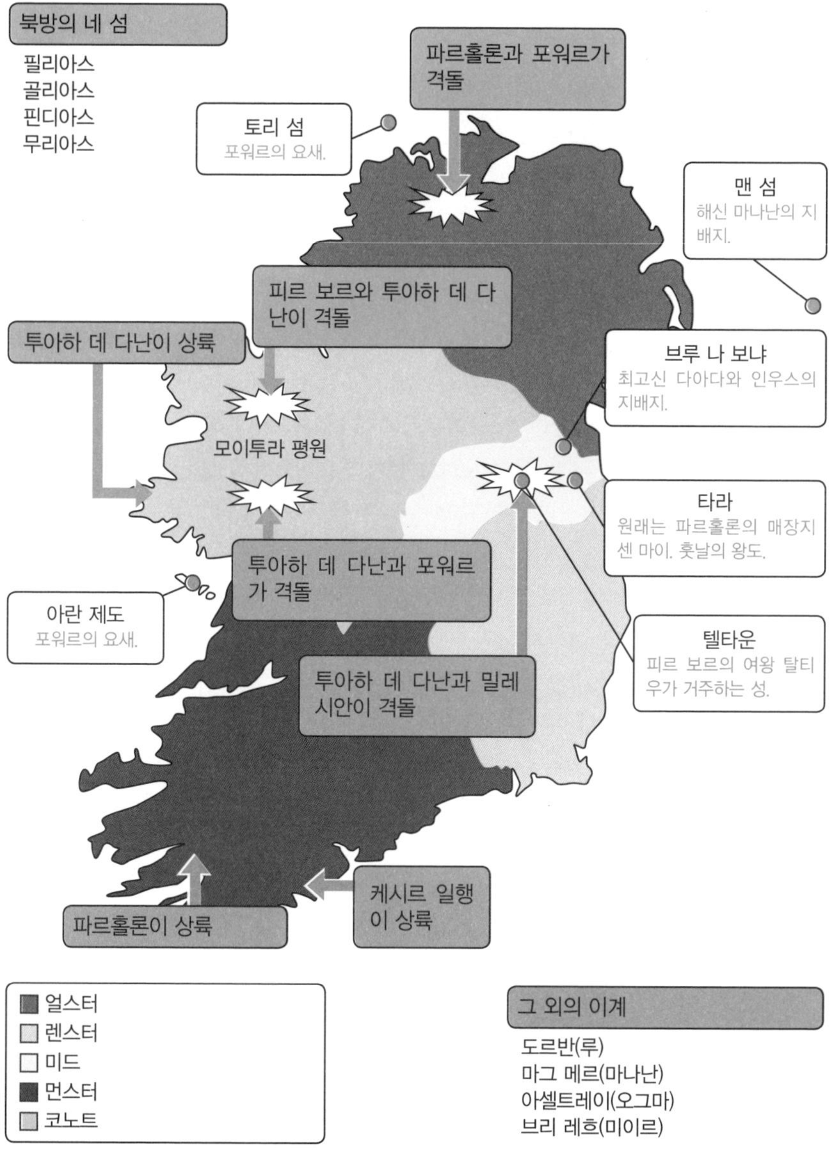


**관련 항목**

포워르 → No.034
투아하 데 다난 → No.014
다아다 → No.018
마나난 막 리르 → No.026
피르 보르 → No.038
밀레시안 → No.040
루 → No.016
오그마 → No.031

No.008

# 얼스터 이야기의 세계

아일랜드 북부 국가 얼스터를 중심으로 전개된 이야기들. 그 무대는 오늘날에도 그 흔적이 남아 있다.

## ● 얼스터를 중심으로 전개되는 이야기

얼스터 이야기의 세계관은 1세기 전후의 아일랜드, 특히 아일랜드 북부 얼스터를 중심으로 전개된다.

얼스터의 왕 **콘코바**의 성이 있는 수도 이벤 마하는 현재의 아마 주에 있는 나반 성새(城塞) 주변을 가리킨다. 이벤 마하의 동북쪽에 위치한 아마 대성당은『우스네의 아이들의 유랑』의 주인공, 젊은 전사 **노이시**와 미녀 **데어드레**가 묻힌 땅이라고 전해진다. 이벤 마하의 남쪽, 현재의 던독 주변에 있는 무르테우네 평원(둔 데르그가)은 영웅 **쿠 훌린**의 영토였다. 국경 지역의 땅으로,『쿨리네의 황소 사냥』이나『쿠 훌린의 최후』등에 그려진 수많은 전투가 이 땅에서 벌어졌다. 이 국경으로부터 남동쪽에 위치한 미드에는 역대 아일랜드 지고왕의 성인 타라가 있고,『다 데르가 관의 붕괴』의 주역 코나레 모르도 이곳에 자리를 잡고 있었다. 또 그 남동쪽, 메스 게그라가 지배하는 렌스터에는 쿠 훌린의 처 에웰의 아버지 포르가르가 지배하던 루스카의 땅이 있다. 이들 땅은 현재의 더블린 주변으로, 쿠 훌린이 다스렸던 던독과 마주하는 곳이었다. 한편 국경 남서쪽으로 시선을 향하면 얼스터의 숙적 코노트의 땅이 있다. 여왕 **메이브**와 그의 남편 **알릴**이 있었던 코노트의 수도 크루아한은 아일랜드의 중앙, 현재의 로스코몬에 해당한다. 쿠 훌린이 수행한 곳, 그림자의 나라 알바는 코노트 남서부에 있는 아란 제도, 혹은 아일랜드 동쪽에 위치한 스코틀랜드 등의 설이 있어 명확하지 않다. 아일랜드의 남쪽 대부분을 지배하던 먼스터의 왕 쿠 로이의 성 카티르 콘 로이는 나라 안에서도 남서쪽, 현재의 딩글 반도에 있었다.『쿠 로이의 최후』에 따르면, 이 마법의 성에서 쿠 훌린과 쿠 로이는 격렬한 싸움을 벌였다고 한다.

## 얼스터 이야기의 세계

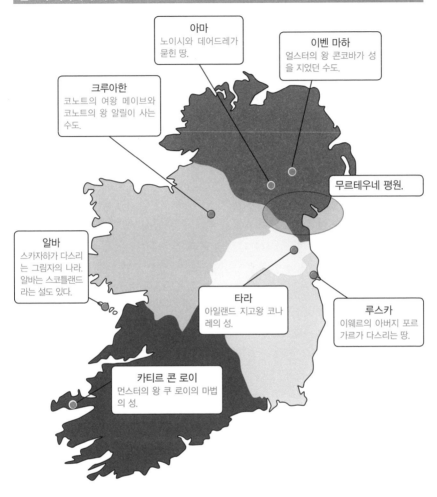

**아마**
노이시와 데어드레가 묻힌 땅.

**이벤 마하**
얼스터의 왕 콘코바가 성을 지었던 수도.

**크루아한**
코노트의 여왕 메이브와 코노트의 왕 알릴이 사는 수도.

**무르테우네 평원.**

**알바**
스카자하가 다스리는 그림자의 나라. 알바는 스코틀랜드라는 설도 있다.

**타라**
아일랜드 지고왕 코나레의 성.

**루스카**
이웨르의 아버지 포르가르가 다스리는 땅.

**카티르 콘 로이**
먼스터의 왕 쿠 로이의 마법의 성.

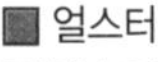

- 얼스터
- 렌스터
- 미드
- 먼스터
- 코노트

무르테우네 평원은 쿠 훌린의 성이 있었던 땅. 국경에 접해 있었고 『쿨리네의 황소 사냥』 등의 수많은 이야기의 무대가 되었다.

### 관련 항목

콘코바 막 네사 → No.043
데어드레 → No.052
메이브 → No.056
노이시 → No.051
쿠 훌린 → No.045
알릴 막 마가하 → No.055

No.009

# 핀 이야기의 세계

얼스터 및 코노트를 중심으로 한 얼스터 이야기와는 달리 핀 이야기는 렌스터 및 미드를 중심으로 그려진다.

## ● 피아나 기사단들이 누빈 아일랜드의 대지

핀 이야기는 아일랜드 지고왕과 아일랜드를 지키는 **피아나 기사단**의 이야기이다. 그렇기 때문에 이야기의 대부분은 왕도 타라가 있는 아일랜드 동부 미드 지방, 그리고 인접한 렌스터 지방이 무대의 중심이 된다.

피아나 기사단은 아일랜드 내의 수렵과 징세가 허락된 유랑 전사들이었으나 거주지를 가진 자도 있었다. 피아나 기사단 단장 **핀 막 쿨**의 성이 있었던 곳은 아일랜드 동부, 현재의 렌스터 지방 킬데어 주에 있는 알렌 언덕이다. 주변 평원에는 피아나 기사단의 훈련 시설도 있어 수많은 전사들이 이곳에서 수행을 했다고 한다. 19세기에 이 언덕에서 핀의 것이라고 여겨지는 유골도 발견되었다.

싸움에 져서 핀에게 보호받는 처지이면서도 그의 목숨을 노렸던 북구(로홀란)의 왕자 미다크가 자리를 잡고, 함정이 도사리는 마가목의 관을 세운 곳이 아일랜드 서부, 코노트 지방을 흐르는 샤논 강 유역이었다. 핀은 보인 강에서 잡은 마법의 연어를 먹고 지혜를 얻었다고 전해지는데, 연어를 잡은 곳은 샤논 강이라는 전승도 남아 있다. 또 미다크가 불러냈다고 하는 세계의 왕과 기사단이 싸운 곳이 아일랜드 남서부 케리 주의 벤트리였다. 아일랜드 북부, 얼스터 지방 아마 주에 있는 슬리에베 굴리온 산에는 핀이 백발이 된 원인인 요정 자매 에네와 밀쿠라가, 아일랜드 서부 코노트 지방 슬라이고 주의 벤 불벤 숲에는 미장부 **디어뮈드**를 죽음으로 몰아넣은 마법의 멧돼지가 살고 있었다고 한다. 이 숲은 핀의 아들 **오신**이 찾은 땅으로도 유명하다. 피아나 기사단 최후의 싸움이 된 가우라의 싸움은 아일랜드 동부 렌스터 지방 더블린 주의 가리스타운, 혹은 미드 주의 가우라에서 열렸다고 전해진다.

## 핀 이야기의 세계

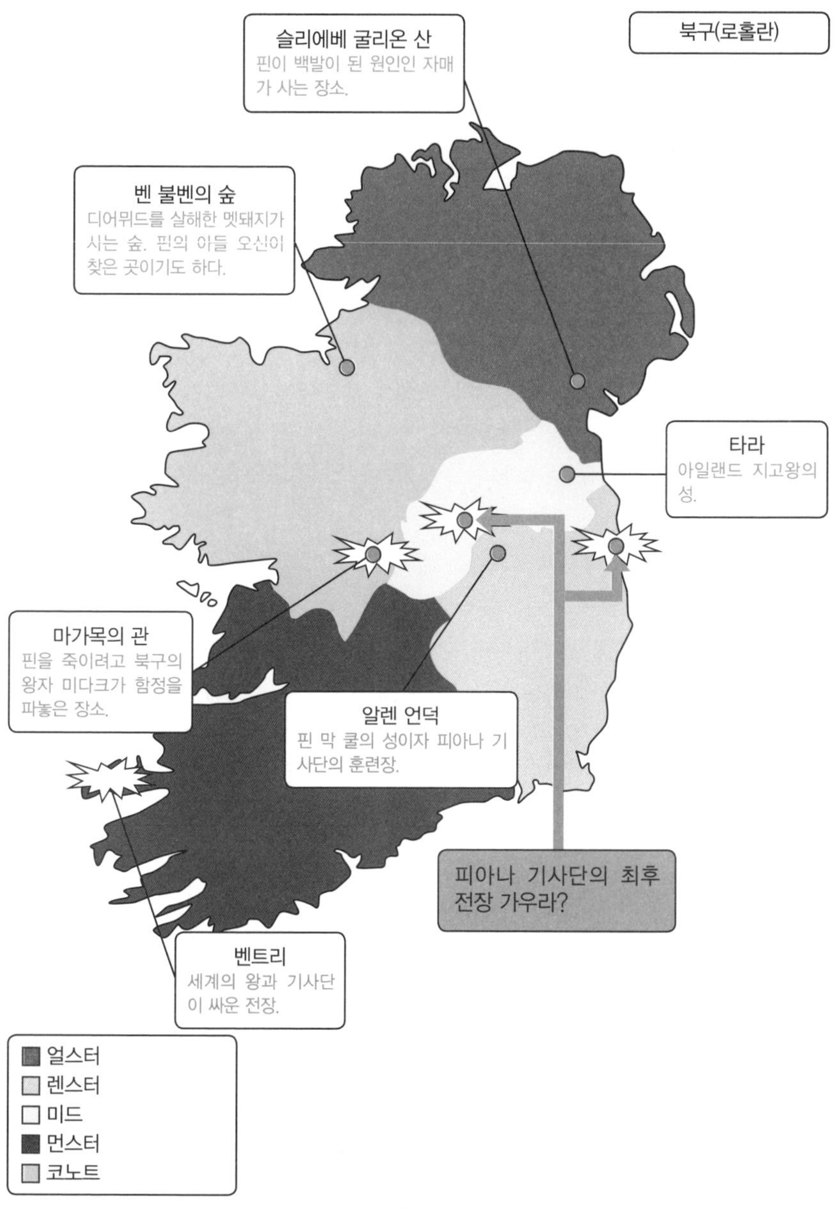

슬리에베 굴리온 산
핀이 백발이 된 원인인 자매가 사는 장소.
북구(로홀란)
벤 불벤의 숲
디어뮈드를 살해한 멧돼지가 사는 숲. 핀의 아들 오신이 찾은 곳이기도 하다.
타라
아일랜드 지고왕의 성.
마가목의 관
핀을 죽이려고 북구의 왕자 미다크가 함정을 파놓은 장소.
알렌 언덕
핀 막 쿨의 성이자 피아나 기사단의 훈련장.
피아나 기사단의 최후 전장 가우라?
벤트리
세계의 왕과 기사단이 싸운 전장.
얼스터
렌스터
미드
먼스터
코노트

**관련 항목**

피아나 기사단 → No.063

디어뮈드 오 디나 → No.067

핀 막 쿨 → No.064

오신 → No.065

No.010

# 『마비노기온』의 세계

마비노기온의 이야기는 웨일스를 중심으로 한 브리튼 섬 및 이세계를 주요 무대로 삼고 있다. 아일랜드는 어디까지나 적국에 지나지 않는다.

## ● 마비노기온 4장과 아서 왕 전설의 무대

웨일스의 이야기인 『마비노기온』은 프리다인(브리튼) 섬, 특히 컴리(웨일스)를 중심으로 전개된다. 제1장(1화), 제3장의 주요 무대 디버드는 웨일스 남서쪽에 위치한 나라였다. 이 나라의 남서부 알베루스는 대공 **프윌**와 처 **리안논**의 출신지이다. 디버드의 동쪽에는 케레디아운과 이스트라드 테위가 있으며, 훗날 프윌의 아들 **프리데리**의 지배지가 된다. 제4장에서 이 디버드 및 주변국과 전쟁을 한 것이 웨일스 북부에 위치한 나라 귀네드였다. 제2장은 보다 넓은 범위가 무대이다. 브리튼 섬 남동부에 위치한 룬다인(런던)에 자리를 잡은 벤디게이드 브란은 엘 알반(스코틀랜드), 로이겔(잉글랜드)을 포함한 브리튼의 왕이었다. 그는 바다를 넘어 머나먼 이웰존(아일랜드) 땅을 침공한다.

이어지는 이야기는 그 범위가 더욱 넓어진다. 제5장에서는 바다 너머에 있는 루바인(로마) 황제 막센이 꿈에서 본 처녀를 찾아 브리튼 섬에 도달해 웨일스 남동쪽에 자신의 신부를 위한 3개의 요새를 건설한다. 그리고 제6장은 브리튼을 물려받은 왕자와 바다를 건너 프랑크(프랑스)의 왕이 된 왕자의 이야기이다. 제7장부터 시작되는 아서 왕과 원탁의 기사들 이야기도 역시 브리튼 섬에서 유럽, 나아가 이세계를 무대로 한 종횡무진의 무대가 설정된다. 아서의 궁정은 브리튼 섬 최남단 케르뉴(콘웰) 주변으로, 제7장에 따르면 이웰존, 프랑크는 물론 그리스까지 지배하에 두었다고 한다.

웨일스의 이야기에서 가장 유명한 이세계가 안눈이다. 그 외에도 땅끝의 성 등, 이세계의 토지는 수없이 등장한다.

## 『마비노기온』의 세계

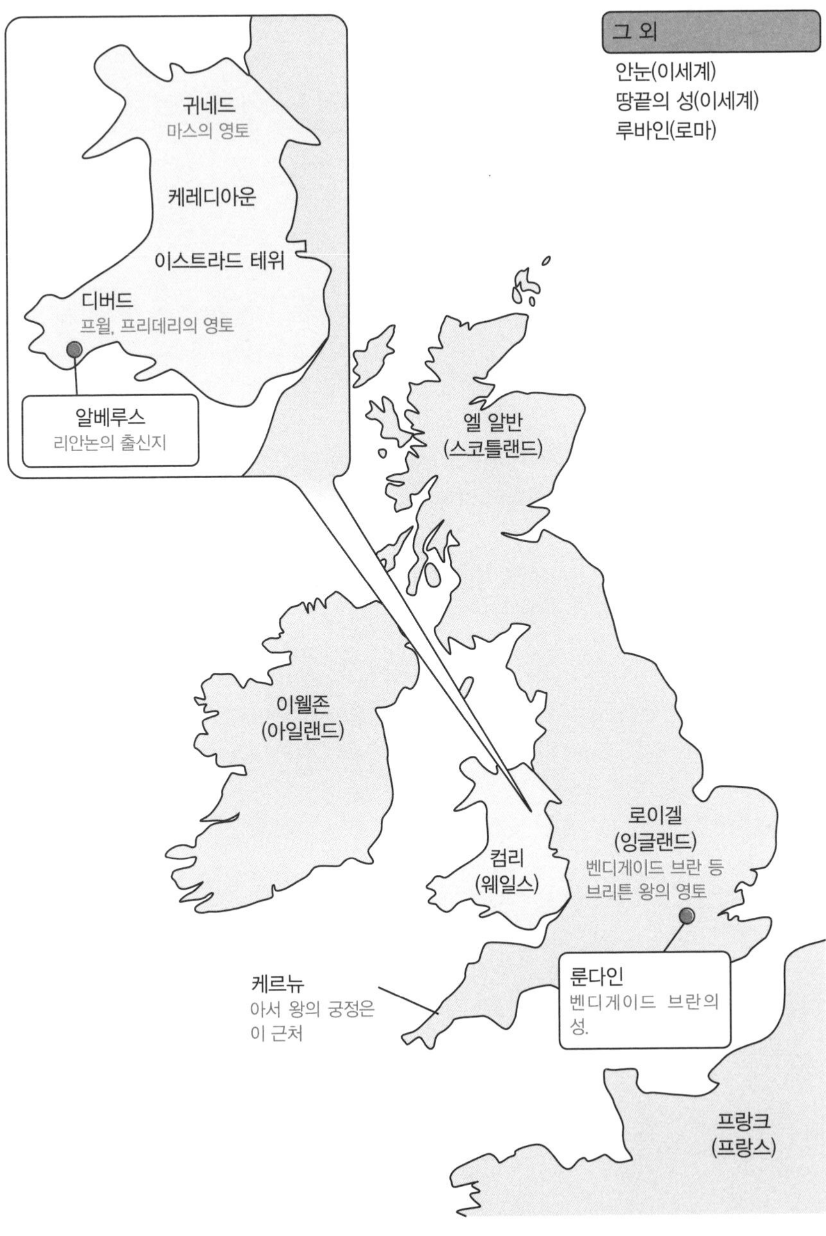


관련 항목

프윌과 리안논 → No.072

프리데리 → No.074

## 켈트인의 환상

고대 켈트인이 어떤 신앙을 가지고 어떤 제의를 열었는지는 사실 거의 알려져 있지 않다. 그들은 문자를 이용한 기록을 남기지 않았기 때문이다. 카이사르의『갈리아 전기』등 외국인의 기록에 의하면 극히 초기 단계에 있어서 그들의 신은 인간적인 모습이나 인격을 가진 신이 아니었다. 오히려 그리스 로마와 같은 인격신을 조소하기까지 했다고 한다. 고고학 자료에 따르면 그들의 신을 기리는 제사장은 흙으로 쌓은 성채나 목책으로 둘러싸인 단순한 장소이며, 그곳에서 공물을 바치는 제의가 열렸다. 그들의 우주관, 창세 신화는 전해지지 않지만 최종적으로 세상이 멸망한다는 종말론은 가지고 있었던 듯하다. 스트라본의『지리학』에는 화재와 홍수로 인한 종말이,『갈리아 전기』에는 하늘을 지탱하는 기둥이 무너져 하늘이 무너져 내린다는 종말이 쓰여 있다. 그러는 한편, 그들은 영혼의 불멸을 믿고 사후에는 다른 존재로 다시 태어난다고 생각했다. 하지만 지중해 지방의 그리스 로마 문화권과의 접촉이 대륙 켈트의 종교관을 차츰 변화시켜갔다. 신들에게 인간적인 모습이 부여되기 시작하고, 로마와 같은 석조 신전에는 신들을 본뜬 석상이 모셔지게 되었다. 하지만 그 신들의 성격이나 신화는 구전 전승과 함께 어둠 속으로 사라지고 말았다. 한편 로마화의 영향이 적었던 아일랜드, 웨일스 등의 도서(島嶼) 켈트에는 예부터 전해지는 켈트 민족의 신앙이 남아 있었다. 다만 그것이 문자 기록으로 남게 된 것은 11세기 이후 기독교 수도사들의 손에 의해서였다. 때문에 가치관의 대다수는 기독교의 영향을 받아 순수한 켈트인 신앙은 단편적으로밖에 알 수 없다.

역사의 저 너머로 사라진 켈트인 신앙이 다시 인식되기 시작한 것은, 16세기 활판 인쇄에 의해 라틴어로 쓰인 고대 문헌이 차례차례 간행되게 된 이후의 일이다. 특히 카이사르의『갈리아 전기』는 훗날 켈트인의 이미지에 결정적인 영향을 주었다고 해도 과언이 아니다. 이후 영국인이나 프랑스인은 자신들의 근원인 켈트인을 이상적으로 만들기 시작했다. 뒤이어 17세기 영국의 존 오브리나 윌리엄 스터클리, 헨리 롤랜즈 등의 저작물로 켈트인과 스톤헨지를 비롯하여 신화와 선사시대 유적이 연결되기 시작하면서 사람들은 열광적으로 이 이야기를 받아들였다. 18세기에 들어와 제임스 맥퍼슨의『오시안 이야기집』이 등장하자 유럽을 석권하고 있던 낭만주의와 어우러져 켈트 문화의 열기는 결정적으로 굳어졌다.

현재의「스톤헨지나 숲속에서 신성한 의식을 여는 드루이드」와 같은 켈트인 신앙의 인상이 만들어진 것은 실은 이 18세기 이후의 일이다. 그리고 그것은 실제의 켈트인상에서는 크게 동떨어진 것이었다. 이런 켈트인상이나 그들의 신앙에 대한 환상은 그 후 민족주의적인 이데올로기를 가진 켈트 부흥 운동과 맞물려 현재까지 이어지는 신비적인 켈트인 신앙 이미지를 만들어내게 된다.

제 2 장

# 켈트 신화의 등장인물

No.011

# 테우타테스, 에수스, 타라니스

Teutates, Esus, Taranis

일반적으로 갈리아인의 종교는 인간의 산 제물을 바치는 무시무시한 이미지가 있다. 그 원천은『내란기』에 기록된 신들에게 있다.

## ● 갈리아를 대표하는 3위의 신

문헌 자료가 남아 있지 않은 **갈리아의 신**에 대해서는 고고학적인 자료나 외국인이 남긴 자료에서 유추할 수밖에 없다. 때문에 수많은 신들이 어떠한 개성을 가지고 있었는지 알 수 없는 상황이다. 이런 가운데 비교적 많은 것을 알 수 있는 것이 로마의 시인 루카누스의『내란기(內亂記)』에서 그려진 테우타테스, 에수스, 타라니스이다.「피의 희생을 좋아하는 잔인한 테우타테스, 야만적인 제단의 난폭한 에수스, 그 제단이 스키타이의 디아나보다도 사나운 타라니스」라는 기술은『신적교리』나『베른 스콜리아』등 훗날의 주석서에서 보강되어 산 제물을 원하는 신의 모습으로 정착되었다.

테우타테스는「선조」,「백성의 아버지」를 의미한다고 여겼고 로마의 전쟁신 마르스와 동일시되었다. 아마도 수많은 신들의 총칭으로 보이며, 테우타테스 자체에 대한 봉납물은 거의 찾아볼 수 없고 그 모습 또한 명확하지 않다. 테우타테스에게 바치는 산 제물은 물을 담은 큰 솥에 머리를 담가 익사시켰다고 하며, 덴마크의 군데스트룹에서 발견된 솥에 그려진 병사를 들어올리는 신도 테우타테스가 아닌가 하는 연구자도 많다.

에수스는「주인」,「지배자」를 의미한다고 여겼고, 로마 기예의 신 메르쿠리우스와 동일시된다. 에수스의 산 제물은「사지가 몸에서 떨어져 나갈 때까지」매달기를 당했다. 허름한 옷을 입고 도끼나 단도를 든 나무꾼의 모습으로, 그 옆에는 세 마리의 새와 한 마리의 소가 그려져 있다.

타라니스는「하늘」이나「번개」를 의미한다고 여겼고, 로마의 주신 유피테르와 동일시되었다. 다만 군신의 측면도 가지고 있어 망치를 든 모습으로 그려졌다. 그 산 제물은 나무로 만든 관에 넣어 불로 태워 죽이는 것이었고, 카이사르의『갈리아 전기』등에도 이런 산 제물 의식이 그려져 있다.

## 산 제물을 원하는 갈리아의 신

로마의 시인
루카누스

「내란기」에서 산 제물을 원하는 신으로서 갈리아의 3신을 소개.

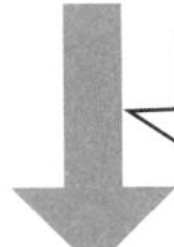

훗날 「신적교리」, 「베른 스콜리아」 등의 자료가 「내란기」의 기술을 보강.

### ●테우타테스 / Teutates

**선조, 백성의 아버지, 전쟁의 신**

**외견**

불명. 군데스트룹의 큰 솥에 그려진 신을 테우타테스로 여기는 연구자도 있다.

**산 제물**

물을 담은 큰 솥에 산 제물의 머리를 담가 익사시킨다.

### ●에수스 / Esus

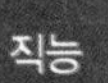


**주인, 지배자, 기예의 신**

**외견**

허름한 옷을 입고 도끼나 단도를 든 나무꾼. 옆에는 세 마리의 새와 한 마리의 소가 그려져 있다.

**산 제물**

사지가 몸에서 떨어져 나갈 때까지 매단다.

### ●타라니스 / Taranis

직능 **하늘, 번개, 군신**

**외견**

망치를 든 모습으로 그려진다.

**산 제물**

나무 관에 넣어 태워 죽인다.

**관련 항목**

갈리아의 그 외의 신 1 → No.012

갈리아의 그 외의 신 2 → No.013

No.012

# 갈리아의 그 외의 신 1

갈리아인의 신을 로마인은 자신들의 신에 빗대어 해석했다. 로마 지배 후, 이 신들은 로마의 신과 습합하는 형태로 신앙을 받는다.

## ● 로마의 신과 습합된 갈리아의 신

현재 **갈리아의 신**에 관해서는 외국인이 남긴 자료나 고고학 자료에서 40개가 넘는 신들의 이름이 알려져 있지만, 그 대부분은 로마의 신과 습합되어 있다. 카이사르는『갈리아 전기』안에서 갈리아인이 메르쿠리우스, 아폴로, 마르스, 유피테르, 미네르바를 신앙했다고 보고하고 있다.

메르쿠리우스는 카이사르의 보고에 의하면 갈리아에서 가장 많이 신앙되던 신이었다. 이름으로는「곰」을 뜻하는 알타이오스,「돼지」를 뜻하는 목스 등이 있다. 기예의 발명자이자 길의 안내인이며, 축재와 상업에 가장 큰 힘을 발휘한다고 여겨졌다고 한다. 지팡이를 든 남성으로 그려지는 것 외에 세 개의 머리, 세 개의 남근을 가진 남성으로도 그려진다.

아폴로는 태양의 신, 치유의 신으로 신앙되었다. 이름으로는「찬란히 빛난다」라는 뜻의 베레노스,「투명한 빛」이라는 뜻을 의미하고 눈병을 고치는 윈두누스,「신의 아들」을 의미하는 마포누스 등이 있다. 태양을 상징하는 바퀴를 가진 남성 등의 모습으로 그려져 온천지에서 모셔졌다.

마르스는 언급할 필요도 없이 유명한 군신이지만 갈리아에서는 치유의 신, 조상신의 측면도 가졌다. 이름으로는「승리」를 의미하는 세고모,「풍요로운 사람」을 의미하는 노덴스 등이 있다. 무장한 남성으로 그려지며 대다수는 온천지에 반려신과 함께 모셔졌다.

유피테르는 하늘의 신이지만 높은 산의 신으로도 신앙되었다. 이름으로는 로마의 시인 루카누스가 쓴 **타라니스** 등이 있으며, 피리와 번개를 가지고 수리를 데리고 다니는 남성의 모습으로 그려진다.

미네르바는 갈리아에서 공예와 기술, 그리고 치유의 여신으로 신앙되었다. 이름으로는「빛을 가진 자」를 의미하는 벨리사마, 슬리스 등이 있으며, 투구를 쓴 여성의 모습으로 그려졌다.

## 갈리아의 그 외의 신 1

### ●메르쿠리우스 / Mercurius

**직능** 기예의 발명자 / 길의 안내인 / 축재와 상업에 힘을 발휘

**외견**

지팡이를 든 남성 / 세 개의 머리를 가진 남성 / 세 개의 남근을 가진 남성.

**습합된 주요 신**

알타이오스 / 목스 / 아르웨르누스 등.

### ●아폴로 / Apollo

**직능** 태양, 치유의 신

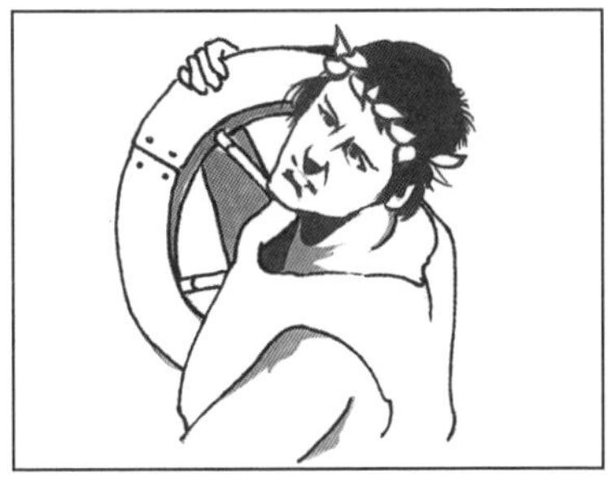

**외견**

태양의 바퀴를 든 남성.

**습합된 주요 신**

베레노스 / 윈두누스 / 마포누스 / 그라누스 등.

### ●마르스 / Mars

**직능** 군신, 치유의 신

**외견**

무장한 남성. 반려신과 모셔진다.

**습합된 주요 신**

세고모 / 노덴스 / 알비오릭스 등.

### ●유피테르 / Jupiter

**직능** 하늘, 높은 산의 신

**외견**

지팡이와 번개를 들고 수리를 데리고 다니는 남성.

**습합된 주요 신**

타라니스 등.

### ●미네르바 / Minerva

**직능** 공예와 기술, 치유의 여신

**외견**

투구를 쓴 여성.

**습합된 주요 신**

벨리사마 / 슬리스 등.

**관련 항목**

● 테우타테스, 에수스, 타라니스 → No.011
● 갈리아의 그 외의 신 2 → No.013

No.013

# 갈리아의 그 외의 신 2

그리스, 로마의 저술가들이 기록한 신들 중에는 개성을 남긴 채 로마에 받아들여진 신도 존재했다.

## ● 갈리아인들이 신앙한 신들

**갈리아의 신** 대다수는 로마의 신들과 동일시되었지만 그 분류에 해당하지 않는 신도 많다.

케르눈노스는 그런 신들의 대표격이라고 할 수 있다. 케르눈노스의 이름은 파리에서 발견된 사슴뿔을 가진 남성신상의 비문에서 유래하여, 그 후 켈트 권역의 비슷한 신상의 총칭이 되었다. 사슴뿔에 사슴 귀, 토르크라는 장식을 달고 양반다리를 한 모습으로, 그 옆에는 뿔이 난 뱀이나 숫사슴 등 많은 짐승이 그려져 있다.

동물의 여신으로 유명한 것이 말의 여신 에포나이다. 로마 각지에서도 말의 수호신으로 신앙된 에포나의 이름은「말」에서 유래하였고, 여성용 안장을 올린 말에 탄 모습이나 두 마리의 말 사이에 선 모습으로 그려졌다. 그 외에 동물의 여신으로는 곰의 여신 아르티오, 멧돼지의 여신 아르두인나 등이 있다.

디스 파테르는 카이사르의『갈리아 전기』에 등장하는 조상신, 부와 명부의 신으로, 갈리아인들은 그 자손임을 자부하고 있었다고 한다.

오그미오스도 상당히 별난 신이다. 로마의 시인 루카누스의 기술에 따르면, 곤봉과 활을 들고 혀를 내민 대머리의 노인으로 그려졌으며, 그 혀에서 뻗은 철제 사슬은 사람들의 목에 이어져 있다. 디스 파테르 혹은 투아하 데 다난의 오그마와 관련짓는 경우도 많다.

망치의 신으로 알려진 것이 스켈루스, 실바누스 등의 신이다. 망치에 항아리나 고블릿을 든 모습으로 그려지며, 대부분 반려신을 동반한다. 풍요의 신으로 여겨졌으며 대장장이의 신 고이뉴와 관련을 짓는 연구자도 있다.

물의 신도 갈리아에서 널리 신앙된 신이다. 거위 모양의 배에 탄 세느 강의 여신 세콰나를 비롯하여 앞서 말했던 망치의 신들도 이런 물의 신으로 취급되었다. 또 마트로나에, 마트레스, 마트라에라는 이름의 세 여성의 모습으로 그려지는 풍요를 관장하는 모신집단도 이런 물의 여신에 많다.

## 갈리아의 그 외의 신 2

### ●케르눈노스 / Cernunnos

**직능** 불명

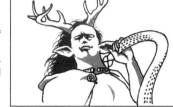

**외견** 사슴뿔, 사슴 귀를 가졌으며 토르크라는 장식을 달고 양반다리를 한 남성.

**그 외** 이름은 파리에서 발견된 신상의 비문에서 유래. 그 이후 비슷한 신상의 총칭이 된다. 뿔이 달린 뱀, 숫사슴 등의 종복을 데리고 있다.

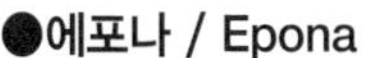

### ●에포나 / Epona

**직능** 말의 여신

**외견** 여성용 안장을 올린 말에 탄 모습이나 두 마리 말 사이에 선 여성.

**그 외** 로마에서 신앙. 그 외 동물의 여신으로는 곰의 여신 아르티오, 멧돼지의 여신 아르두인나 등이 있다.

### ●오그미오스 / Ogmios

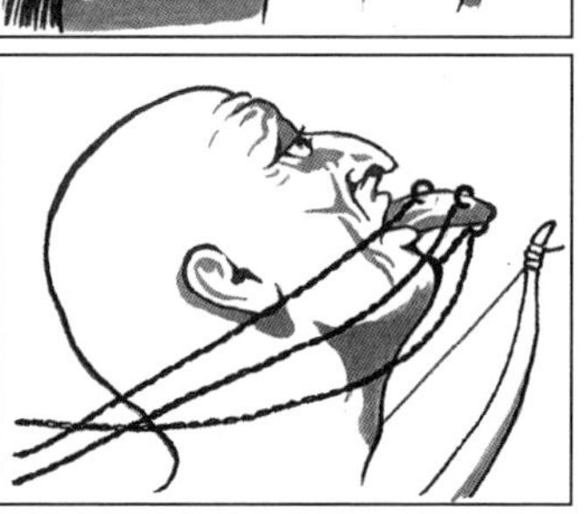

**직능** 불명

**외견** 곤봉, 활을 들고 혀를 내민 대머리 노인. 혀에 달린 사슬은 사람들의 목에 이어져 있다.

**그 외** 시인 루카누스의 기술에 등장. 오그마, 디스 파테르와 동일시된다.

### ●디스 파테르 / Dis Pater

**직능** 조상신, 부와 명부의 신

**외견** 불명.

**그 외** 카이사르의 『갈리아 전기』에 등장. 갈리아인은 그의 자손임을 자랑스러워했다.

### ●스켈루스, 실바누스 / Sucellus, Silvanus

**직능** 망치의 신, 풍요의 신

**외견** 망치와 항아리를 든 남성.

**그 외** 대부분은 반려신과 숭배되었다. 풍요의 신으로 다뤄질 때가 많다.

### ●미네르바 / Minerva

**직능** 물의 여신, 풍요의 여신

**외견** 거위 형태의 배에 탄 여성.

**그 외** 세느 강의 여신. 마트로나에라는 3신1체의 풍요의 모신집단도 물의 여신에 많다.

**관련 항목**

●테우타테스, 에수스, 타라니스 → No.011
●갈리아의 그 외의 신 1 → No.012

No.014

# 투아하 데 다난

Tuatha Dé Danann

아일랜드 전승에 등장하는 신들의 일족. 그들도 또한 미지의 토지에서 찾아온 방문자들이었다.

## ● 에린 침략 신화에서 신이라고 불린 일족

투아하 데 다난은 에린 침략 신화나 얼스터 이야기, 핀 이야기 등 아일랜드의 자료에 등장하는 일족이다. 투아하 데 다난의 뜻에는 여러 설이 있지만 일반적으로는「여신 다나의 일족」이라고 해석되는 경우가 많다.『투안 막 카릴의 이야기』에서 그들은 아일랜드로 이주한 다섯 번째의 종족이며 이 이야기 속에서 신이라고 불린 유일한 일족이었다. 실제로 **루**나 **다아다**, **누아다**와 같은 현재 켈트의 신들로 알려진 대다수의 신이 이 일족에 포함되어 있다.

투아하 데 다난이 어디에서 왔는지에 대해서는 그다지 전승된 것이 없다.『투안 막 카릴의 이야기』에서 화자인 투안은「그들이 어디에서 왔는지는 알 수 없지만 아마도 하늘에서 온 것이리라」라고 말했다. 한편『침략의 서』나『모이투라 2차 전투』 등에서는 그들은 원래 아일랜드보다 훨씬 북쪽에 살고 있었으며 4개의 섬 팔리아스, 고리아스, 핀디아스, 무리아스에서 드루이드의 지식이나 마술을 연구했다고 한다. 또한 우수한 공예 기술을 가지고 세련된 무기를 만들 수 있었지만 농작 기술은 없었다. 그리고 투아하 데 다난과 네 번째 이주자 **피르 보르**는 **포워르**에 밀려 아일랜드에서 쫓겨난 세 번째 이주자 네베드의 생존자라는 설도 있다.

투아하 데 다난은 우수한 종족이었지만 이주는 매우 불안정한 형태였다. 선주민 피르 보르와의 동맹과 싸움 끝에 손에 넣은 아일랜드 실권은 곧바로 포워르에게 빼앗기고 만다. 그 후 광명의 신 루의 등장으로 잠시 복권하지만 곧바로 여섯 번째의 이주자 **밀레시안**에게 패배한다. 그들은 지상을 떠나 지하나 바다의 끝과 같은 이세계로 이주해 그곳에서 지상을 간섭하게 된다.

## 북쪽에서 온 신들

투아하 데 다난이란? → 여신 다나의 일족이라는 의미. 즉 여신 다나의 후예들.

어디에서 왔는가?

『투안 막 카릴의 이야기』에서는
「그들이 어디에서 왔는지는 알 수 없지만 아마도 하늘에서 온 것이리라」

『침략의 서』, 『모이투라 2차 전투』에서는
「아일랜드 아득한 북쪽에 위치한 팔리아스, 고리아스, 핀디아스, 무리아스 네 섬에서 왔다」

투아하 데 다난의 특징

우수한 마술, 공예 기술을 소유.

농작 기술은 없었다.

실은 피르 보르와 똑같이 네베드의 후예들?

## 투아하 데 다난의 아일랜드 이주

선주민 피르 보르★1와 동맹.

관계 악화, 결전 끝에 아일랜드의 실권을 쥔다.

포워르★2에게 아일랜드의 실권을 빼앗긴다.

광명의 신 루의 등장으로 복권.

하지만……

여섯 번째 이주민 밀레시안★3에게 패배.

이후 이세계로 이주해 지상에 간섭하게 되는데……

★1 피르 보르
우수한 정치능력을 가진 네 번째 이주민

★2 포워르
아일랜드에 자리를 잡은 마물 일족

★3 밀레시안
시인 아마긴 등을 거느린 훗날의 게일인

관련 항목
루 → No.016
누아다 → No.015
포워르 → No.034
다아다 → No.018
피르 보르 → No.038
밀레시안 → No.040

No.015

# 누아다

Nuadu

투아하 데 다난의 왕으로 유명한 누아다.「은의 팔」이라고 칭해진 이 신은 수많은 싸움에서 지도자로서 군세를 이끌었다.

## ● 아일랜드의 명가에 혈통을 남긴 신들의 왕

누아다는 에린 침략 신화에 등장하는 **투아하 데 다난**의 왕이다.『침략의 서』에서 누아다는 에흐타하(에오하이)의 아들로, 전쟁의 여신 마하나 에스뉴 등의 처 사이에 수많은 자식을 두었다. 아일랜드 명가 대다수는 누아다의 피를 이었다고 여겨지며, 핀 이야기의 주인공 핀 막 쿨도 누아다의 후예 중 하나이다. 외팔의 신이며 갈리아의 노덴스나 게르만의 티르 등과 비교되는 경우가 많다.

『침략의 서』나『모이투라 2차 전투』등 많은 자료에서 누아다는 아일랜드로 이주한 투아하 데 다난의 왕이었다. 그 최초 통치는 7년이라고도 4년이라고도 전해진다. 하지만 선주민인 피르 보르와의 전쟁에서 오른팔을 잃고 불구를 이유로 왕좌에서 물러나게 된다. 의료의 신 **디안 케트**는 누아다를 위해 대장장이의 신 **고이뉴**와 금속 세공의 신 **크리드네**의 협력을 얻어 은의 팔을 만든다. 그래서 그 이후 누아다는 아케트라브(은의 팔)라고 불리게 되었다. 다만 누아다는 훗날 디안 케트의 아들 미아흐의 치료로 본래의 팔을 되찾는다.

누아다는 우수한 왕으로 묘사되며 그의 행동은 왕의 의무에 철저했다. 포워르의 혼혈아 **브레스**에게 왕위를 물려준 것도, 폭군으로 화한 브레스를 추방해 왕좌를 되찾은 것도 의무를 다하기 위해서이다. 그리고 포워르와의 싸움이 격화되자 왕도 타라를 찾은 광명의 신 **루**야말로 민중을 구할 존재라고 칭송하며 그에게 그 지위를 물려준다. 다만 루의 재능에 질투했다는 자료나 소극적인 왕이었다는 자료도 있다.

포워르와의 전쟁에서 누아다는 마하와 함께 포워르를 이끄는 사안(邪眼)의 마왕 **발로르**와 싸웠다. 하지만 힘이 부족해 목을 베였다고 전해진다. 그가 가진 무적의 마검도 발로르에게는 통용되지 않았던 것이다.

## 은의 팔을 가진 신들의 왕

| 등장 | 에린 침략 신화 |
|---|---|
| 지위 | 신들의 왕 |
| 소재 | 타라 |

**가족**

아버지 : 에흐타하
처 : 마하 / 에스뉴
자손 : 핀 막 쿨
그 외

**외견**

은제 오른팔을 달았지만 훗날 치료를 받아 원래의 팔을 되찾는다.

**성격**

왕의 의무에 철저한 우수한 왕. 루에게 질투하는 왕, 나약한 왕이라는 자료도 있다.

**소유물**

무적의 마검

## 누아다의 생애

**누아다** 아일랜드 명가의 선조로 여겨지는 신들의 왕. 주변 국가에 존재한 외팔의 신과도 비교된다.

선주민 피르 보르와의 전투에서 오른팔을 잃고 브레스★[1]에게 왕좌를 물려준다.

↓

의료의 신 디안 케트★[2]에게 은의 팔을 이식받아 아케트라브라고 불린다.

↓

미아흐에게 치료받아 원래의 팔을 되찾고 폭군으로 화한 브레스를 대신해 왕좌에 복귀.

↓

포워르와의 전쟁 격화. 광명의 신 루★[3]에게 왕좌를 물려준다.

↓

포워르를 이끄는 발로르★[4]에게 패배해 처 마하와 함께 전사.

★1 브레스
포워르와 투아하 데 다난의 혼혈아

★2 디안 케트
자존심이 강한 의료의 신

★3 루
재능이 많았던 광명의 신

★4 발로르
포워르를 이끄는 사안의 마왕

**관련 항목**

투아하 데 다난 → No.014
고이뉴, 루흐타, 크루냐 → No.029
발로르 → No.035
디안 케트 → No.022
브레스 → No.036
루 → No.016

No.016

# 루

Lug

포워르와의 오랜 전쟁에 종지부를 찍은 투아하 데 다난의 광명의 신 루. 만능이자 온후한 신이었지만 적에게는 잔혹했다.

## ● 투아하 데 다난을 승리로 이끈 광명의 신

루는 에린 침략 신화에 등장하는 **투아하 데 다난**의 광명의 신이다. 넓은 지역에서 신앙되었으며 각지에 그 흔적이 남아 있다. 『침략의 서』에서 루는 투아하 데 다난의 전사 키안과 포워르의 사안의 마왕 **발로르**의 딸 에스뉴 사이에서 태어난 혼혈아였다. 태어난 직후 조부 발로르에게 살해당할 뻔했지만 해신 **마나난**, 시예와 화술의 신 **오그마** 등의 밑에서 조용히 길러졌다고 한다.

루는 키워준 부모 밑에서 수많은 기술을 배웠기 때문에 일 다나(무수한 기술의 거장), 라바다(긴 팔) 등의 많은 이명을 가진다. 온후하고 가족에게는 애정이 깊은 반면 적대자에게는 용서가 없었다. 황금의 갑옷에 녹색 망토를 두르고 태양처럼 빛나는 얼굴을 가진 미장부로, 마검 프라가라흐 등 마나난의 마법 물품을 가지고 있었다. 또 신의 비보인 마법의 창, 늪을 단숨에 굳히는 마법의 바퀴, 마법의 투석기의 소유자이기도 하다. 그에게는 부아, 네스, 에흐타하 등의 처가 있었으며, 영웅 **쿠 훌린**도 그의 자식이다.

『모이투라 2차 전쟁』에서 루는 포워르의 압정에 신음하는 신들을 구하기 위해 왕도 타라를 방문하지만, 문지기에게 「한 가지 재능에 빼어난 자 이외에는 필요 없다」, 「그 분야는 이미 사람이 있다」라며 문전박대를 당했다고 한다. 하지만 애가 탄 루의 「그것들을 전부 혼자서 해낼 수 있는 자는 있나!」라는 한마디가 인정받아 타라에 들어올 수 있게 된다. 그리고 지휘관으로서 포워르와의 싸움에 승리하여 **누아다**의 사후 왕권을 물려받았다. 『침략의 서』에서 그 후 루는 처를 능욕한 최고신 다아다의 자식 카메이드를 토벌하지만, 그의 세 자식들에게 보복을 당해 40년의 통치를 끝맺었다고 한다. 다만 다른 전승에서는 도르반의 분구(墳丘)로 퇴피했다고 하며 마법의 고리 등으로 쿠 훌린을 궁지로부터 구한다.

## 모든 기예에 능숙한 만능의 신

| 등장 | 에린 침략 신화 |
|---|---|
| 지위 | 광명의 신<br>신들의 왕 |
| 소재 | 타라<br>도르반 분구 |

**가족**

조부 : 발로르
아버지 : 키안
어머니 : 에스뉴
양아버지 : 마나난 / 오그마
처 : 부아 / 네스 / 에흐타하
자식 : 쿠 훌린 외

**외견**

황금 갑옷에 녹색 망토, 태양처럼 빛나는 얼굴을 가진 미장부.

**성격**

온후하고 가족을 사랑하는 반면 적대자에게는 가차 없음.

**소유물**

마법의 창, 마법의 고리, 마법의 투석기, 마검 프라가라흐, 마나난의 마법 물품 등

**그 외**

각지에 신앙의 흔적이 남아 있음.

## 루의 생애

사안의 마왕 발로르의 목숨을 빼앗을 자식이라며 살해당할 뻔함.

↓

해신 마나난 등 많은 부모 밑에서 기술을 배운다.

↓

투아하 데 다난의 위기를 구하기 위해 왕도 타라를 방문.

↓

투아하 데 다난을 이끌고 포워르에 승리.

↓

신들의 왕 누아다의 뒤를 이어 아일랜드를 통치.

그 최후는……

- 40년의 통치 후 최고신 다아다의 자손들에게 살해당함. (『침략의 서』)
- 밀레시안과의 싸움 후 도르반 분구로 물러나다. (민화, 『쿨리네의 황소 사냥』 등)

**관련 항목**

투아하 데 다난 → No.014
마나난 막 리르 → No.026
쿠 훌린 → No.045
발로르 → No.035
오그마 → No.031
누아다 → No.015

No.017

# 루의 가족

숙명적인 탄생 비화를 가진 광명의 신 루는 그 출신 때문에 수많은 부모의 밑에서 길러지며 방황하게 되었다. 하지만 그 관계는 양호했다고 한다.

## ● 투아하 데 다난 광명의 신의 가족들

**투아하 데 다난**의 광명의 신 **루**는 조부인 포워르의 사안의 마왕 **발로르**의 마수에서 도망치기 위해 태어나자마자 곧바로 수많은 부모 사이를 전전하였다. 해신 마나난이나 대장장이의 신 고이뉴, 피르 보르의 여왕 탈티우가 그 대표인데, 그 외에도 탈티우의 남편이자 투아하 데 다난의 전사 에오하이 가브 막 다하를 비롯하여 10명의 길러준 부모의 이름을 볼 수 있다.

루의 친아버지는 의료의 신 **디안 케트**의 아들 키안이다. 『침략의 서』나 『모이투라 2차 전쟁』에서는 투아하 데 다난의 전사이자 발로르의 딸 에스뉴(에슬린, 에이스네, 에이류)와 정략결혼을 하였다고 전해지지만, 다른 전승에서는 발로르에게 소를 빼앗긴 소몰이 청년으로, 그 복수로 그의 딸을 빼앗으러 갔다는 내용도 있다. 그 마지막도 적대하는 투렌 3형제에게 살해당했다거나 발로르에게 살해당했다는 등 일정하지 않다. 그의 처가 된 에스뉴는 높은 탑에 갇혀 자라 남녀의 구별조차 모르는 규중처녀여서 키안에게 순종적으로 따랐다고 한다. 에스뉴는 그의 사후 루의 계획으로 **누아다**의 아들 다이그와 결혼했고, 그 혈통은 피아나 기사단의 **핀 막 쿨**까지 이어지게 된다.

루의 주된 아내로는 부아(부이), 네스, 에흐타하, 엔글레스 등 4위의 여신을 들 수 있다. 루는 그녀들과의 사이에 에이니르와 에이브라타하, 크누 데로일 등 3명의 자식을 낳았다. 그중 크누 데로일은 얼스터 이야기 『울라드인들의 주정』에 드루이드로 등장한다. 에이니르, 에이브라타하는 어떤 전승에 의하면 놀랍게도 트로이아 전쟁의 방아쇠가 된 미녀 헬레네에게 음악가로서 시중을 들었다고 한다.

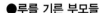

## 루의 가족

### ●루를 기른 부모들

| 등장 | 에린 침략 신화 |
|---|---|

※ 마나난, 고이뉴, 탈티우를 제외한 주요 부모들.

에오하이 가브 막 다하 / Eochaid Garb mac Duach
에흐담 / Echdam
에루 / Eru
페들리위드 / Fedlimid
포사드 / Fosad
이브라 / Ibar
민 / Minn
레하이드 핀 / Rechtaid Finn
스키바르 / Scibar
토루스담 / Tollusdam

→ 루

수많은 부모들 밑에서 그들이 가진 여러 기술을 익힌다.

### ●키안 / Cían

| 등장 | 에린 침략 신화 |
|---|---|
| 지위 | 전사 |

### ●에스뉴 / Ethlinn

| 등장 | 에린 침략 신화 |
|---|---|
| 지위 | 포워르의 공주 |

『모이투라 2차 전쟁』에서는

키안 ←정략결혼→ 에스뉴

민간전승에서는

키안 → 에스뉴 (발로르에게 소를 빼앗긴 것에 대한 복수로 납치)
에스뉴 → 키안 (키안의 뜻대로)

키안 ↓
투렌 3형제들에게 살해당함. (『투렌의 아들들의 최후』)
or
발로르에게 살해당함. (민간전승)

에스뉴 ↓
누아다의 자식 다이그와 재혼. 핀의 선조가 됨. (『침략의 서』)

### ●루의 주요 처와 자식들

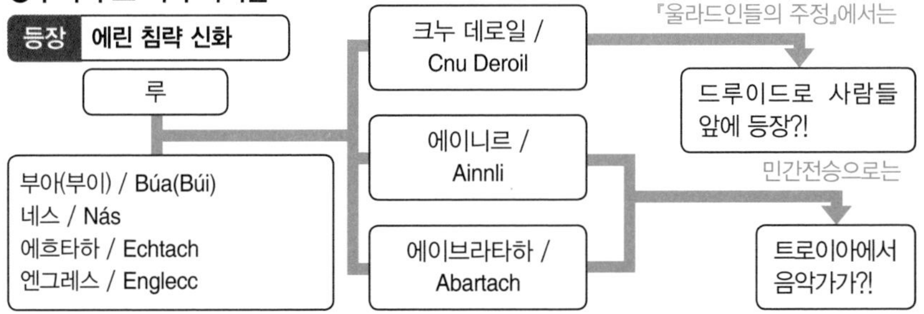


**관련 항목**

투아하 데 다난 → No.014
발로르 → No.035
누아다 → No.015
루 → No.016
디안 케트 → No.022
핀 막 쿨 → No.064

No.018

# 다아다

Dagda

투아하 데 다난의 최고신 다아다. 그 촌스럽고 유머러스한 외견과는 달리 용감하고 매력적인 신이었다.

## ● 투아하 데 다난을 대표하는 유머러스한 최고신

다아다는 에린 침략 신화에 등장하는 **투아하 데 다난**의 중심적인 신이다. 그 이름은 「좋은 신」을 의미하며, 에오하이 올라티르(위대한 아버지 에오하이), 루아드 로에사(지식으로 풍부한 위대한 자) 등의 이명도 가지고 있다. 다른 투아하 데 다난의 신들과는 달리 다아다는 신화 안에서도 매우 코믹하게 그려진다. 그 모습은 붉은 털로 무성한 수염을 가진 뚱뚱한 배의 남자이며, 의상도 허리까지 내려오는 튜닉에 말가죽으로 만든 긴 장화라는 촌스러운 차림이다.

대식가이자 감정이 풍부한 다아다는 일화도 유머러스한데, 불륜을 숨기기 위해 하루를 9개월로 늘리거나, 시종에게 식사를 빼앗겨 굶어 죽을 뻔하거나, **포워르**가 큰 구멍에 부은 대량의 죽을 보기 좋게 먹어치우거나 포워르의 공주와 수수께끼 놀이 끝에 사랑에 빠지는 것 등이다. 그러는 한편 다아다는 드루이드의 마술을 이용해 투아하 데 다난을 이끄는 영웅적인 존재이기도 하다. 『모이투라 2차 전쟁』에서는 **발로르**와 그의 처의 발을 묶는 역할을 자처하고 나선다. 또한 어떤 전승에서는 바다의 괴물을 곤봉으로 패 죽였다는 내용도 있다. 소유물도 사람들을 만족시키지 못한 적이 없는 큰 솥이나 생사를 조종하는 곤봉, 사람들의 감정을 조종하는 하프 등 다른 신에게 뒤지지 않는 강력한 물건이 많다.

다아다는 외견에 어울리지 않게 시예나 음악, 화술에 능한 신이며, 수많은 처나 애인, 아이들이 있었다. 연인으로는 어머니이기도 한 강의 여신 보안, 전쟁의 여신 **모리안**이, 자식으로는 복잡한 관계인 아들 **인우스**, 딸이자 3신1체의 여신 **브리이드** 등이 있다. 또한 훗날 투아하 데 다난의 왕 적모의 보브, 밀레시안에게 패배한 3위의 왕도 그의 자식, 그리고 손자들이었다.

밀레시안과의 전쟁 후 다아다는 뉴그레인지에 있는 브루 나 보냐로 물러났다고 전해진다. 하지만 『모이투라 2차 전쟁』에서는 전사했다고도 전해지며, 그 생사는 명확하지 않다.

## 야만성과 지성, 그리고 유머를 갖춘 신들의 아버지

| 등장 | 에린 침략 신화 |
|---|---|
| 지위 | 최고신<br>신들의 아버지 |
| 소재 | 브루 나 보냐 |

**가족**

어머니, 연인 : 보안
연인 : 모리안
아들 : 인우스 / 적모의 보브 외
딸 : 브리이드 외

**외견**

적모에 무성한 수염을 기른 뚱뚱한 남자. 허리까지 오는 튜닉에 말가죽 장화를 신고 있다.

**성격**

대식가에 감정이 풍부. 한편 용감하고 시나 음악, 화술에 능통하다.

**소유물**

사람들을 만족시키지 못한 적이 없는 큰 솥, 생사를 조종하는 곤봉, 감정을 조종하는 하프 등.

## 신화에서의 최고신 다아다

유머러스한 일화가 많다

불륜을 숨기기 위해 하루를 9개월로 늘린다.

시종에게 식량을 빼앗겨 굶어 죽을 뻔하다.

큰 구멍에 만든 대량의 죽을 보기 좋게 먹어치우다.

적의 공주와 수수께끼 놀이를 하다 사랑에.

하지만

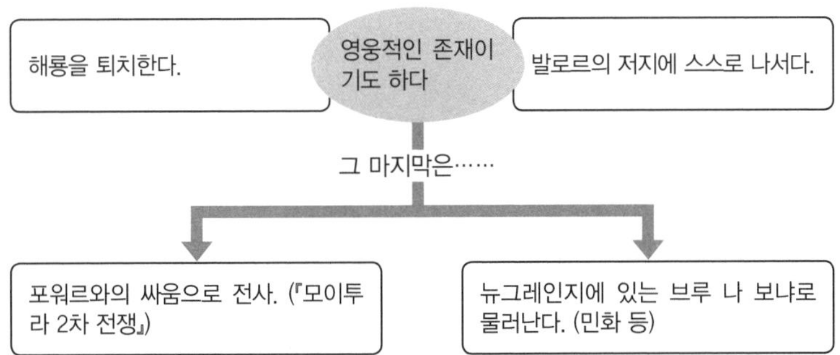
영웅적인 존재이기도 하다
해룡을 퇴치한다.
발로르의 저지에 스스로 나서다.
그 마지막은……
포워르와의 싸움으로 전사. (『모이투라 2차 전쟁』)
뉴그레인지에 있는 브루 나 보냐로 물러난다. (민화 등)

**관련 항목**

투아하 데 다난 → No.014
발로르 → No.035
인우스 → No.019
포워르 → No.034
모리안 → No.027
브리이드 → No.032

No.019

# 인우스

Oengus

최고신 다아다의 피를 이은 젊은 신 인우스. 연인들의 수호자이자 외모가 수려한 그는 자신도 사랑과 정열에 푹 빠져 있었다.

## ● 연인들의 수호자

인우스는 에린 침략 신화나 핀 이야기 등에 등장하는 **투아하 데 다난**의 연애의 신이다. 투아하 데 다난의 최고신 **다아다**와 보인 강의 여신 보안과의 불륜 끝에 태어난 그는 다음 날 돌아올 예정인 보안의 남편에게 탄생을 숨기기 위해 9개월 동안이나 태양의 운행을 멈춘다는 황당무계한 소행 끝에 탄생했다. 그 탄생으로 막 인드 오그(젊은 아들), 막 오그(소년)라고도 불렸다. 『모이투라 2차 전쟁』에서는 시종에게 괴롭힘을 받는 다아다에게 조언을 하는 등 아버지를 생각하는 부분을 보이는 반면, 『에단에게 구혼』에서는 아버지가 지배하던 요새 브루 나 보냐를 사기나 다름없는 수법으로 가로채는 등 다아다에 대한 복잡한 마음을 엿볼 수 있다.

인우스는 연애의 신에 어울릴 정도로 수려한 외모를 가졌으며, 머리 위에는 빛나는 네 마리의 작은 새가 날았다. 그 작은 새는 사람들의 마음에 날아들어 사랑을 불태웠다고 한다. 그 자신도 연인들의 수호자여서 『디어뮈드와 그라냐』에서는 영웅 **핀 막 쿨**의 밑에서 사랑의 도피를 한 양아들 **디어뮈드 오 디나**와 **그라냐**를 돕고, 『에단에게 구혼』에서는 길러준 부모이자 배 다른 형인 미이르의 사랑을 성취하기 위해 분주히 돌아다닌다. 다만 그런 그도 자신의 사랑에는 당해낼 도리가 없었다. 『인우스의 꿈』에서, 어느 날 인우스는 꿈속에 나타난 처녀에게 마음을 빼앗긴다. 하지만 상대는 꿈속의 존재. 어떻게 할 수 없어 점점 수척해져갔다. 진퇴양난의 상황이었던 그는 다아다와 보안, 이복형인 투아하 데 다난의 왕 적모의 보브, 그리고 코노트의 왕 알릴과 여왕 **메이브**의 협력을 얻어 꿈속의 처녀 퀘르 이보르웨이흐를 찾아내는 것에 성공한다. 1년 중 어떤 시기를 150명의 시녀와 함께 백조로 지내는 그녀를 위해 자신도 백조로 변신해 살게 되었다고 한다.

## 사랑을 위해 바삐 일하는 젊은 신

| | |
|---|---|
| 등장 | 에린 침략 신화<br>핀 이야기 외 |
| 지위 | 사랑의 신 |
| 소재 | 브루 나 보냐 |

**가족**

아버지 : 다아다
어머니 : 보안
처 : 퀘르
이복형 : 미이르 / 보우
양자 : 디어뮈드

**외견**

빛나는 네 마리의 작은 새가 머리 위를 날아다니는 수려한 청년.

**성격**

연인들의 아낌없는 지원자, 반면 아버지에게는 복잡한 감정도.

**소유물**

가슴으로 날아들면 사랑에 빠지는 작은 새 외

## 인우스와 주변과의 관계

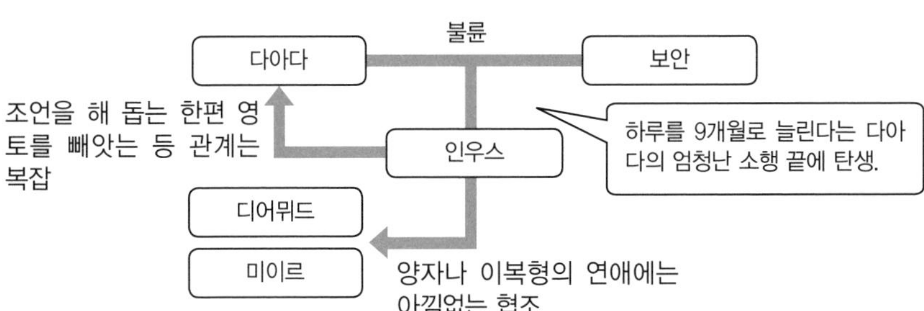


조언을 해 돕는 한편 영토를 빼앗는 등 관계는 복잡

양자나 이복형의 연애에는 아낌없는 협조

하지만 자신의 사랑에는……

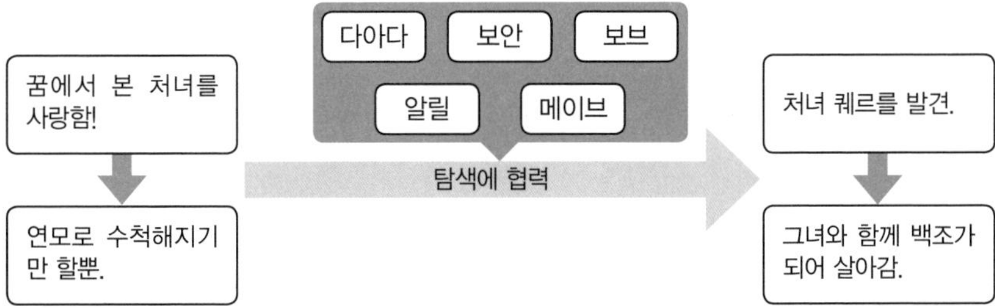

꿈에서 본 처녀를 사랑함!
연모로 수척해지기만 할뿐.
다아다
보안
보브
알릴
메이브
탐색에 협력
처녀 퀘르를 발견.
그녀와 함께 백조가 되어 살아감.

**관련 항목**

투아하 데 다난 → No.014
핀 막 쿨 → No.064
그라냐 → No.068
다아다 → No.018
디어뮈드 오 디나 → No.067
메이브 → No.056

No.020

# 그 외의 다아다의 자식, 손자들

최고신 다아다는 수많은 여신들과 아이를 가졌다. 그들은 모두 그 혈통에 어울리는 신으로서 자신의 이름을 신화에 남겼다.

## ● 수많은 최고신 다아다의 혈족

사랑이 넘쳤던 신인 **투아하 데 다난**의 최고신 **다아다**에게는 연애의 신 **인우스**를 비롯하여 많은 자식과 손자가 있었다.

『에단에게 구혼』 등에 등장하는 미이르도 그런 다아다의 자식이다. 해신 **마나난**의 양자이자 자신은 이복동생인 인우스를 기른 부모이기도 했다. 그는 마나난의 영토에 있는 맨 섬 혹은 지하에 저택을 가지고 있었고 세 마리의 마법의 소와 전의를 없애는 울음소리를 가진 세 마리의 학, 마법의 큰 솥 등의 물건을 가지고 있었다. 미이르는 인우스의 과실로 부상을 입고 그 대가로 미녀 **에단**을 처로 맞이했다. 하지만 본처 파우나하의 질투로 서로 떨어지고 만다. 그 후는 전생하여 에오하이의 처가 된 그녀를 되찾았다고도, 그녀의 마음을 되찾지 못했다고도 전해진다.

다아다, 혹은 에오하이의 아들이라고 전해지는 것이 『리르의 자식들의 최후』 등에 등장하는 투아하 데 다난의 왕 적모 보브다. 우수한 마술사이자, 해신 **리르**와는 왕좌를 두고 다툰 후 딸을 상대의 처로 건넨 사이이다. 그 능력으로 사랑에 고민하는 이복형제 인우스나 세계의 왕에게 괴롭힘을 당하던 핀 막 쿨을 돕는 등 후원자 같은 역할이 많다.

『침략의 서』에서 밀레시안과 싸운 것이 막 퀴일, 막 케트, 막 그레인과 같은 카메이트의 아들들이다. 그들은 다아다의 손자 혹은 아들이라 여겨지며 광명의 신 루를 살해한 것은 그들이었다고 한다. 그 후 선왕 피아하의 자리를 두고 다투던 그들은 밀레시안의 선조 이스에게 결정을 부탁한다. 하지만 그가 너무 국토를 칭찬했기 때문에 의심한 끝에 살해하고 만다. 이 어리석은 행동이 밀레시안의 침공을 불러 투아하 데 다난은 아일랜드의 지배권을 잃게 된다. 또 그들 자신은 밀레시안과의 싸움에서 밀레의 자식 중 하나인 아모르긴에게 살해당한다.

## 그 외 다아다의 자식, 손자들

### ●미이르 / Midir

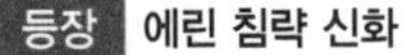
**등장** 에린 침략 신화

**지위** 지하의 왕

**소재** 지하세계

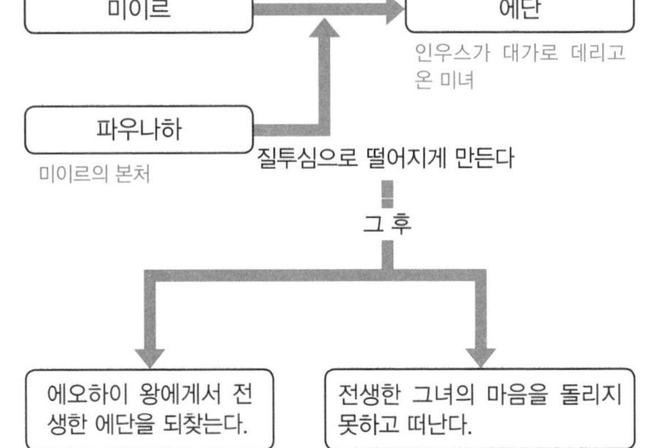


**가족**

아버지 : 다아다
처 : 파우나하 / 에단
양부 : 마나난
양자 : 인우스

**소유물**

머리 셋의 마법의 소, 전의를 없애는 세 마리의 마법의 학, 마법의 큰 솥 외

### ●적모의 보브 / Bodb Derg

**등장** 에린 침략 신화

**지위** 신들의 왕

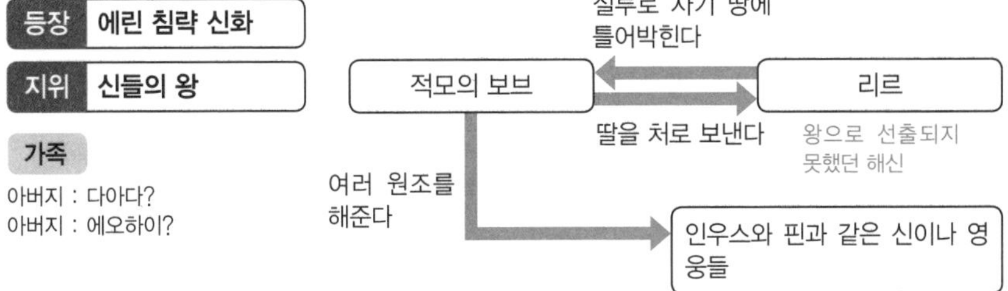


**가족**

아버지 : 다아다?
아버지 : 에오하이?

### ●막 퀴일, 막 케트, 막 그레인 / Mac Cuill, Mac Cecht, Mac Gréine

**등장** 에린 침략 신화

**지위** 신들의 왕

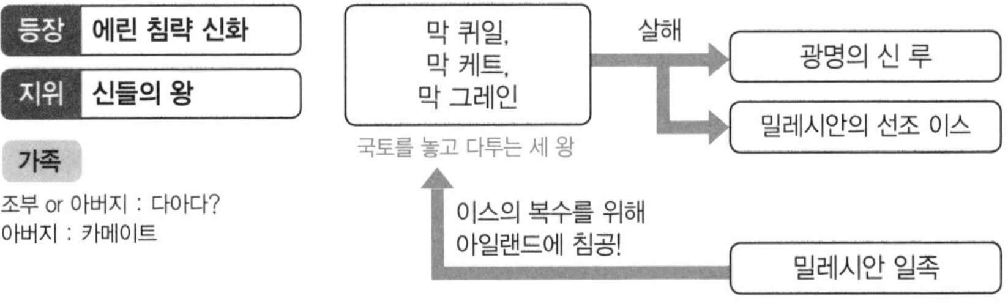


**가족**

조부 or 아버지 : 다아다?
아버지 : 카메이트

**관련 항목**

투아하 데 다난 → No.014
인우스 → No.019
에단 → No.021
다아다 → No.018
마나난 막 리르 → No.026
리르 → No.025

No.021

# 에단

Étaín

켈트 전승 중에서도 수많은 사람들을 홀린 미녀로 이름이 높은 에단. 하지만 그녀는 그 미모 때문에 기구한 운명을 겪는다.

## 신이 반한 미녀의 기구한 운명

에단은 에린 침략 신화로 분류되는『에단에게 구혼』의 주역이다. 에단은 코노트의 왕 알릴(얼스터 이야기의 알릴과는 다른 인물)의 딸로 눈처럼 흰 피부, 디기탈리스처럼 붉은 뺨, 히아신스처럼 푸른 눈, 사슴벌레처럼 검은 눈썹, 진주처럼 아름다운 이, 마가목 열매처럼 붉은 입술, 축복받은 긴 팔과 희고 부드러운 허벅지, 달처럼 빛나는 얼굴을 가진 미녀였다. 지하의 신이자 브리 레흐 언덕의 지배자 미이르는 그녀에게 빠져 양자이자 사랑의 신 **인우스**의 협력으로 그녀를 배우자로 맞이한다. 하지만 이 일에 질투한 그의 본처 파우나하는, 질투심에 못 이겨 에단을 보라색 나비(파리)로 만든다. 그녀는 잠시 미이르나 인우스에게 보호를 받았지만 파우나하가 만든 폭풍에 휩쓸려 사라진다. 그 후 에단은 얼스터의 왕 에다르의 처의 입으로 들어가게 되고, 그 후 그들의 딸로 제2의 인생을 살게 된다. 최초의 탄생에서 1024년 후의 일이다.

그런 에단을 거둔 것이 코노트의 여왕 **메이브**의 숙부에 해당하는 아일랜드의 지고왕 에오하이 알레우였다. 이 사실을 안 미이르는 에단과 접촉하지만 의지가 강한 그녀는 에오하이의 허가가 없으면 안 된다며 고개를 젓는다. 거기서 그는 갖가지 간계를 펼쳐 에단을 빼앗고는 두 마리의 백조가 되어 브리 레흐로 데리고 돌아온다. 분노에 불탄 에오하이는 브리 레흐를 찾아내 미이르를 비난한다. 진퇴양난에 빠진 미이르는 에오하이에게 하나의 내기를 제안한다. 마술로 모습을 바꾼 50명의 에단 사이에서 진짜 그녀를 찾아내 돌아가라는 내기였다.『다 데르가 관의 붕괴』에 따르면 이때 에오하이가 데리고 돌아간 것은 에단이 낳은 딸이었다고 한다. 그녀는 훗날 다 데르가의 관에서 비극적인 최후를 맞이하는 **코나레 모르**의 어머니가 되는 딸을 낳게 된다.

## 전세의 사랑에 희롱당한 미녀

| | |
|---|---|
| 등장 | 에린 침략 신화 |
| 지위 | 신의 아내<br>지고왕의 아내 |
| 소재 | 브리 레흐? |

### 외견

눈처럼 흰 피부, 디기탈리스처럼 붉은 뺨, 히아신스처럼 푸른 눈, 사슴벌레처럼 검은 눈썹, 진주처럼 아름다운 이, 마가목 열매처럼 붉은 입술, 축복받은 긴 팔과 희고 부드러운 허벅지, 달처럼 빛나는 얼굴을 가진 미녀.

### 가족

아버지 : 알릴(전세) / 에다르
남편 : 미이르(전세) / 에오하이
딸 : 에단

## 에단과 에오하이

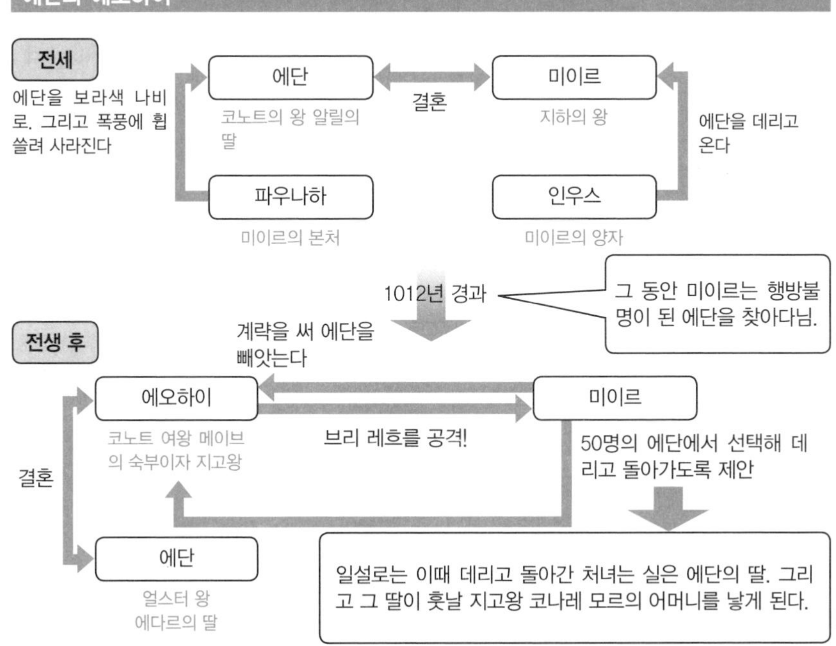
전세
에단을 보라색 나비로. 그리고 폭풍에 휩쓸려 사라진다
에단
코노트의 왕 알릴의 딸
결혼
미이르
지하의 왕
에단을 데리고 온다
파우나하
미이르의 본처
인우스
미이르의 양자
1012년 경과
그 동안 미이르는 행방불명이 된 에단을 찾아다님.
전생 후
계략을 써 에단을 빼앗는다
에오하이
코노트 여왕 메이브의 숙부이자 지고왕
브리 레흐를 공격!
미이르
50명의 에단에서 선택해 데리고 돌아가도록 제안
결혼
에단
얼스터 왕 에다르의 딸
일설로는 이때 데리고 돌아간 처녀는 실은 에단의 딸. 그리고 그 딸이 훗날 지고왕 코나레 모르의 어머니를 낳게 된다.

### 관련 항목

투아하 데 다난 → No.014
인우스 → No.019
메이브 → No.056
코나레 모르 → No.061

No.022

# 디안 케트

Dian Cecht

신의 지도자인 누아다에게 은으로 만든 팔을 준 것으로 유명한 의술의 신, 디안 케트. 하지만 그의 인격은 여러 가지로 문제가 많았다.

## ● 까다로운 성격의 의료의 신

디안 케트는 에린 침략 신화에 등장하는 **투아하 데 다난**의 의료신이다. 『침략의 서』에서는 처와의 사이에 쿠, 키안, 키슨, 미아흐 네 형제와 에탄, 아르미드 자매를 가졌다고 전한다. 그중 키안은 **루**의 아버지, 미아흐는 디안 케트를 뛰어넘는 의료신으로 유명하다. 디안 케트의 계보는 자료마다 차이가 커서 **발로르**의 딸을 처로 삼는 내용이나 최고신 **다아다**의 아들이라고 설명하는 것까지 있다.

『침략의 서』나 『모이투라 2차 전쟁』에서 디안 케트는 피르 보르와의 싸움으로 한 팔을 잃은 신들의 왕 **누아다**에게 은으로 만든 팔을 붙여 치료한 신으로 등장한다. 의료신이기는 하지만 매우 질투가 심하고 과격한 성격으로, 자신보다 우수한 의료 기술을 보인 아들 미아흐를 질투해 살해할 정도였다. 그만큼 자신의 능력에는 절대적인 자신을 가졌고, **포워르**와의 싸움에 앞서 신들을 고무하던 광명의 신 루에게 「목을 베여 머리가 날아가지 않는 한, 설령 죽은 자라 하더라도 싸움 다음 날에는 완벽하게 낫게 해 주겠다」고 호언장담한다. 실제로 디안 케트는 자식들과 함께 모이투르 평원 서쪽 슬레인의 땅에 치유의 샘을 만들고 마법의 노래로 다친 병사들을 치료하며 승리에 공헌했다. 그 외에 『에단에게 구혼』에서는 싸움을 중재하다 한쪽 눈을 잃은 지하의 왕 미이르에게 빛을 되찾아준다. 디안 케트의 에피소드에서 가장 독특한 것은 전쟁의 여신 모리안의 아들 메프의 살해이다. 연구서 『딘센하스』에서는 그의 심장에는 아일랜드를 전부 먹어치우는 뱀이 똬리를 틀고 있었으며, 디안 케트는 그 뱀까지 함께 심장을 파괴했다고 한다.

또 『침략의 서』에서 디안 케트는 역병으로 목숨을 잃었다고 전한다. 의료신도 자신의 병을 이겨내는 것은 어려웠던 것일지도 모른다.

## 질투 많은 의사

| 등장 | 에린 침략 신화 |
|---|---|
| 지위 | 의료의 신 |

**가족**

아들 : 쿠 / 키안 / 키슨 / 미아흐
딸 : 에탄 / 아르미드
손자 : 루
그 외

**성격**

질투가 많고 격정적. 자신의 능력에 절대적인 자신감을 가지고 있다.

**소유물**

치유의 샘

**능력**

마법의 노래

## 디안 케트의 공적과 죽음

디안 케트 — 의료 실력에는 절대적인 자신감!

누아다★1를 치료하여 은제 팔을 붙임.

↓

질투로 아들 미아흐★2를 살해!!

↓

「모이투라 2차 전쟁」에서 치유의 샘을 만들어 아군의 승리에 공헌.

↓

미이르★3의 한쪽 눈을 치료해 빛을 되찾아준다.

↓

메프★4를 살해하고 아일랜드를 구한다.

↓

역병으로 목숨을 잃다.

★1 누아다
피르 보르와의 싸움으로 한 팔을 잃은 신들의 왕

★2 미아흐
누아다에게 원래의 팔을 되찾아준 우수한 의술의 신

★3 미이르
싸움의 중재로 한쪽 눈을 잃은 지하의 왕

★4 메프
아일랜드를 집어삼킬 뱀이 심장에 자리 잡았던 모리안의 자식

### 관련 항목

투아하 데 다난 → No.014
발로르 → No.035
누아다 → No.015
루 → No.016
다아다 → No.018
포워르 → No.034

No.023

# 디안 케트의 가족

격정적인 성격의 의료신으로 알려진 디안 케트. 그 역시 많은 아들, 딸을 가진 일족의 수장이기도 하였다.

## 의료신 일족

**투아하 데 다난**의 의료신 **디안 케트**는 일족 안에서도 유력한 신 중 하나였으며, 광명의 신 루의 아버지 키안 외에도 여러 힘을 가진 자식을 두었다.

그 안에서도 대표적인 것이 아버지와 똑같이 의료의 신이었던 미아흐다. 미아흐는 맹인인 타라의 문지기에게 고양이의 눈을 이식해 낫게 하는 등 이식에 관해서는 아버지마저 능가하는 실력을 갖고 있었다. 때문에 디안 케트가 신들의 왕 **누아다**에게 처치한 은제 의수 치료에 불만을 가지고 있었고, 아버지에게는 무단으로 누아다에게 원래의 팔을 되찾아주는 치료를 행한다. 이 사실에 화가 난 디안 케트는 그를 살해하려 하였지만 미아흐는 스스로 세 번의 치료를 통해 살아남는다. 하지만 네 번째에 뇌를 갈라버리는 일격을 받고 사망한다. 후에 그를 매장한 묘에서는 올바르게 조합하면 사람을 불로불사로 만드는 365종류의 약초가 자라났다.

아르미드는 미아흐와 남매로 의약이나 내과를 담당했다. 미아흐의 묘에서 돋아난 약초를 분류하려 하였지만 아버지 디안 케트에게서「미아흐가 오래 살지 못했음을 잊지 마라」하고 협박을 받은 끝에 약초를 내다버렸다고 한다.

그 외에『모이투라 2차 전쟁』에는 옥트리윌이라는 아들이,『침략의 서』에는 쿠, 키슨이라는 두 아들의 이름을 찾을 수 있다. 또 딸로는 에탄이 유명하다. 옥트리윌은 아버지 디안 케트, 미아흐, 아르미드와 함께 치료의 샘을 만들고 마법의 노래를 불러 **포워르**와의 싸움에서 다친 투아하 데 다난의 전사들을 치유했다. 하지만 쿠, 키슨에 대해서는 거의 기술이 없다. 에탄은 시인 **카이르프레**를 비롯하여 수많은 신들의 어머니로 이름이 알려져 있다.

## 디안 케트의 가족

### ●미아흐 / Miach

| 등장 | 에린 침략 신화 |
|---|---|
| 지위 | 의료의 신 |

**가족**

아버지 : 디안 케트
형제 : 쿠, 키안, 키슨, 옥트리월
남매 : 아르미드, 에탄

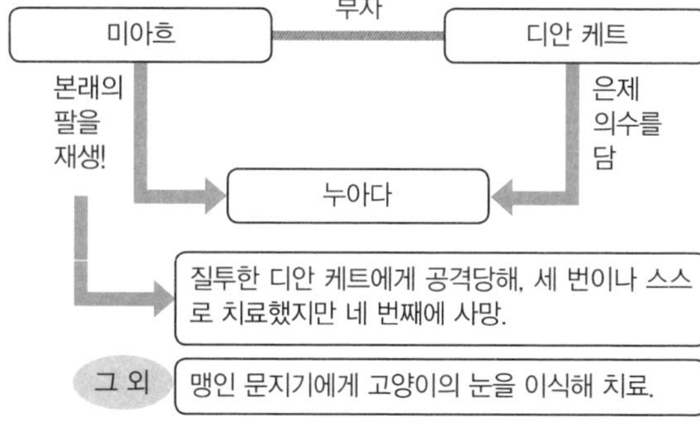


질투한 디안 케트에게 공격당해, 세 번이나 스스로 치료했지만 네 번째에 사망.

그 외 | 맹인 문지기에게 고양이의 눈을 이식해 치료.

### ●아르미드 / Airmed

| 등장 | 에린 침략 신화 |
|---|---|
| 지위 | 의료의 신(의약 등) |

**가족**

아버지 : 디안 케트
형제 : 미아흐 / 쿠 / 키안 / 키슨 / 옥트리월 /
자매 : 에탄

아버지나 형제들과 마법의 샘을 작성. 전사들의 상처를 치유했다.

↓

아버지가 오빠 미아흐를 질투하여 살해.

↓

미아흐의 묘 근처에 난 약초를 분류하려 하였지만 아버지의 방해로 실패.

### ●옥트리월 / Octriuil

디안 케트의 아들. 아버지, 형제들과 마법의 샘을 작성. 전사들의 상처를 치료했다.

### ●쿠, 키슨 / Cú, Cethen

디안 케트의 아들. 아일랜드 각지에 사자로 파견된 루의 아버지 키안의 형제들로 등장.

### ●에탄 / Etan

디안 케트의 딸. 시인 카이르프레를 비롯하여 여러 신들의 어머니로 유명.

**관련 항목**


투아하 데 다난 → No.014
누아다 → No.015
코르브레 막 에탄 → No.030
디안 케트 → No.022
포워르 → No.034

No.024

# 브리안, 유하르, 유하르바

Brian, Iuchar, Iucharba

용맹함으로 유명한 전사들이었던 투렌의 아들들. 하지만 그들의 짧은 생각은 비극을 만들어낸다.

## ● 죽음으로 이름을 남긴 3형제

브리안, 유하르, 유하르바 3형제는 켈트 3대 비극 중 하나인『투렌의 아들들의 최후』나『침략의 서』에 등장하는 **투아하 데 다난**의 전사들이다. 그들은 광명의 신 **루**의 아버지 키안의 살해자이며 그 죗값을 치르기 위해 파멸적인 모험을 떠나게 된다.

아일랜드 북방의 둔 데르가(현재의 던독) 인근에 있는 무르테우네 평원 주변을 지배하는 투아하 데 다난의 투렌과 최고신 **다아다**의 딸 **브리이드** 사이에 태어난 그들은 우수한 전사이자 마술사였다. 그들은 때때로 드루이드의 지팡이로 변신의 마법을 사용해 엽견이나 매, 백조 등으로 둔갑했다. 3형제 중 장남인 브리안은 용감하고 빈틈이 없는 전사로 동생들의 생각이 모자란 면을 나무라는 장면도 많다. 또 시인으로서도 일류로 모험 도중에 만나는 각지의 왕에게서 칭찬을 받는다. 그들에게는 아네라는 여동생도 있었으며, 훗날 그들의 위업을 전하는 역할을 맡는다.

투렌 일족과 키안 일족은 오래 전부터 숙적이었다. 그 키안이 루의 사자로 북방으로 향하던 도중 3형제와 조우한 것은 불행한 우연이라고밖에 표현할 도리가 없다. 그들은 지금이 절호의 기회라며, 돼지로 모습을 바꾸어 자리를 피하려던 키안을 쫓아 살해하고 만다.

사건의 경위를 알게 된 루는 곧 복수를 개시했다. 그들의 자존심을 교묘히 이용해 9가지의 난제를 해결하는 것을 보상으로 맹세시킨 것이다. 3형제는 루가 만든 마법의 배를 빌려 모험을 떠나게 되었다.

얄궂게도 이 모험은 3형제의 명성을 매우 높이게 만든다. 하지만 모험을 끝낼 즈음에서 그들은 빈사의 상태를 맞이한다. 브리안과 그의 아버지 투렌은 루에게 목숨을 구걸했으나 3형제의 죽음은 루가 바라는 바였다. 그는 명예와 함께 죽도록 형제들에게 전하였다.

## 죽음을 통해 영웅으로 이름을 남긴 난봉꾼

| | |
|---|---|
| 등장 | 에린 침략 신화 |
| 지위 | 전사 |
| 소재 | 무르테우네 |

**가족**

아버지 : 투렌
어머니 : 브리이드
동생 : 아네
그 외

**성격**

장남 브리안은 빈틈이 없는 전사. 때때로 동생들에게 주의를 준다.

**소유물**

드루이드의 지팡이 외

## 브리안 형제의 모험의 시작과 끝

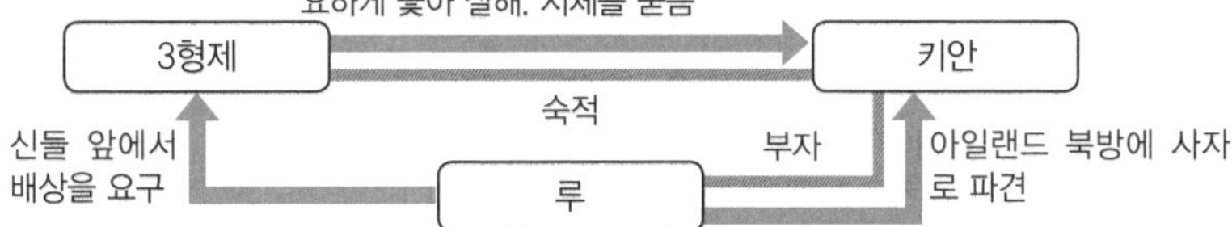
돼지로 둔갑해 도망치려 하는 키안을 집요하게 쫓아 살해. 시체를 묻음
3형제
키안
숙적
신들 앞에서 배상을 요구
부자
아일랜드 북방에 사자로 파견
루

**요구한 보상품**

- 헤스페리데스의 사과
- 도바르의 전차
- 그리스의 왕이 가진 마법의 돼지 가죽
- 이로다 왕의 강아지
- 아사르의 마법의 돼지
- 핀카라 섬의 꼬챙이
- 페자르의 독창
- 도바르의 마법의 말
- 모하인 언덕에서 외치기(외치면 흉악한 언덕의 주인이 공격한다)

보상을 위한 모험으로 3형제의 명성이 높아진다.

↓

루, 3형제에게 마술을 걸어 모험이 끝났다고 착각하게 해 절망하게 만든다.

↓

루, 빈사의 중상을 입은 3형제의 도움 요청을 거부.

↓

투렌과 3형제의 죽음 후 동생 아네가 그들의 위업을 전한다.

**관련 항목**

투아하 데 다난 → No.014
루 → No.016
다아다 → No.018
브리이드 → No.032

No.025

# 리르

Lir

마나난 막 리르의 아버지로 알려진 해신 리르. 하지만 그 개성은 후대에 탄생한 것이었다.

## ● 신들의 왕좌를 다툰 해신

리르는 아일랜드나 맨 섬의 전승에 등장하는 해신이다. 15세기 이전의 오래된 전승에는 거의 등장하지 않고, 등장하였다 해도 똑같은 해신인 아들 **마나난**의 아버지로 다루어지는 것에 지나지 않았다. 다만 아일랜드 주변에는 리르의 이름을 가진 지명이 몇 개나 남아 있어 예전에는 신앙되었을 가능성도 있다.

『리르의 아이들의 최후』에서 리르는 **투아하 데 다난**의 일원이자 **밀레시안** 침공 후에는 최고신 **다아다**의 아들, 적모의 보브와 왕좌를 가지고 다툴 정도의 유력자였다. 하지만 리르는 급하고 흥분하기 쉬운 성격이었기 때문에 신들은 온후한 보브를 다음 왕으로 뽑는다. 이 일에 분통을 터뜨린 리르는 시 피나하에 있는 자기 영토에 틀어박힌다. 하지만 이번엔 그런 리르의 태도에 화가 난 신들이 그에게 몰려가 저택에 불을 지르고 만다. 이 화재로 리르의 처는 타 죽고, 사태를 중대하게 본 보브가 알란 섬 알릴 왕의 딸이자 자신의 양녀인 에브를 후처로 리르에게 시집보낸다.

에브는 리르와의 사이에 4명의 자식인 피누알라, 에, 피아흐라, 콘을 낳는데, 산후의 고통 때문에 목숨을 잃는다. 슬픔에 탄식하는 리르를 동정한 보브는 에브의 동생 에바를 보냈지만, 이것이 어처구니없는 사태를 불러일으킨다. 처음에는 언니의 아이를 귀여워했던 에바였지만, 차츰 질투에 사로잡혀 4명을 죽일 것을 계획한 것이다. 결국 그녀는 그 4명을 사람의 말을 하는 백조로 둔갑시켜 북쪽의 왕자와 남쪽의 왕녀가 결혼해 기독교의 종이 울릴 때까지 풀리지 않는 900년에 걸친 유랑의 저주를 걸고 추방했다. 에바의 행위를 안 보브는 그녀를 용서하지 않고 마물로 만들어 추방했다. 한편 백조가 된 네 아이들은 저주대로 900년을 지내고 마지막엔 기독교의 세례를 받아 하늘로 인도되었다.

## 사랑하는 자식들을 영원히 잃은 바다의 신

| | |
|---|---|
| 등장 | 에린 침략 신화 |
| 지위 | 해신 |
| 소재 | 시 피나하 |

**가족**

처 : 에브 / 에바
아들 : 마나난 / 에 / 피아흐라 / 콘
딸 : 피누알라

**성격**

급하고 흥분하기 쉬운 성격.

**그 외**

각 지의 지명에 이름을 남겼지만 15세기 이전의 자료에서는 거의 기술을 찾아볼 수 없다.

## 리르와 백조가 된 아이들

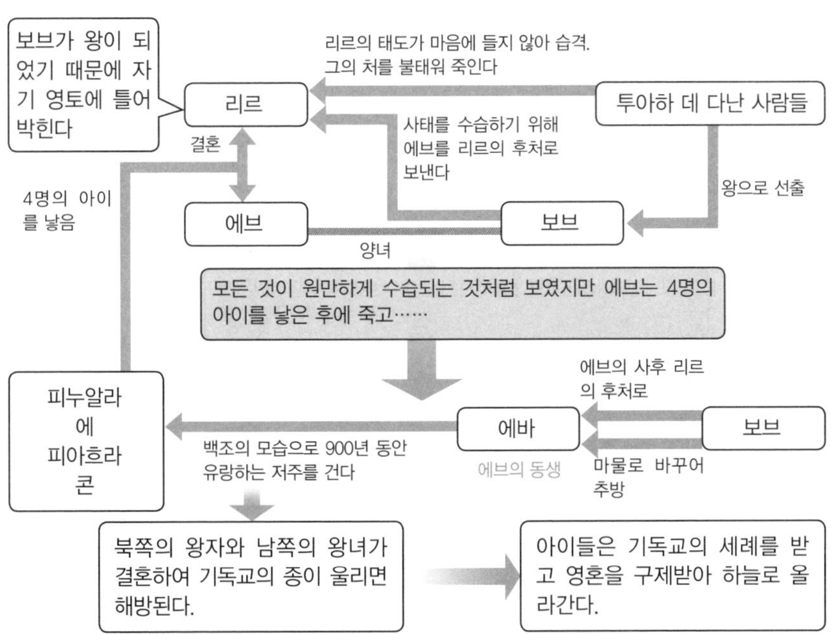

보브가 왕이 되었기 때문에 자기 영토에 틀어박힌다
리르
리르의 태도가 마음에 들지 않아 습격. 그의 처를 불태워 죽인다
투아하 데 다난 사람들
사태를 수습하기 위해 에브를 리르의 후처로 보낸다
결혼
왕으로 선출
4명의 아이를 낳음
에브
보브
양녀
모든 것이 원만하게 수습되는 것처럼 보였지만 에브는 4명의 아이를 낳은 후에 죽고……
에브의 사후 리르의 후처로
피누알라
에
피아흐라
콘
에바
보브
백조의 모습으로 900년 동안 유랑하는 저주를 건다
에브의 동생
마물로 바꾸어 추방
북쪽의 왕자와 남쪽의 왕녀가 결혼하여 기독교의 종이 울리면 해방된다.
아이들은 기독교의 세례를 받고 영혼을 구제받아 하늘로 올라간다.

**관련 항목**

마나난 막 리르 → No.026
투아하 데 다난 → No.014
밀레시안 → No.040
다아다 → No.018

No.026

# 마나난 막 리르

Manannán mac Lir

투아하 데 다난 안에서도 이질적인 분위기를 가진 마나난. 강대한 힘과 재보를 가지고 있지만 항상 한 발 물러난 자세로 활동하고 있다.

## ● 영웅들의 조력자

마나난 막 리르는 아일랜드나 맨 섬의 전승에 등장하는 해신이다. 똑같은 해신인 **리르**의 아들이자 「영원히 젊은 나라」 에빈 아브라하, 그리고 맨 섬을 지배했다. 투아하 데 다난의 일원으로 여기긴 하지만 『침략의 서』나 『모이투라 2차 전쟁』과 같은 자료에는 이름이 보이지 않는다. 『투렌의 자식들의 최후』 등에는 광명의 신 루의 양아버지로 등장하지만, 그를 기르는 것을 거절했다는 전승도 있다.

『브란의 항해』에서 마나난은 불로불사의 미장부였다. 금으로 만든 갑옷에 녹색 케이프를 두른 자료도 있다. 처나 애인, 아이도 많아 처인 판을 두고 얼스터의 영웅 **쿠 훌린**과 싸운 『쿠 훌린의 병』이나, 모습을 위장하고 이국의 여왕에게 아이를 낳게 한 『몬간의 탄생과 몬간의 두브 라하에 대한 사랑』 등 연애에 얽힌 에피소드도 많다. 또한 맨 섬에는 마나난이 수레바퀴 같은 세 개의 다리를 가지고 있었다는 전승도 남아 있다.

마나난은 환술을 특기로 하는 강력한 마술사로, 신이나 영웅의 조력자였다. 투아하 데 다난이 몸을 숨길 때 사용한 마법의 안개 포트 파아다는 그가 만들어낸 것이라고 여겨지며, 마검 프라가라흐를 비롯한 광명의 신 루의 소유물도 원래는 마나난의 물건이었다고 한다. 그 외에도 『브란의 항해』에 등장하는 파도 사이를 달리는 전차나 쿠 훌린에게서 처를 숨긴 투명 망토, 『코르막의 이세계』에 등장하는, 요리해도 되살아나는 돼지 등 수많은 물건을 가졌고 인심 좋게 빌려주거나 물려주었다고 한다.

수많은 전승에서 마나난은 직접적인 폭력을 싫어하고 적을 연기로 둘러싸는 방법을 좋아했다고 한다. 하지만 그런 방법은 기독교의 전도사 성 패트릭에게는 통용되지 않았다. 특기 마술이 깨진 그는 맨 섬에서 쫓겨나 이세계로 물러나게 된다.

## 수많은 재보를 가진 영원히 젊은 섬의 지배자

| | |
|---|---|
| 등장 | 아일랜드 전승<br>맨 섬 전승 |
| 지위 | 해신 |
| 소재 | 맨 섬<br>이벤 아브라하 |

**가족**

아버지 : 리르
처 : 판
아들 : 몬간
양자 : 루
그 외

**외견**

금색 갑옷에 녹색 케이프를 두른 불로불사의 미장부.

**성격**

폭력을 싫어하고 적을 연기로 둘러싸는 방법을 좋아함.

**소유물**

마검 프라가라흐, 파도 사이를 달리는 전차, 보이지 않는 망토, 요리해도 되살아나는 돼지 등.

## 신화, 전설에서의 마나난

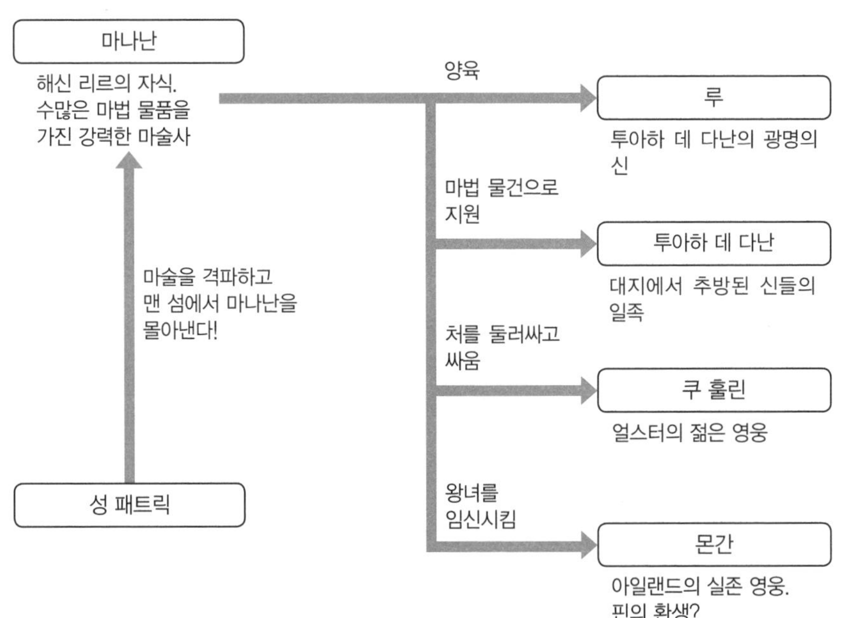


**관련 항목**

리르 → No.025
쿠 훌린 → No.045

No.027

# 모리안

Morrigan

전장의 까마귀, 바이브 카흐를 이끄는 여왕 모리안. 싸움과 사랑으로 살아가는 그녀는 수많은 영웅들과 함께 하였다.

## ● 수많은 영웅을 사랑한 전쟁의 여신

모리안, 혹은 모리구는 에린 침략 신화 등에 등장하는 **투아하 데 다난**의 전쟁신이다. 그 이름은 「위대한 여왕」을 의미하며 투아하 데 다난의 선조인 여신 다나, 아나와 동일시되는 경우도 많다. 『침략의 서』 등의 자료에 모리안은 웅변과 문학의 신 **오그마**의 아들 델베흐와 여신 에른마스의 딸로, 전쟁의 여신 바이브, 마하와는 자매에 해당한다. 다른 자매들과 마찬가지로 새와 연관 지어져 회색이나 붉은 색의 옷을 입은 미녀나 까마귀의 모습을 본떠 전장에 나타났다. 『모이투라 2차 전쟁』에서 모리안은 신들의 왕 **누아다**와 동침해 승리를 약속했고, 자매와 함께 마술을 구사해 **피르 보르**를 공황 상태로 내몰았다. 또 모리안은 최고신 다아다의 처, 혹은 애인이었으며, **포워르**와의 싸움에서는 마술로 투아하 데 다난을 원호하고 전후에는 승리와 예언의 시를 소리 높여 노래했다고 한다. 또 다아다와의 사이에는 딸 아다일을 가졌다.

그 후 모리안은 전쟁의 여신으로서 수많은 영웅들의 영광에 영향을 끼쳤다. 그녀의 사랑을 받은 영웅은 승리를 얻고, 그녀의 사랑을 잃으면 영웅은 목숨을 잃었던 것이다. 그래서인지 그녀에게는 수많은 아이가 있었다. 일설로는 26명의 아들과 26명의 딸이 있었다고 한다.

얼스터 이야기의 영웅 **쿠 훌린**도 그녀에게 사랑을 받은 영웅 중 한 명이었다. 그는 모리안의 사랑을 거부했기 때문에 전장에서 직접적, 간접적으로 수많은 방해를 받게 된다. 하지만 그의 분전은 차츰 모리안의 분노를 가라앉혔고 최종적으로는 수많은 위험을 알려주게 되었다.

모리안의 이름은 아일랜드, 웨일스 각지의 지명에 남아 있어 실제로 신앙된 여신임을 알 수 있다. 하지만 시대가 지나자 차츰 마녀, 마물들의 여왕으로 취급받게 되었다.

## 사랑과 맞바꾸어 승리와 죽음을 가져오는 여신

| 등장 | 에린 침략 신화<br>얼스터 이야기 |
| --- | --- |
| 지위 | 전쟁의 여신 |

**가족**

아버지 : 델베흐
어머니 : 에른마스
동생 : 바이브 / 마하
아버지 or 애인 : 다아다
애인 : 누아다
그 외

**외견**

회색 혹은 적색의 옷을 입은 미녀, 혹은 까마귀의 모습.

**성격**

사랑을 받아들이는 자에게 승리를 가져다주는 반면, 거절한 자에게는 용서가 없다.

**능력**

사람들의 감정을 조종하는 마술, 변신 능력.

**그 외**

각지에 신앙의 흔적이 남아 있다.

## 신화, 이야기에 등장하는 모리안

델베흐
에른마스
모리안
바이브
마하

사랑을 받아들이면 승리를 약속!

• 누아다와 동침해 승리를 약속. 피르 보르를 공황 상태에! (『모이투라 2차 전쟁』)

• 다아다의 애인, 처로서 승리에 공헌. 전후는 승리와 예언의 시를 읊는다. (『모이투라 2차 전쟁』)

사랑을 거절하면 보복!

• 사랑을 거절한 쿠 훌린을 집요하게 방해. 다만 그 뒤에는 조언을 한다. (『쿨리네의 황소 사냥』)

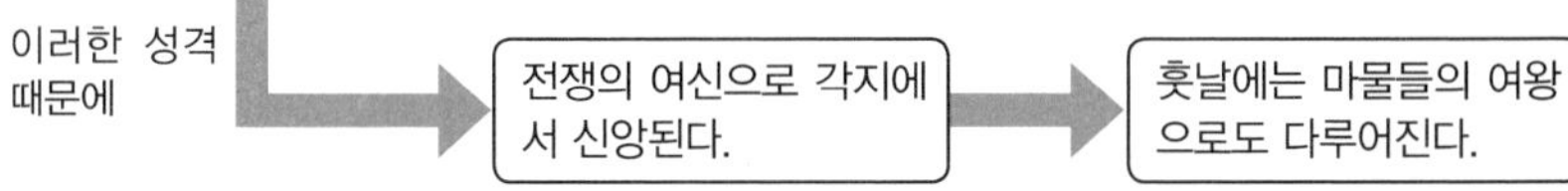
이러한 성격 때문에
전쟁의 여신으로 각지에서 신앙된다.
훗날에는 마물들의 여왕으로도 다루어진다.

**관련 항목**

투아하 데 다난 → No.014
누아다 → No.015
포워르 → No.034
오그마 → No.031
피르 보르 → No.038
쿠 훌린 → No.045

No.028

# 바이브, 마하, 네반

Badb, Macha, Neman

전장을 춤추듯 날아다니는 까마귀의 화신인 여신들. 그녀들은 전사들에게 공포와 혼란을 내리는 두려운 존재이면서도 전사의 죽음을 애도하는 다정함도 있었다.

## ● 전장을 누비는 3자매

에린 침략 신화를 비롯하여 아일랜드 전승에는 **모리안** 외에도 바이브, 마하, 네반 이렇게 세 전쟁의 여신이 등장한다. 『침략의 서』 등에서 바이브, 마하는 웅변과 학문의 신 **오그마**의 아들 델베흐와 여신 에른마스의 딸이자 모리안과 자매였다. 마하는 신들의 왕 **누아다**의 처이며, 바이브는 비네이트나 테스라의 처, 때로는 누아다나 최고신 **다아다**의 처라고도 전해진다. 네반은 따지자면 숫자를 맞추기 위한 존재로, 바이브나 모리안 대신 3자매에 더해지는 경우가 많다. 『사나스 호르믹』에 등장하는 전쟁신 네드의 처라고 전해지며, 『쿨리네의 황소 사냥』에서는 코노트의 군세를 공포로 몰아넣어 수많은 전사자를 냈다고 한다.

『모이투라 2차 전쟁』에 따르면, 마하와 바이브, 그리고 모리안은 드루이드이며, 마술로 불꽃과 피의 비를 내리게 해 **피르 보르**의 군세를 혼란에 빠뜨렸다. 또 전승에서는 모두 까마귀를 화신으로 삼고 전장을 누비는 사신으로도 묘사된다. 포워르와의 싸움에서 바이브는 전령으로 전장을 누볐으며, 마하는 남편과 함께 포워르의 사안의 마왕 **발로르**와 싸워 목숨을 잃는다. 「격노」, 「분격」, 「폭력」을 의미하는 바이브는 죽음을 예언하는 존재이기도 하였으며, 『쿠 훌린의 최후』에서는 붉은 옷을 입고 눈물을 흘리며 피로 물든 그의 갑옷을 강에서 씻는 여성의 모습으로 등장한다.

또 에린 침략 신화, 얼스터 이야기에서는 마하라는 이름의 여성이 몇 명 등장한다. 얼스터의 수도 이벤 마하를 창건한 폭군 「붉은 머리의」 마하. 남편의 허튼 자랑으로 얼스터의 왕에게 말과의 경주를 강요받아 쌍둥이를 낳은 후 얼스터에게 9세대에 걸친 저주를 내리고 죽은 「임부(妊婦)」 마하. 아일랜드 3번째 이주자 네베드 왕의 아내 「예언자」 마하. 연구자들은 그녀들을 여신 마하의 한 측면으로 보는 경우도 있다.

## 전장에 공포와 죽음을 가져오는 여신들

### ●바이브 / Badb

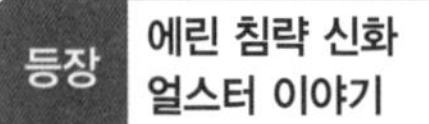

| 등장 | 에린 침략 신화<br>얼스터 이야기 |
|---|---|
| 지위 | 전쟁의 여신 / 드루이드 |

**가족**

아버지 : 델베흐
어머니 : 에른마스
동생 : 모리안 / 마하
남편 : 비네이트 / 테스라

바이브
- 마술로 피르 보르를 괴롭힌다. (『모이투라 2차 전쟁』)
- 전령으로 활약. (『모이투라 2차 전쟁』)
- 쿠 훌린의 죽음을 예언. (『쿠 훌린의 최후』)

### ●마하 / Macha

| 등장 | 에린 침략 신화<br>얼스터 이야기 |
|---|---|
| 지위 | 전쟁의 여신 / 드루이드 |

**가족**

아버지 : 델베흐
어머니 : 에른마스
동생 : 모리안 / 바이브
남편 : 누아다

마하
- 마술로 피르 보르를 괴롭힌다. (『모이투라 2차 전쟁』)
- 남편 누아다와 함께 발로르에게 도전해 전사. (『모이투라 2차 전쟁』)

그녀의 측면?

- 이벤 마하의 창건자 「붉은 머리의」 마하
- 얼스터를 9대까지 저주한 「임부」 마하
- 제3의 이주자 네베드의 왕의 처 「예언자」 마하

### ●네반 / Nemean

| 등장 | 에린 침략 신화<br>얼스터 이야기 |
|---|---|
| 지위 | 전쟁의 여신 |

**가족**

남편 : 네드

네반 → 코노트의 군세를 공황 상태에 빠뜨린다. (『쿨리네의 황소 사냥』)

| 마하 | 마하 |
|---|---|
| 모리안 | 바이브 |
| 네반 | 네반 |

모리안, 바이브를 대신해 3자매에 더해지는 경우도 있다.

**관련 항목**

모리안 → No.027
누아다 → No.015
피르 보르 → No.038
오그마 → No.031
다아다 → No.018
발로르 → No.035

No.029

# 고이뉴, 루흐타, 크루냐

Goibniu, Luchta, Credne

투아하 데 다난의 고등한 기술을 지탱한 세 신. 그 실력은 고품질의 무장을 만들어낼 뿐만이 아니라 신속함도 겸비했다.

## ● 신들의 무기를 만들어낸 세 명의 신

고이뉴, 루흐타, 크루냐는 에린 침략 신화에 등장하는 **투아하 데 다난** 공예의 신이다. 고이뉴는 대장장이의 신으로, 그 이름은「대장장이」를 의미한다. 그의 실력은 참으로 대단해『모이투라 2차 전쟁』에서는 겨우 세 번의 망치질로 창날이나 검의 도신을 만들어냈다. 에자릭, 혹은 에스류와 네트의 아이라고 여겨지며, 루흐타, 크루냐, 그리고 의술의 신 **디안 케트**와는 형제라고도 여겨진다. 이세계의 지배자이기도 하여, 그곳에서 연 연회에서 선보이는 마법의 에일을 마신 자는 불로불사를 얻을 수 있었다. 그 탓인지 그 자신도 튼튼한 육체를 가져 폭군 **브레스**의 아들 루아단에게 창으로 찔려도 가볍게 뽑아내고, 반대로 루아단을 찔러 죽인다. 하지만『침략의 서』에서 그는 역병으로 목숨을 잃는다고 한다.

루흐타는 목공의 신이며, 고이뉴가 만든 무기의 자루나 방패를 만들었다. 어떤 전승에서는 싸움에 지고 목이 떨어진 사안의 마왕 발로르의 독혈이 물든 개암나무로 해신 **마나난**이 소유할 마법의 방패를 만든 적도 있다. 루흐타도 멋진 실력의 소유자였으며 고이뉴와 마찬가지로 세 번의 공정으로 창의 자루를 만들었다. 또 드루이드가 정직함을 증명하기 위해 행했던, 달군 철을 쥐는 의식에는「루흐타의 철」이라는 이름이 붙어 있다.『침략의 서』에서 루흐타는 뜨겁게 달군 다트로 목숨을 잃었다고 한다.

크루냐는 금속 공예의 신으로 디안 케트와 함께 팔을 잃은 신들의 왕 누아다를 위한 은제 팔을 만든다. 크루냐의 이름은「직공」을 의미하며, 창이나 검의 물림쇠를 단 세 번에 고정해 보였다. 그들 3명이 만든 무기는 빗나가지 않고 적을 쓰러뜨렸다고 한다.『침략의 서』에 따르면, 그는 스페인의 보물을 찾고 있던 중에 익사했다고 한다.

## 신들의 싸움을 지원한 명공들

고이뉴가 3번 휘둘러 단련한 도신이나 창끝에 루흐타가 3동작으로 자루를 붙이고 크루냐가 3번 두드려 물림쇠를 단 신들의 무기는 빗나가는 일 없이 적을 쓰러뜨렸다.

### ●고이뉴 / Goibniu

**등장** 에린 침략 신화

**지위** 신들의 대장장이

**가족**

아버지 : 에자릭 어머니 : 네트
형제 : 디안 케트 외

| | |
|---|---|
| 에피소드 1 | 고이뉴가 지배하는 이세계에서 큰 솥으로 에일을 마시면 불사가 되었다. |
| 에피소드 2 | 배신자 루아단이 던진 창을 받아 다시 던져 살해. |
| 최후 | 역병으로 사망. |

### ●루흐타 / Luchta

**등장** 에린 침략 신화

**지위** 신들의 목공사

**가족**

아버지 : 에자릭 어머니 : 네트
형제 : 디안 케트 외

| | |
|---|---|
| 에피소드 1 | 사안의 마왕 발로르의 독혈이 스민 개암나무로 방패를 제작. |
| 에피소드 2 | 드루이드가 솔직함을 내보이기 위해 달군 철을 쥐는 의식 = 루흐타의 철. |
| 최후 | 뜨겁게 달군 다트로 사망. |

### ●크루냐 / Credne

**등장** 에린 침략 신화

**지위** 신들의 대장장이

**가족**

아버지 : 에자릭 어머니 : 네트
형제 : 디안 케트 외

| | |
|---|---|
| 에피소드 1 | 은제 팔을 제작. 의료신 디안 케트와 함께 신들의 왕 누아다에게 붙인다. |
| 최후 | 스페인에서 재보 탐색 중에 익사. |

**관련 항목**

투아하 데 다난 → No.014
디안 케트 → No.022
브레스 → No.036
마나난 막 리르 → No.026

No.030

# 카이르프레 막 에탄

Coirpre mac Etaíne

시인의 신인 카이르프레는 시작에 능한 아버지를 가져 천부적인 표현자였다. 그의 입에서 지어 나오는 말은 수많은 국면을 움직였다.

## ● 투아하 데 다난을 대표하는 시인

카이르프레 막 에탄은 에린 침략 신화에 등장하는 **투아하 데 다난**의 시인이다. 계보에 관해서는 전승마다 다른데, 최고신 **다아다**의 아들이라고도, 웅변과 문학의 신 **오그마**의 아들이라고도 한다. 모친에 관해서는 일관되게 의료신 **디안 케트**의 딸 에탄(에딘)이기 때문에 『침략의 서』 등에서는 「에탄의 자식」을 의미하는 「막 에탄」의 이름으로 표기된다. 카이르프레에게는 케르나, 혹은 케르니아라고 불리는 자식이 있었지만 자세한 내용은 전승에 남아 있지 않다.

『모이투라 2차 전쟁』에서 카이르프레는 아일랜드의 선주민 **피르 보르**와의 교섭자로 홀로 파견되어 피르 보르의 왕 에오하이와 평화 교섭을 시도했다고 전해진다. 그의 설득 덕분인지 투아하 데 다난과 피르 보르는 일시적 동맹 관계를 맺게 된다.

시인 카이르프레의 이름을 아일랜드 전토에 알린 것이 아일랜드 첫 풍자시였다. 어느 날 카이르프레는 포워르의 피를 이은 폭군 **브레스**의 성새(城塞)를 방문했다. 고대 아일랜드에서 손님으로 방문한 시인에게는 최고의 대접을 하는 것이 상식이다. 하지만 인색한 브레스는 카이르프레를 허름한 오두막으로 안내하고 말라비틀어진 작은 케이크 3개를 내왔을 뿐이었다. 카이르프레는 이 취급에 격노하고 통렬한 비난을 담은 풍자시를 만든다. 그 시를 들은 브레스는 수치와 분노로 얼굴을 가넷처럼 붉게 물들였다고 한다. 또 카이르프레는 포워르와의 싸움에서 시의 힘으로 적을 매우 매도하고 무기조차 들 수 없을 정도의 치욕을 안겨주었다고 한다. 어떤 전승에서는 시의 완성도를 평가받아 발로르의 독혈이 물든 개암나무로 만든 방패를 선물 받은 적도 있다. 『침략의 서』에서 카이르프레는 일사병으로 사망하였다고 한다.

## 폭군을 퇴위로 이끈 말솜씨

**등장** 에린 침략 신화

**지위** 풍자 시인

**가족**

아버지? : 다아다 / 오그마
어머니 : 에탄
아들 : 케르나

**소유물**

사안의 마왕 발로르의 피가 스며든 개암나무 방패.

## 시인 카이르프레와 폭군 브레스

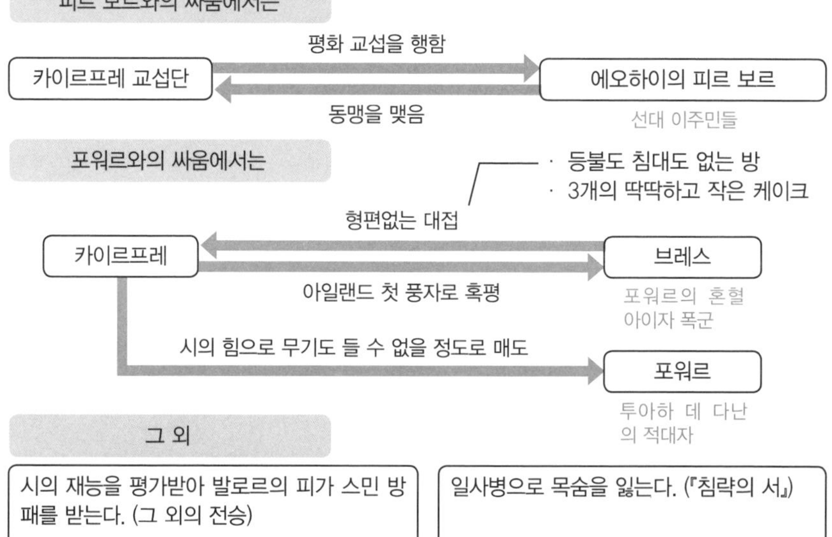


그 외

시의 재능을 평가받아 발로르의 피가 스민 방패를 받는다. (그 외의 전승)

일사병으로 목숨을 잃는다. (『침략의 서』)

**관련 항목**


투아하 데 다난 → No.014
오그마 → No.031
피르 보르 → No.038
다아다 → No.018
디안 케트 → No.022
브레스 → No.036

No.031

# 오그마

Ogma

투아하 데 다난의 위대한 전사인 오그마. 하지만 시작을 사랑하고 웅변의 능력이 있었던 그는 오감 문자의 발명가로도 알려져 있다.

## ● 우수한 말재주를 가진 전사

오그마는 에린 침략 신화에 등장하는 **투아하 데 다난**의 신이다. **피르 보르**와의 싸움에서 활약한 영웅이자 마검 오르나의 소유자로도 알려져 있다. 그는 오그마 그란 아네헤(태양의 얼굴), 오그마 커메이드(꿀 같은 입) 등의 별명을 가진 웅변과 문학의 신이어서, 갈리아의 신 오그미오스와 대비되는 경우도 많다. 또 오감 문자의 발명자라고 하며, 다른 전사들과 비교해 변증과 시작에 뛰어났다. 일설로는 영혼을 다른 세계에 옮기는 역할도 있었다고 한다.

『침략의 서』에서 오그마는 포워르의 왕 엘라하의 아들로 나온다. 최고신 **다아다**나 포워르의 혼혈아 **브레스**와는 이복형제에 해당하며, 광명의 신 루가 이모형제라는 자료도 있다. 즉 그도 역시 포워르의 혼혈아였다는 것이다. 하지만 다아다의 아들로 취급되는 경우도 많다. 오그마의 처는 의료의 신 **디안 케트**의 딸 에탄이며, 어머니로도 그려지는 그녀와의 사이에 시인 카이르프레를 비롯하여 수많은 신을 가졌다.

『모이투라 2차 전쟁』에서 오그마는 브레스의 치세하에 그의 성에서 사용할 연료인 장작을 옮기는 굴욕적인 일을 강요당했다. 그것도 거의 먹지도 마시지도 못한 상황에서 아일랜드까지 헤엄쳐 건너서, 장작을 짊어지고 다시 헤엄쳐 돌아온다는 가혹한 환경이었다. 이런 일을 매일 견디는 인내심 강한 모습을 보이는 한편, 반대로 격렬한 면도 있었다. 광명의 신 루가 타라 궁전을 처음으로 방문했을 때 그의 실력을 가늠해보려고도 하였다. 오그마의 최후는 확실하지 않다. 수많은 자료에서 포워르의 왕 인데히와의 싸움으로 목숨을 잃었다고는 하지만, 그 뒤의 사건이라고 여겨지는 마검 오르나의 발견이나 다아다의 하프를 추적했다는 등의 기술도 보이기 때문이다. 또 **밀레시안**의 침공 이후는 아셀트레이 언덕으로 물러났다고도 전해진다.

## 과묵함과 강한 인내심을 가진 시예의 신

**등장** 에린 침략 신화

**지위** 웅변, 문학의 신

**소재** 아셀트레이

**가족**

아버지 : 엘라하
처, 어머니? : 에탄
형제 : 다아다 / 브레스
자식 : 카이르프레
그 외

**성격**

과묵하고 인내심이 강하지만 루에게 도전하는 등 과격한 일면도 있다.

**소유물**

마검 오르나.

**능력**

웅변과 문학, 시예 등의 재능.

## 신화에 등장하는 오그마

오그마
→ 피르 보르와의 싸움에서 활약한 영웅.
→ 웅변과 문학, 변증과 시작이 특기이며 오감 문자를 만든다.
→ 죽은 자의 혼을 다른 세계로 옮기는 역할을 한다.

**브레스의 치세에서는……**

오그마 ← 거의 먹지도 마시지도 않고 장작을 아일랜드에서 옮기도록 명령 ← 브레스

오그마 → 매일 담담하게 일을 해냄 → 브레스

브레스: 포워르의 혼혈아 이자 폭군

**최후는……**

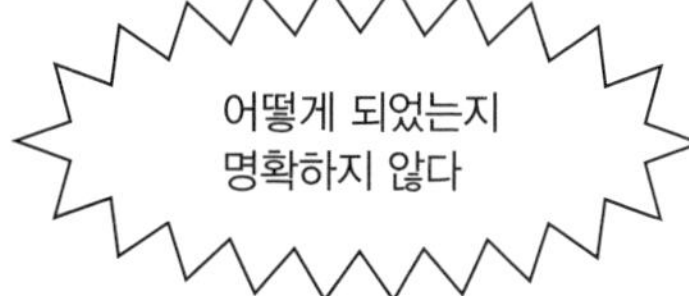


- 포워르의 왕 인데히와의 싸움으로 사망?
- 마검 오르나를 발견, 다아다의 하프를 추적?
- 아셀트레이 언덕으로 물러나다?

**관련 항목**

투아하 데 다난 → No.014
다아다 → No.018
디안 케트 → No.022
피르 보르 → No.038
브레스 → No.036
밀레시안 → No.040

No.032

# 브리이드

Brigid

최고신 다아다의 딸이라고도, 모신 다나 본인이라고도 전해지는 브리이드. 그녀에 대한 신앙은 기독교 전파 후에도 살아남아 성녀로 모습을 바꾸었다.

## 기독교의 성인으로 덧씌워진 위대한 여신

브리이드는 에린 침략 신화에 등장하는 **투아하 데 다난**의 여신이다. 브리이드의 이름은 「고귀한 자」를 의미하고 아일랜드 전토에 폭넓게 신앙되었다. 브리튼의 브리간티아나 모신 다나와 동일시되는 경우도 있으며, 단지 여신들의 총칭으로 다루어질 때도 있다. 『사나스 호르믹』 등의 기술에서는 3자매, 3신1체의 여신이며, 각각 시예, 치유, 대장일을 관장했다고 한다. 또 탄생할 때 바구니가 불기둥을 뿜었다는 이야기에서 불꽃의 여신으로 보는 연구자도 있다. 풍요의 여신이기도 하여 훗날 성 브리짓의 제일(祭日)이 되는 2월 1일의 임볼크는 암소의 젖을 짜 풍요를 기원하는 날이 되었다.

『침략의 서』, 『모이투라 2차 전쟁』의 브리이드는 같은 이름을 가진 **다아다**의 세 딸 중 한 명이다. 포워르의 혼열아 브레스의 처로 그들 사이에는 루아단이라는 아들이 있었다. 루아단이 전사했을 때 그녀가 내뱉은 통곡은 아일랜드에서 처음으로 들린 아들을 잃은 어머니의 통곡이었다고 한다. 또 **브리안, 유하르, 유하르바** 3형제도 그들의 자식, 혹은 다아다와 브리이드 사이에 생긴 자식이라는 전승도 존재한다.

브리이드는 기독교 전파 후에도 천대받지 않고 사람들에게 성녀로 받아들여졌다. 그 상징인 「브리짓의 십자가」는 지금도 부적으로 사랑받고 있다. 또 탄생 때 집이 불타오르듯이 빛났다, 초자연적인 소의 젖으로 자랐다, 성녀 브리짓이 살았던 수도원에서는 항상 성스러운 불꽃이 수호했다 등, 본래 신화의 흔적이 남아 있는 일화도 많다. 또 수도원이 있는 렌스터도 여신 브리이드가 수호하는 토지이다. 또한 브리이드에게는 예수 그리스도 탄생에 관한 일화도 남아 있다. 그녀는 산파를 맡았지만 태어나면서부터 두 팔이 없었다. 하지만 예수 탄생과 동시에 그를 받기 위해 두 팔이 생겨났다는 이야기다.

## 기독교의 성녀가 된 여신

| 등장 | 에린 침략 신화<br>기독교 전승 |
|---|---|
| 지위 | 불의 여신. 시예, 치유, 대장장이, 또 풍요의 여신으로도 |

**가족**

아버지 : 다아다
남편 : 브레스
아들 : 루아단
그 외

**외견**

3위1체의 여신. 기독교 전승에서는 양팔이 없는 여성이라고도.

**성격**

신화에서는 남편을 따르며 아들을 사랑. 기독교 전승에서는 겸허한 기독교도.

## 신화의 브리이드와 기독교 전승에서의 브리이드

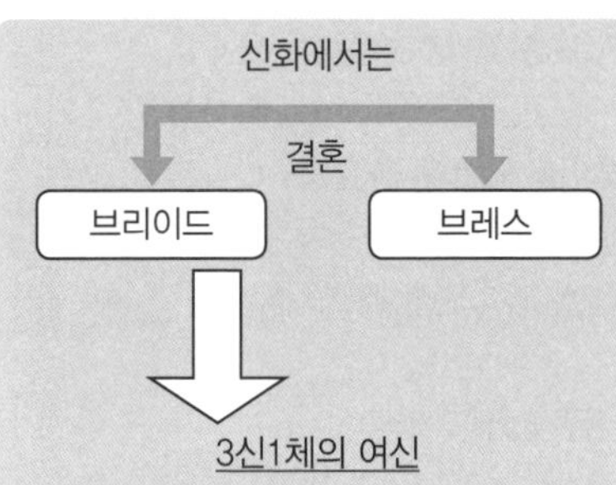


- 여러 능력으로 아일랜드 각지에서 신앙된다.
- 2월 1일 임볼크제는 브리이드의 축제. 풍요 기원.
- 아들 루아단을 잃었을 때의 통곡은 아일랜드 최초의 아들을 잃은 어머니의 통곡이라고 전해진다.

기독교에서는

성 브리짓

신화의 흔적이 보이는 일화가 많은 성인

- 상징인 브리짓의 십자가는 현재에도 부적으로 인기.
- 원래 양팔이 없었지만 예수의 산파를 볼 때 그를 받아내기 위해 팔이 생겨났다는 전승도 있다.

**관련 항목**

투아하 데 다난 → No.014
다아다 → No.018
브리안, 유하르, 유하르바 → No.024

No.033

# 투아하 데 다난의 그 외의 여신

투아하 데 다난에는 그 부족명이 되는 모신 다나를 시작으로 수많은 여신이 존재했다. 하지만 대다수는 눈에 띄지 않는 위치에 머물렀다.

## ● 모신 다나와 그 후예들

**투아하 데 다난**에는 **브리이드**나 **모리안** 등의 전쟁의 여신 이외에도 수많은 여신들이 있었다.

투아하 데 다난이라는 이름의 유래, 여신 다나(다누)는 투아하 데 다난의 모신(母神)이다. 아누나 모리안, 브리이드, 웨일스의 돈 등 수많은 여신과 동일시되는 한편, 모두 성립이 다른 여신으로 보는 연구자도 있다. 『침략의 서』에서는 웅변과 문학의 신 오그마의 자식 델베흐의 딸로, 아버지와의 사이에서 **브리안, 유하르, 유하르바** 3신과 알근, 바란드, 베 후일, 베 시타 등 4여신을 낳았다고 여긴다. 훗날 포워르와의 싸움에 참전해 데 돔난에게 쓰러졌다고 한다.

반바, 포들라, 에리우는 에른마스의 딸로, 아일랜드의 왕권을 상징하는 여신이다. 각각 금, 은, 동의 로브를 둘렀으며, 반바는 무거운 느낌, 포들라는 딱딱하고 아픈 느낌, 에리우는 다정하고 따스한 느낌의 여성이었다. 그녀들은 밀레시안의 아모르긴과 「자신들의 이름을 남긴다」는 약속을 나누고 그들에게 아일랜드의 지배권을 넘겼다고 한다.

크론은 무기 연마가다. 『모이투라 2차 전쟁』에서는 **고이뉴, 루흐타, 크루냐**와 같은 직공의 신들 사이에 섞여 신의 무기를 만들었다. 폭군 브레스의 아들 루아단이 고이뉴에게 마법의 창 제작을 의뢰했을 때에는 창날을 연마하는 모습이 그려진다.

베 후일(후마)과 디아난은 얼스터의 영웅 **페르구스**의 처가 된 프리디스의 딸들이다. 『모이투라 2차 전쟁』에서는 마술사로서 광명의 신 루에게 「목초나 돌로 병사를 만들어 적을 혼란시킨다」고 약속한다. 또 베 후일은 훗날 해신 마나난의 아들과 사랑에 빠져 추방되고, 지고왕 콘 케트다하타의 애인이 되었다고 한다.

## 투아하 데 다난의 그 외의 여신

### ●다나(다누) / Dana(Danu)

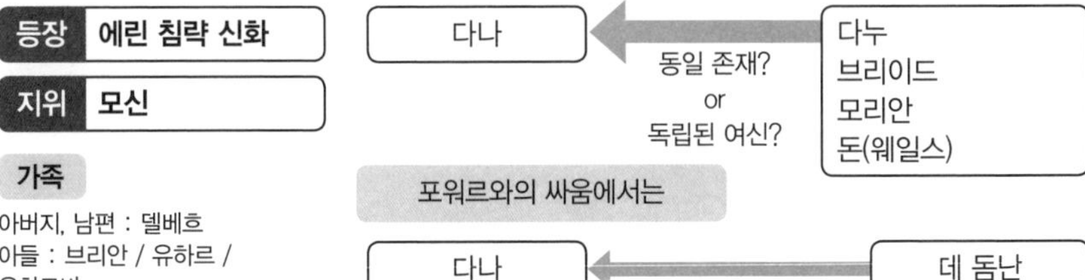


**가족**

아버지, 남편 : 델베흐
아들 : 브리안 / 유하르 / 유하르바
딸 : 알근 / 바란드 / 베 후일 / 베 시타 그 외

### ●반바, 포들라, 에리우 / Banba, Fódla, Ériu

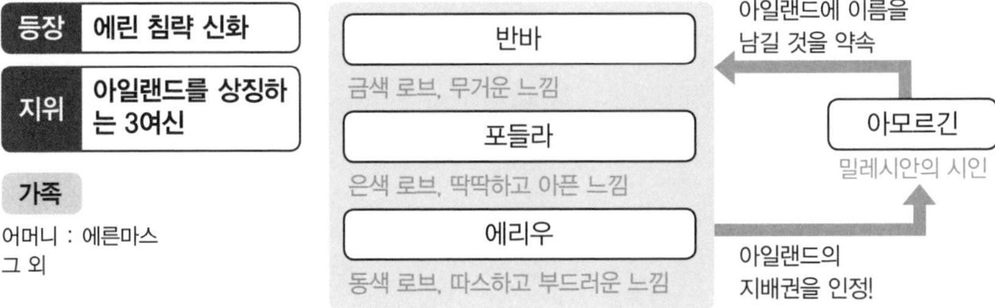


**가족**

어머니 : 에른마스
그 외

### ●크론 / Crón

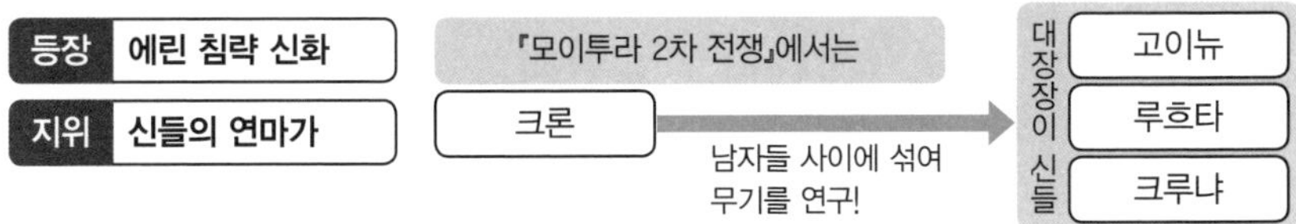


### ●베 후일, 디아난 / Bé Chuille, Díanann

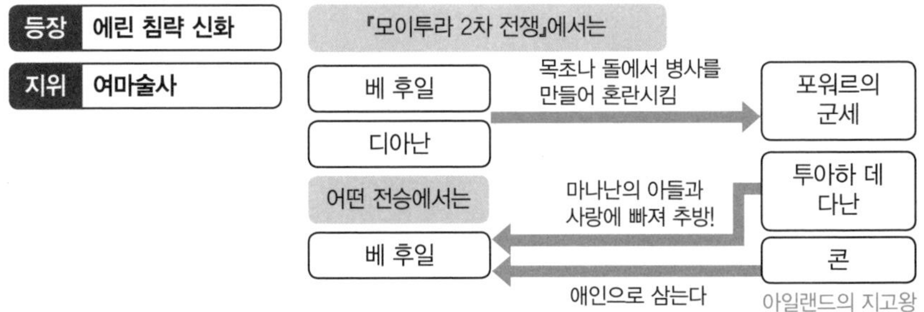


**관련 항목**


투아하 데 다난 → No.014
모리안 → No.027
고이뉴, 루흐타, 크루냐 → No.029
브리이드 → No.032
브리안, 유하르, 유하르바 → No.024
페르구스 막 로이 → No.049

No.034

# 포워르

Fomoire

아일랜드를 노리는 마물 포워르. 그들은 북방 이민족이라고도, 자연현상을 의인화한 것이라고도 해석되며 항상 아일랜드 백성의 적대자였다.

## ● 아일랜드를 덮치는 마족

포워르는 에린 침략 신화나 훗날 민간전승에 등장하는 신의 적대자이다. 그들의 이름 포워르의 의미에 관해서는 해저, 마족, 거인, 혹은 바다의 위협이라는 설이 있으며, 개중에는 바이킹이 모델이었다고 여기는 연구자도 있다. 포워르의 대다수는 산양의 머리에 인간의 몸을 가진 괴물, 혹은 외팔, 외다리, 외눈 등의 기이한 모습의 존재였지만, 폭군 **브레스**나 그의 아버지 엘라하, 광명의 신 **루**의 어머니 에슬린 등 찬란할 정도로 아름다운 자도 적지 않다. 또 브레스가 **투아하 데 다난**이 모르는 목축이나 농업 기술을 알고 있었다는 점에서 포워르는 그런 기술이 뛰어났다고도 여길 수 있다.

『침략의 서』에서 그들은 아일랜드 제2이주민인 파르홀론 시대에 느닷없이 나타났다. 격렬한 싸움 끝에 파르홀론은 포워르를 아일랜드의 북쪽, 북해 주변의 섬으로 밀어내는 것에 성공한다. 하지만 포워르들은 아일랜드를 결코 포기하지 않았다. 제3의 이주민인 네베드 시대에는 역병으로 괴멸 상태였던 그들을 지배하에 두고 공물을 요구했다고 한다.

그들은 제4이주민 **피르 보르**와는 적대관계였지만 제5이주민 투아하 데 다난과는 적대하지 않았다. 하지만 아일랜드의 통치에 실패한 브레스의 협력으로 포워르는 본격적으로 아일랜드 침공에 나선다. 사안의 마왕 **발로르**나 인데히 막 데 돔난과 같은 강력한 포워르의 왕들이 이끄는 군세는 일시적으로 아일랜드의 각지를 점령했지만, 최종적으로는 광명의 신 루가 이끄는 투아하 데 다난의 군세와 모이투라 평원에서 격돌, 수많은 전사자를 내며 패배한다. 다만 이것으로 포워르가 멸망한 것은 아니었으며, 훗날 전승에도 때때로 나타나 사람들을 괴롭혔다.

## 아일랜드를 위협해온 괴물의 무리

포워르란?

| | |
|---|---|
| 이름의 유래 | 해저, 마족, 거인, 바다의 위협 등 이름의 의미에는 여러 설이 있다. |
| 외견적 특징 | 기본적으로는 산양의 머리에 인간의 몸, 외눈, 외팔, 외다리 등 기형. 개중에는 찬란하게 아름다운 존재도 있다. |
| 능력 | 목축, 농경에 관한 기술을 가지고 있다. |
| 실은… | 북구의 바이킹? |

## 포워르와 아일랜드 이주민들

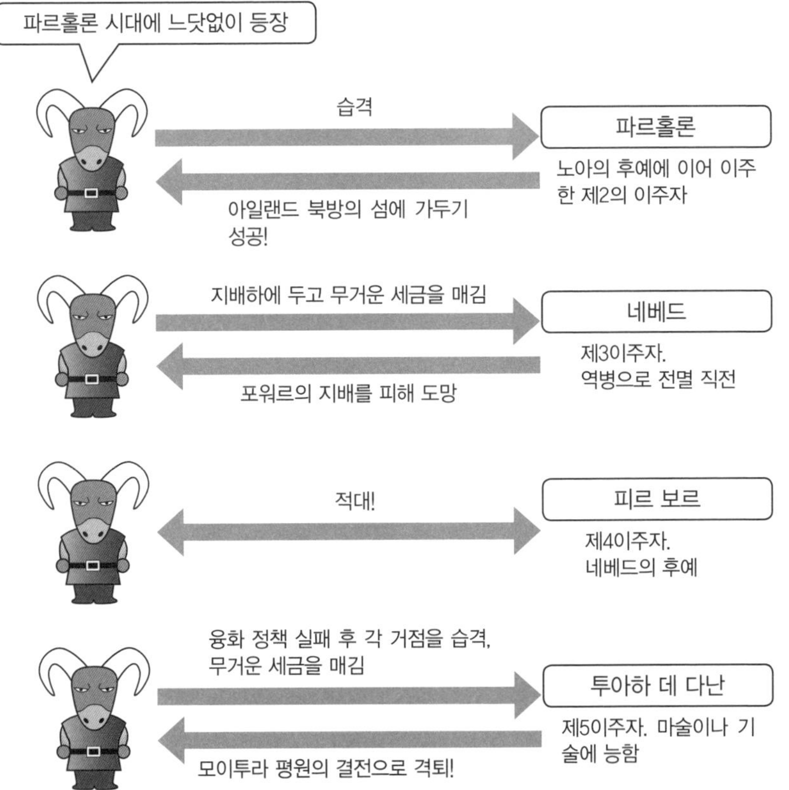


관련 항목
브레스 → No.036
투아하 데 다난 → No.014
발로르 → No.035
루 → No.016
피르 보르 → No.038

No.035

# 발로르

Balor

괴물 일족 포워르를 이끄는 사안의 마왕 발로르. 하지만 전승에서는 강대한 모습만이 아니라 왜소한 악의 모습도 그려진다.

## ● 신들을 쓰러뜨린 사안의 마왕

발로르는 에린 침략 신화에 등장하는 **포워르**의 왕으로, 헤브리디스 제도를 지배했다. 『모이투라 2차 전쟁』 등에서는 네트의 아이 도트의 자식이라고 전해지며, 처 키슬린과의 사이에서 두 명의 아들 베르이드, 부아인, 그리고 **투아하 데 다난**의 광명의 신 **루**의 어머니가 되는 딸 에슬린을 가진다. 한 번 노려보면 적을 죽이는 사안을 가졌기 때문에 사안의 발로르라고도 불렸는데, 평상시 그 눈은 네 명의 종자가 도르래로 끌어당겨야만 할 정도로 무겁게 닫힌 눈꺼풀로 덮여 있었다. 강력한 일격의 발로르라고도 불리는 강자였으며, 투아하 데 다난과의 싸움에서는 신들의 왕 **누아다**와 그의 처 마하, 최고신 **다아다** 등을 차례차례 쓰러뜨린다. 하지만 최종적으로는 손자인 루의 투석기에 눈이 꿰뚫린다. 다른 전승에서는 루에게 잡혀 목이 베였다고도 한다. 이때 발로르는 권력을 양보하는 대신 자신의 목을 머리 위로 들도록 루를 유혹했다. 자신의 독혈을 받아 함께 저승으로 데려갈 셈이었다. 하지만 의도를 알아차린 루는 머리를 바위 위에 두어 난을 피했다.

발로르와 루의 관계에 대해서는 민간전승이 보다 자세하다. 발로르는 손자에게 목숨을 빼앗길 것이라는 예언을 두려워하여 딸 에슬린(에타나)을 유폐해 키웠다. 어느 날 발로르에게 소를 빼앗긴 키안(막 키니리)은 그 복수로 에슬린에게 접근해 한 밤을 같이 보낸다. 에슬린은 세 명의 아이를 임신하는데 그것을 깨달은 발로르는 태어난 아이를 바다에 내던지고 키안을 죽였다. 루는 운 좋게 살아남아 숙부인 대장장이 밑에서 자란다. 수년 후 대장장이로 성장한 루의 곁에 발로르가 나타난다. 발로르는 그가 손자임을 깨닫지 못했고, 그래서 키안을 어떻게 죽였는지 수다스럽게 떠드는 발로르를 루가 새빨갛게 달군 꼬챙이로 찔러 죽였다고 한다. 다른 민화에 따르면, 발로르는 어린 아이였던 루가 던진 다트로 죽었다고도 한다.

## 죽음의 일격을 발하는 사안의 마왕

| 등장 | 에린 침략 신화 |
| --- | --- |
| 지위 | 포워르 왕 중 하나 |
| 소재 | 헤브리디스 제도 |

**가족**

아버지 : 도트
어머니 : 키슬린
아들 : 베르이드, 부아인
딸 : 에슬린
손자 : 루
그 외

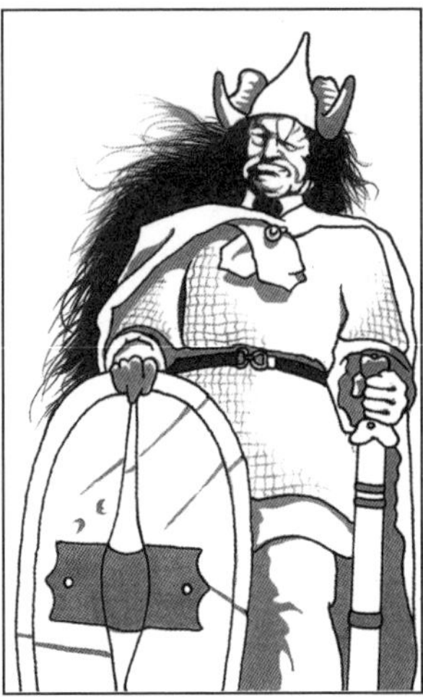

**외견**

4명이 도르래로 당겨야만 할 정도로 무겁게 감긴 눈꺼풀이 있음.

**성격**

에린 침략 신화에서는 강력한 포워르의 왕, 민화에서는 소악당 같은 성격.

**능력**

한 번 노려보는 것으로 적을 죽이는 사안.

## 신화의 발로르와 민화의 발로르

**에린 침략 신화에서는**

포워르의 왕으로서 아일랜드를 침공하지만……

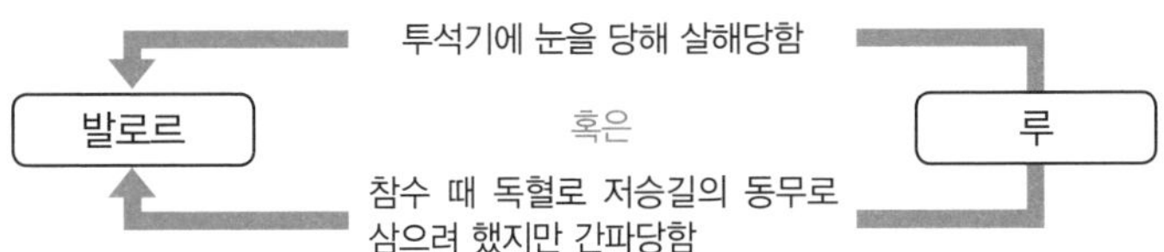
투석기에 눈을 당해 살해당함
발로르
혹은
루
참수 때 독혈로 저승길의 동무로 삼으려 했지만 간파당함

**민화에서는**

손자에게 살해당하리라는 예언을 두려워한 소악당. 키안과 에슬린 사이에 태어난 아이를 바다에 버리지만……

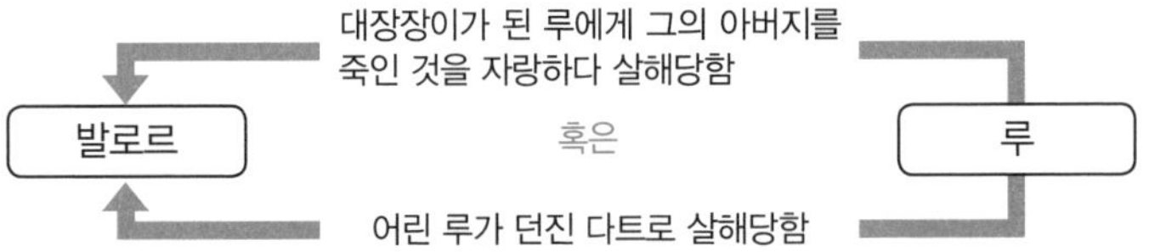
대장장이가 된 루에게 그의 아버지를 죽인 것을 자랑하다 살해당함
발로르
혹은
루
어린 루가 던진 다트로 살해당함

**관련 항목**

포워르 → No.034
루 → No.016
다아다 → No.018
투아하 데 다난 → No.014
누아다 → No.015

No.036

# 브레스

Bres

포워르와 투아하 데 다난의 피를 이은 브레스. 같은 피를 가졌지만 그는 광명의 신 루와는 대조적인 길을 걷는다.

## ● 포워르의 피를 이은 폭군

브레스는 에린 침략 신화에 등장하는 **투아하 데 다난**의 왕이다. 『모이투라 2차 전쟁』에서 **포워르**의 왕 엘라하와 투아하 데 다난의 에류(에리)와의 사이에 태어난 혼혈아로, 최고신 **다아다**의 딸 **브리이드**와의 사이에 아들 루아단을 가졌다. 발로르의 아들이라는 전승도 있지만 일반적이지는 않다. 『침략의 서』에서 브레스는 7대에 걸쳐 포워르의 유력자였던 가문 출신이었다.

브레스의 본래 이름은 에오흐라고 하는데, 브레스는 그의 아버지 엘라하가 에류의 곁을 떠날 때 「아일랜드의 아름다운 것들은 모두 브레스와 비교를 당할 것이다」라고 말을 남긴 것에서 딴 별명이다. 별명대로 브레스는 외견이 매우 아름다웠다. 그 때문인지 **피르 보르**와의 싸움에서 한 팔을 잃은 누아다를 대신하여 신들에게 왕으로 추대되었다. 하지만 그는 나태하고 인색하여 왕의 적성은 전무했다. 결국 브레스는 그 인색함에 화가 난 시인 **케이르프레**의 풍자나 무거운 세금에 신음한 신과 민중의 불만이 폭발해 7년의 유예 후 왕좌에서 쫓겨난다. 어찌해야 할지 몰랐던 그는 어머니에게 상담한 끝에 아버지를 의지해 포워르의 지배지 토리 섬으로 도망쳐 재기를 꾀했다. 발로르 같은 유력자의 협력을 얻은 브레스는 아일랜드를 침공한다. 하지만 그와 똑같이 포워르와 투아하 데 다난의 혼혈아인 광명의 신 루의 등장으로 전황이 일변하여 사로잡히게 된다.

브레스의 그 후에 대해서는 전승에 따라 크게 갈린다. 『딘센하스』에서 브레스는 루의 힘으로 우유로 보이게 만든 더러운 늪의 물을 300파운드나 마셔 죽는다. 한편 『모이투라 2차 전쟁』에서는 투아하 데 다난에게 농경, 축산 기술을 전수하는 조건으로 살아남는다. 다만 그 후 루와의 일대일 대결로 목숨을 잃는다고도 기록되어 있다.

## 아름답지만 무능한 폭군

| | |
|---|---|
| 등장 | 에린 침략 신화 |
| 지위 | 신들의 왕 |
| 소재 | 타라<br>토리 섬 |

### 가족

아버지 : 엘라하
어머니 : 에류
처 : 브리이드
아들 : 루아단

### 외견

아일랜드 전토의 아름다운 것과 비교할 만한 미장부.

### 성격

태만하고 인색함.

### 그 외

본명은 에오흐. 7대로 이어진 포워르의 명가 출신.

## 포워르의 통치와 그 최후

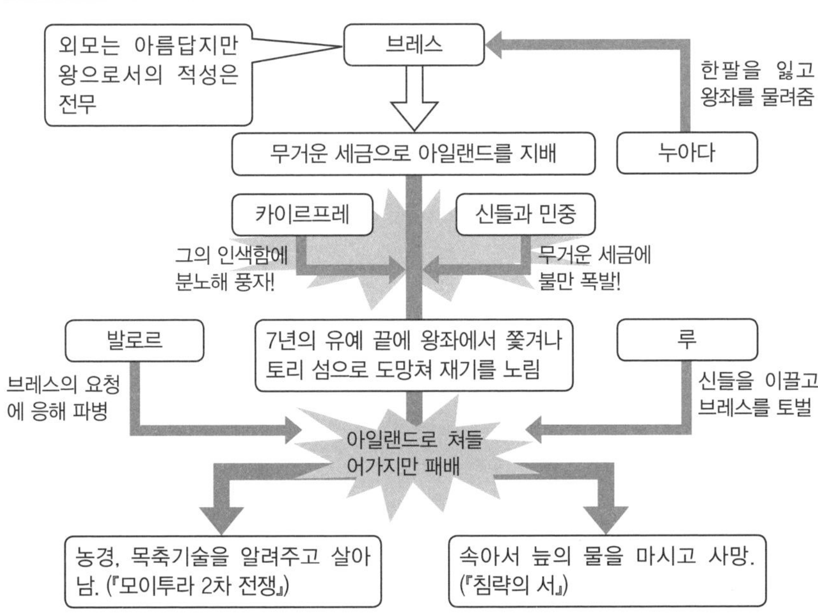


### 관련 항목

투아하 데 다난 → No.014
다아다 → No.018
피르 보르 → No.038
포워르 → No.034
브리이드 → No.032
카이르프레 막 에탄 → No.030

No.037

# 그 외의 포워르

다채로운 군세를 자랑하는 포워르. 그곳에는 투아하 데 다난과 다르지 않는 수많은 왕이 존재했다.

## ● 아일랜드를 노리는 포워르의 군세

에린 침략 신화에는 사안의 마왕 **발로르**나 폭군 **브레스** 외에도 수많은 포워르들이 등장한다.

인데히 막 데 돔난은 포워르의 유력한 왕 중 하나로, 웅변과 문학의 신 **오그마**와 숙명적인 관계다. 그는 모이투라에서 벌어진 **투아하 데 다난**과의 싸움에서 일대일 대결 끝에 오그마를 살해한다. 이때 인데히 자신도 목숨을 잃는다고 하지만, 오그마와의 싸움에서 살아남아 광명의 신 **루**나 전쟁의 여신 모리안에게 살해당했다는 자료도 있다. 그의 아들 옥트리알라흐는 두 명의 풍자 시인을 살해하고 의료의 신 **디안 케트**의 치료의 샘을 파괴했지만 그 후 오그마에게 토벌된다. 그 외에 인데히의 딸 브레그는 최고신 다아다의 발을 묶도록 명령을 받았지만 도리어 그와 사랑에 빠져 포워르를 배신하고 마술을 걸어버린다.

포워르의 왕 중 하나인 엘라하 막 델베흐는 브레스의 아버지이자 금발과 훌륭한 외모의 소유자였다. 원군을 요청하는 브레스에게 왕의 자질이 없음을 책망했지만 아들을 버리지는 못하고 포워르의 왕들에게 원군을 의뢰했다. 엘라하 자신은 전란 속에서 루에게 쓰러진다. 그의 손자이자 브레스의 아들 루아단은 투아하 데 다난의 일원으로 자랐지만 브레스의 반란 후에는 일종의 스파이 활동을 했다. 그리고 전력 저하를 노리고 대장장이의 신 고이뉴를 습격했지만 반격을 받아 목숨을 잃는다.

포워르의 왕 중 하나인 테트라는 별난 존재이다. 그가 지배하는 것은 바다, 혹은 해저인데, 그래서 해신 마나난 막 리르와 관계가 있는 것은 아닐까 예상하는 연구자도 있다. 그는 전장에서 노래하는 마검 오르나를 잃었으며, 후에 이것은 오그마의 손에 넘겨졌다. 테트라 본인의 싸움에서도 이야기하고 있지 않으며 생사도 확실하지 않다.

## 그 외의 포워르

### ●인데히 막 데 돔난 / Indech mac De Domnann

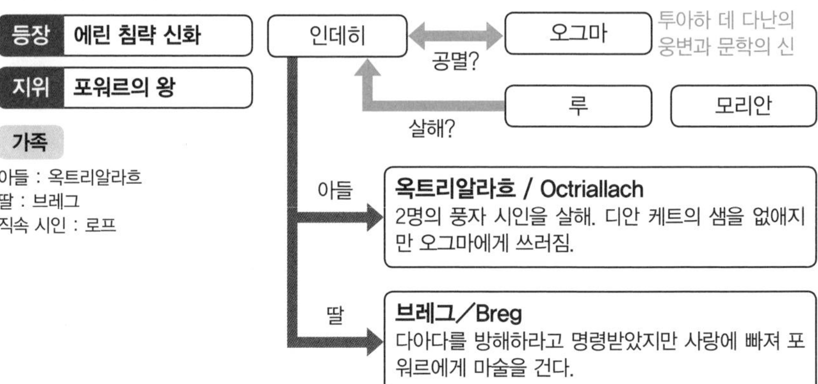


### ●엘라하 막 델베흐 / Elatha mac Delbáeth

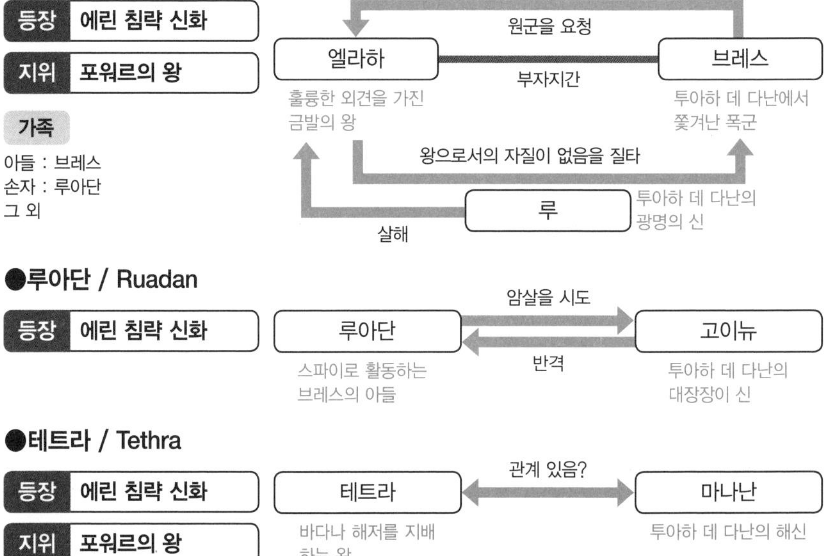


오그마

투아하 데 다난의 웅변과 문학의 신

테트라의 마검 오르나를 주움

### 관련 항목

발로르 → No. 035
오그마 → No.031
루 → No.016
브레스 → No.036
투아하 데 다난 → No.014
디안 케트 → No.022

No.038

# 피르 보르

Fir Bolg

가죽 주머니를 짊어진 사람들이라고 칭해지는 피르 보르. 포워르에게서 도망친 선조의 유지를 이어 에린을 탈환했지만 그 치세는 길지 않았다.

## ● 우수한 통치능력을 가진 종족

피르 보르는 에린 침략 신화에 등장하는 아일랜드 제4의 이주민들이다. 『침략의 서』나 『모이투라 2차 전쟁』 등의 자료를 보면, 그들은 **포워르**의 압정에서 아일랜드를 탈출해 브리튼 섬을 넘어 아득히 먼 그리스까지 도망친 제3의 이주민 네베드의 후예였다. 그 이름은 「가죽 주머니를 든 자」에서 유래하였는데, 가죽 주머니로 만든 배에 탔기 때문이라는 설도, 트라키아에서 노예가 되어 가죽 주머니로 흙을 옮겼기 때문이라는 설도 있다. 하지만 보르를 신의 이름으로 해석하여 그들이 신앙하는 신에서 그 이름을 따왔다고 주장하는 연구자도 있다.

그들은 피르 보르, 피르 보우난, 갈리욘의 세 그룹으로 나뉘어 아일랜드에 이주했고, 포워르의 공격을 막아내며 착실하게 아일랜드 지배를 실행했다. 현재에도 남아 있는 아일랜드의 다섯 개 구분이나 고대 아일랜드 통치 형태는 그들 시대에 기본이 형성되었다고 한다.

정치적으로는 우수했으나 피르 보르는 세련된 공예 기술이나 마술에 관한 지식은 가지지 않았다. 때문에 제5의 이주민 투아하 데 다난이 마법의 안개에 숨어 아일랜드에 상륙했을 때에는 꼼짝없이 그들에게 습격을 당하고 만다. 일단 교섭의 자리를 마련한 피르 보르는 그들이 가진 무구의 훌륭함이나 그들이 가진 기술에 혀를 내두르고 아일랜드의 분할통치를 제안했다. 하지만 양자의 관계는 차츰 악화되었고 결국 모이투라 평원에서 격돌한다. 싸움은 사흘에 걸친 대접전이었지만 **투아하 데 다난**의 승리로 끝났다. 피르 보르 측은 10만 명에 이르는 사상자를 내고 그 이후 알란 제도와 코노트로 도망치게 된다.

## 아일랜드로 귀환한 민족

**피르 보르는 어떻게 생겨났는가?**

포워르

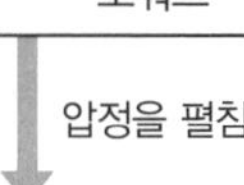


네베드

아일랜드를 탈출, 일부 집단은 그리스 방면으로 도주.

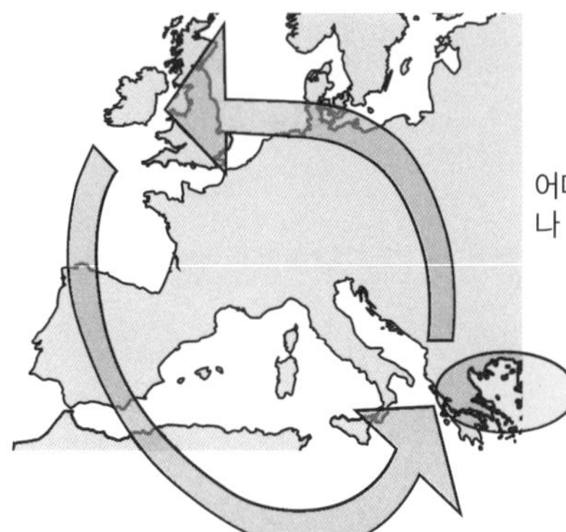

어떠한 이유로 신천지를 떠나 아일랜드로 다시 이주!

네베드의 후예들은 피르 보르(가죽 주머니를 든 사람)라고 불리게 된다.

**피르 보르의 3대 씨족**

- 피르 보르
- 피르 보우난
- 갈리욘

**피르 보르의 이름의 유래**

· 가죽 주머니로 만든 배에 타고 있었다
· 가죽 주머니로 흙을 옮겼다
· 신앙하는 신의 이름

……등의 설이 있다.

## 아일랜드 이주 후의 피르 보르

현재까지 전해지는 아일랜드 5개의 구분을 작성.

통치 형태의 기초를 다짐.

세련된 기술과 마술을 자랑하는 투아하 데 다난이 이주.

투아하 데 다난과 동맹을 맺지만 관계가 악화, 모이투라 평원에서 격돌.

10만이나 되는 피해를 내고 패배!

아란 제도, 코노트로 물러난다.

**관련 항목**

포워르 → No.034
투아하 데 다난 → No.014

No.039

# 피르 보르의 영웅들

에린을 다스린 제4의 이주민들. 그들은 기술적으로는 투아하 데 다난에게 뒤졌지만 수많은 유능한 통치자나 전사를 배출했다.

## ● 투아하 데 다난에도 뒤지지 않는 피르 보르 일족

『침략의 서』, 『모이투라 2차 전쟁』 등의 자료에 등장하는 피르 보르 안에서도 특히 유명한 것이 에오하이 막 에이릭, 그의 처 탈티우, 그리고 스렝 막 센가인 이렇게 3명의 피르 보르이다.

에오하이는 아일랜드를 분할통치하는 피르 보르의 왕 중 하나이자 우수한 통치자였다. 생각이 깊고 정의를 내세운 정치를 하며 거짓이나 기만을 용납하지 않았다. 그 태도가 자연스레 사랑받게 되었는지 대지는 비에 시달리지 않았으며, 그러면서도 아침저녁의 안개로 충분히 촉촉했다고 한다. 하지만 그 마지막은 처참했다. 일설에 따르면 **투아하 데 다난**의 마술에 희롱당해 혼란에 빠진 상태에서 전쟁의 여신 모리안에게 살해당했다고 한다.

에오하이의 처 탈티우는 스페인의 왕 막 모아의 딸이다. 에오하이의 사후에는 투아하 데 다난의 전사 에오하이 가브 막 다하의 처가 되었다. 광명의 신 **루**의 양부모 중 한 명으로도 알려져 있으며, 루는 그녀의 사후 그녀를 위해 탈티안 축제를 열 정도로 깊은 유대로 엮여 있었다. 탈티우는 아일랜드의 미개간지를 개척해 농지 확대를 진행하다 그 과정에서 과로사했다고 여겨진다. 그녀가 묻힌 대지는 그녀의 이름을 따 현재도 텔타운이라 불리고 있다.

스렝은 피르 보르의 우수한 전사 중 한 명이며 투아하 데 다난과의 첫 교섭 때에 대표를 맡았다. 그리고 모이투라에서의 싸움에서는 신들의 왕 **누아다**에게 두 번에 걸쳐 일대일 승부를 하여 첫 번째는 창으로 그의 오른팔을 베어 떨어뜨리고, 두 번째는 그를 사로잡는 사자분신의 활약을 보였다. 이 스렝의 활약은 일족에게 커다란 혜택을 안겨준다. 전쟁에는 졌지만 누아다의 목숨을 살려주는 대가로 그들은 코노트의 지배권을 얻게 된 것이다.

## 위대한 명군과 여왕, 그리고 강인한 전사들

### ●에오하이 막 에이릭 / Eochaid mac Eirc

**등장** 에린 침략 신화

**지위** 피르 보르의 왕

**가족**

아버지 : 에이릭
처 : 탈티우
그 외

사려가 깊고 정의감이 있으며 거짓말이나 기만을 용납하지 않음.

대지에 축복을 받을 정도로 선정을 펼침.

하지만 최후에는

마술에 희롱당하다가 여신 모리안에게 살해당함.

### ●탈티우 / Tailtiu

**등장** 에린 침략 신화

**지위** 피르 보르의 왕

**가족**

아버지 : 막 모아
남편 : 에오하이 막 에이릭 / 에오하이 가브
양자 : 루

**그 외**

텔타운의 축제는 그녀를 기리기 위한 것

투아하 데 다난과의 싸움으로 남편이 사망.

투아하 데 다난의 전사 에오하이와 재혼. 광명의 신 루의 양부모가 된다.

각지의 개척을 진행하다가 도중에 병사.

### ●스렝 막 센가인 / Sreng mac Sengainn

**등장** 에린 침략 신화

**지위** 피르 보르의 전사

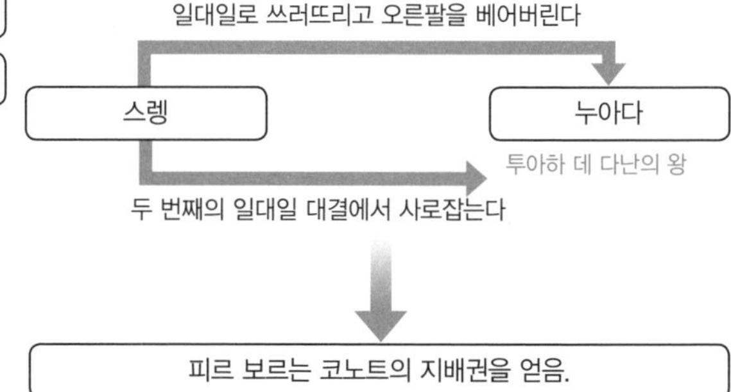
일대일로 쓰러뜨리고 오른팔을 베어버린다
스렝
누아다
투아하 데 다난의 왕
두 번째의 일대일 대결에서 사로잡는다
피르 보르는 코노트의 지배권을 얻음.

**관련 항목**

투아하 데 다난 → No.014
누아다 → No.015
루 → No.016

No.040

# 밀레시안

Milesian

녹색의 대지 에린을 찾은 최후의 방문자 밀레시안. 그들은 오래된 신을 신화의 세계로 몰아내고 인간과 영웅의 시대를 열었다.

## ● 아일랜드인의 선조

밀레시안은 에린 침략 신화에 등장하는 여섯 번째 아일랜드 이주민들이다. 『침략의 서』나 『투안 막 카릴의 이야기』에 따르면, 밀레시안이란 이름의 유래가 된 지도자 밀레는 『구약성서』에 등장하는 노아의 자식 야벳의 후예였다. 그들 일족은 스키타이, 이집트, 스페인으로 유랑을 계속하였는데 밀레는 스페인에서 태어났다. 그는 우수한 군인으로서 각지를 전전하다 스키타이의 여왕이나 이집트 파라오의 딸 사이에서 8명의 자식을 가졌다. 아일랜드 이민을 이룬 것은 그 8명의 아이들이다.

그들이 아일랜드를 침공한 것은 밀레의 조부 이스가 아일랜드의 권력투쟁에 말려들어 살해당하였기 때문이다. 밀레시안의 침공을 깨달은 **투아하 데 다난**은 마술로 폭풍을 일으키지만 밀레의 아들 중 하나이자 시인인 아모르긴이 시의 힘으로 물리쳤다. 아모르긴은 상륙하기에 앞서, 투아하 데 다난의 3여신과 교섭해 그녀들의 이름을 아일랜드의 땅에 남긴다는 약속을 대가로 지배권을 승인받는다. 한편 그녀들을 모욕한 밀레의 아들 중 하나인 **돈**은 선단과 함께 바다의 이슬이 되었다고 한다.

텔타운에서 열린 결전은 밀레시안의 승리로 끝났다. 하지만 얄궂게도 아모르긴은 밀레의 아들 중 하나이자 야심가인 에레원에게 살해당한다. 싸움에 진 투아하 데 다난은 밀이나 우유 등을 아일랜드에서 빼앗는 등 작은 저항을 계속했지만 최종적으로는 이세계에 틀어박히게 된다. 한편 아일랜드는 북쪽 절반을 에레원, 남쪽 절반을 동생 에베르가 통치하게 되었다. 하지만 에레원은 그 지위에 만족하지 않고 에베르와의 장절한 전쟁 끝에 아일랜드 전토를 손아귀에 넣는다. 그리고 그의 일족이 훗날 아일랜드인들의 선조가 된다.

## 신들의 시대를 끝낸 민족

**밀레시안이란?**

- 노아의 아들 야벳의 후예.
- 스페인에서 태어난 군인 밀레가 스키타이나 이집트에서 낳은 8명의 아들들과 그 일족.
- 아일랜드의 6번째 이주자.
- 훗날 아일랜드인의 선조.

밀레시안의 이주 루트

## 밀레시안의 아일랜드 침공

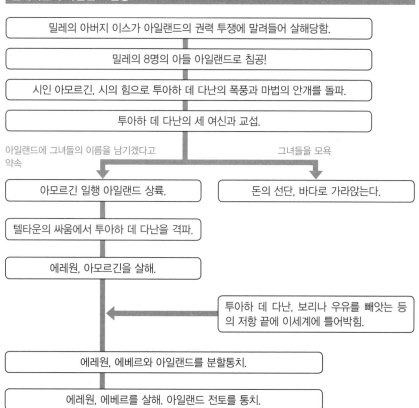

밀레의 아버지 이스가 아일랜드의 권력 투쟁에 말려들어 살해당함.

↓

밀레의 8명의 아들 아일랜드로 침공!

↓

시인 아모르긴, 시의 힘으로 투아하 데 다난의 폭풍과 마법의 안개를 돌파.

↓

투아하 데 다난의 세 여신과 교섭.

- 아일랜드에 그녀들의 이름을 남기겠다고 약속 → 아모르긴 일행 아일랜드 상륙.
  - ↓ 텔타운의 싸움에서 투아하 데 다난을 격파.
  - ↓ 에레원, 아모르긴을 살해.
  - ← 투아하 데 다난, 보리나 우유를 빼앗는 등의 저항 끝에 이세계에 틀어박힘.
- 그녀들을 모욕 → 돈의 선단, 바다로 가라앉는다.

↓

에레원, 에베르와 아일랜드를 분할통치.

↓

에레원, 에베르를 살해. 아일랜드 전토를 통치.

**관련 항목**

투아하 데 다난 → No.014
돈 → No.041

No.041

# 돈

Donn

돈은 밀레시안족의 인물이다. 하지만 그가 죽을 때 남긴 말이 그에게 사신의 신격을 부여했다.

## ● 밀레시안의 죽음의 신

돈은 에린 침략 신화에 등장하는 죽음의 신이다. 이름은 「갈색의 존재」, 「검은 자」 등을 의미하며, 카이사르의 『갈리아 전기』에 등장하는 갈리아의 사신이자 조상신 디스 파테르와 동일시하는 연구자도 많다.

『침략의 서』에서 돈은 여섯 번째 아일랜드 이주민 **밀레시안**이란 이름의 유래가 된 밀레의 여덟 자식 중 하나였다. 장남인 돈은 스키타이에서 태어났고, 이집트에서는 왕권이나 입법을 맡았다고 한다. 오만하고 질투 많은 성격이며 때때로 형제들과 충돌했다.

어느 날 아일랜드에서 증조부 이스가 살해당한 것을 안 돈은 밀레의 아들들을 이끌고 침공을 개시. 하지만 **투아하 데 다난**이 일으킨 태풍으로 배가 침몰하여 처 딜레를 포함한 수많은 사상자를 내게 되었다. 돈 자신도 아일랜드 남서부 임벨 슈케네(현재 케리 주 켄메어 강) 하구에서 익사했으며, 「돈의 집」이라고 불리는 바위로 이루어진 작은 섬(현재 더시 섬 앞에 있는 블루 록)에 매장되어 있다.

돈이 익사한 것은 에류 등 아일랜드를 상징하는 3여신을 모욕했기 때문이라고 한다. 그의 동생이자 시인 아모르긴은 아일랜드에 그녀들의 이름을 남길 것을 약속하고 축복의 예언을 받았다. 반면에 「그녀들에게 감사할 것 없다. 우리의 신과 우리 자신의 힘을 칭송해야 한다」고 말한 돈은 그녀들에게 저주를 받고 익사하게 된 것이다. 어느 옛 시에서 말하기를, 돈은 죽은 후 밀레시안들이 자신의 매장지 「돈의 집」에 모이는 것을 바랐다고 하며, 훗날 신으로 취급받게 되었다.

이 돈과 동일시된 것이 **피아나 기사단**의 일원이자 **디어뮈드**의 아버지인 돈이다. 돈은 그의 처가 불륜을 저질러 낳은 자식을 살해하였는데, 그 후 태어난 벤 발벤이란 마물 멧돼지는 훗날 디어뮈드의 목숨을 빼앗게 된다.

## 자손에게 모셔지길 바란 죽은 자의 왕

| | |
|---|---|
| 등장 | 에린 침략 신화<br>핀 이야기? |
| 지위 | 밀레시안의 지도자<br>죽음의 신 |
| 소재 | 돈의 집<br>(더시 섬 연안) |

**성격**

오만하고 질투가 많음. 형제들과의 문제도 많다.

**그 외**

갈리아의 죽음의 신이자 조상신 디스 파테르와 동일시되는 경우도 있다.

**가족**

아버지 : 밀레
처 : 딜레
동생 : 아모르긴
아들? : 디어뮈드
그 외

## 돈은 어떻게 하여 신이 되었는가?

증조부 이스를 애도하며 아일랜드를 침공.

아일랜드의 상징인 3여신에게 「그녀들에게 감사할 것 없다. 우리의 신과 우리 자신의 힘을 칭송해야 한다」라고 말해 저주를 받음.

돈의 배가 폭풍으로 침몰. 돈을 비롯해 다수가 사망.

돈이 「돈의 집」이라고 불리는 작은 섬에 매장됨.

돈은 자손들이 사후 자신의 곁에 모일 것을 바람.

**돈**

이집트에서 왕권, 입법을 관장한 밀레의 아들 중 장남으로 지도자.

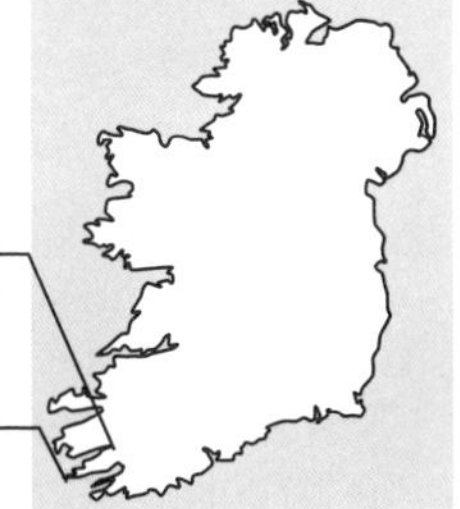


**핀 이야기의 돈**

**돈**
피아나 기사단의 일원으로 디어뮈드의 아버지

→ 처의 불륜이 만든 아이를 살해 → 아이의 주검에서 멧돼지가 태어남 → 벤 발벤의 마물 멧돼지

**관련 항목**

밀레시안 → No.040
투아하 데 다난 → No.014
피아나 기사단 → No.063
디어뮈드 오 디나 → No.067

No.042

# 붉은 가지 기사단

Cróeb Ruad

얼스터의 수호자 붉은 가지 기사단은 콘코바 왕의 혈족을 중심으로 한 군단이다. 그 강력함은 소년 시대부터의 육성으로도 알 수 있다.

## ● 얼스터를 수호하는 전사들

붉은 가지 기사단은 얼스터 이야기에 등장하는 얼스터의 수호자들이다. 얼스터의 왕 **콘코바 막 네사**가 조직한 전사 집단으로, 당시 얼스터의 수도 이벤 마하에 있는 「붉은 가지의 관」에 모였기 때문에 이 이름으로 불리게 되었다.

붉은 가지에는 또 하나의 의미가 있는데, 콘코바의 조부이자 「붉은 왕」이라고 불린 로스 혈통의 사람들을 가리킨다. 실제로 붉은 가지 기사단의 전사들 대다수는 이 일족과 연관된 자들이었다. 또한 그들은 그 깃발 인장으로 녹색 바탕에 금색의 사자를 그린 것을 이용했다.

붉은 가지 기사단은, 뒤의 **피아나 기사단**이 권력으로부터 독립된 조직이었던 것과는 달리 얼스터 왕과 명확한 주종관계로 이어져 있었다. 또 토지에 묶이지 않고 아일랜드 안 어디든 자유롭게 세금을 걷을 수 있었던 피아나 기사단과는 달리 붉은 가지 기사단에 소속한 전사들은 독자적인 영토를 가지고 수입을 얻은 자가 많다.

붉은 가지 기사단에 소속할 수 있는 것은 얼스터의 전사들 안에서도 엄선된 엘리트들이었다. 그들은 소년병으로 견습 기간을 지낸 후 왕에게 무기를 하사받고 성인이 되어 붉은 가지 기사단에 들어갔다. 『쿨리네의 황소 사냥』에서는 소년병이 성인 남성의 몸에 닥친 임부(妊婦) 마하의 저주로 움직이지 못하는 붉은 가지 기사단의 전사들을 대신해 코노트의 군세와 싸우는 모습도 그려져 있다. 붉은 가지 기사단의 중심인물은 당초 콘코바의 숙부 **페르구스 막 로이**였다. 하지만 우슈네의 자식들과 그들을 지키던 자신의 아들에 대한 콘코바의 모략과 살해를 계기로 페르구스는 얼스터에서 이반하여, 수많은 가신들과 함께 코노트로 도망쳤다. 그 대신 중심인물로 떠오른 것이 얼스터의 젊은 영웅 **쿠 훌린**이었다.

## 붉은 가지의 관에 모인 전사들

### 붉은 가지 기사단이란?

얼스터의 왕 콘코바가 조직한 전사 집단!

→ 얼스터의 왕과 명확한 주종관계.

수입원은 개인적인 영토.

그 뒤의 시대의 피아나 기사단은 권력에서 독립한 조직으로 아일랜드 각지에서 자유로이 세금을 징수할 권리가 있었음.

**붉은 가지의 이름의 유래 1**
얼스터의 왕도 이벤 마하에 있는 「붉은 가지의 관」에 모였기 때문에.

**붉은 가지의 이름의 유래 2**
많은 전사들이 콘코바의 조부 「적왕」 로스와 관련되었기 때문에.

이 일족의 깃발은 녹색 바탕에 금으로 칠해진 사자.

### 붉은 가지 기사단의 전사가 되기 위해서는?

소년병으로 수습기간을 지낸다.

『쿨리네의 황소 사냥』에서는 이런 소년병들이 「임부 마하」의 저주로 움직이지 못하는 어른들을 대신해 싸운다.

↓ 빼어난 엘리트 집단 안에서도 잘 해낼 수 있음을 실력으로 인정받는다!

왕에게서 무기를 받아 성인이 되고 붉은 가지 기사단에 입단.

### 붉은 가지 기사단의 중심 인물

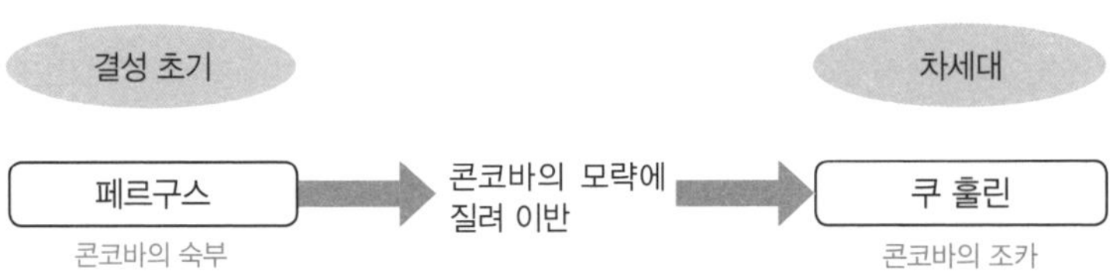


**관련 항목**

콘코바 막 네사 → No.043
페르구스 막 로이 → No.049
피아나 기사단 → No.063
쿠 훌린 → No.045

No.043

# 콘코바 막 네사

Conchobar mac Nessa

아일랜드 전승 안에서 찬연하게 빛나는 붉은 가지 기사단. 그들을 이끄는 왕 콘코바는 위대한 맹주와 냉철한 폭군의 이중성을 가졌다.

## ● 긍지 높은 얼스터의 왕

콘코바 막 네사는 얼스터 이야기에 등장하는 **붉은 가지 기사단**을 이끄는 얼스터의 왕이다. 『콘코바의 탄생』에서는 시인 카스바드와 얼스터의 왕 에오흐의 딸 네사 사이에서 태어났다고 여기는데, 다른 전승에서는 사랑의 신 **인우스**의 피를 이은 아일랜드의 지고왕 팍트나와 네사의 아이라고도 전한다. 또 영웅 **쿠 훌린**은 그의 여동생, 혹은 딸의 아이이다. 코노트의 여왕 메이브의 첫 남편이라는 전승도 있다.

조부의 사후 얼스터는 숙부 **페르구스 막 로이**가 통치하게 되었다. 하지만 네사에게 마음이 있었던 그는 1년 동안 왕권을 콘코바에게 양보하는 방법으로 그 소망을 이룬다. 약관 7세였지만 콘코바의 통치는 어머니의 조력도 있어 평가가 좋았고, 페르구스는 그대로 왕좌에서 물러났다.

그 후 콘코바는 마법의 방패 오한이나 5개로 끝이 나뉜 창, 그리고 은제 자루의 검과 전차를 능숙하게 모는 전사로 성장. 좌우를 나란히 깎은 갈색의 곱슬머리를 등에 닿도록 기르고, 위엄을 풍기는 회색 눈에, 키가 크고 훌쭉한 미장부로, 왕으로서 사람들의 신망도 두터웠다. 하지만 적대자에 대한 자세는 음험하고도 가혹해서, 『우슈네의 아들들의 방랑』에서 우슈네의 형제나 미녀 **데어드레**에게 보인 이 이중성은 훗날 얼스터를 존망의 위기로 몰아넣는다. 또 중용해선 안 될 인물을 중용해 문제를 일으키는 일도 많았다.

『콘코바의 최후』에서 그의 죽음은 매우 별났다고 한다. 얼스터의 전리품으로 보관되어 있던 렌스터 왕 메스 게그라의 뇌를 가공해 만든 뇌구(腦球)라는 투석기의 탄을 도둑맞고, 그것으로 습격당한 것이다. 의사의 치료로 목숨은 건졌지만 뇌구는 그의 머리에 박힌 채였다. 7년 후 콘코바는 그리스도 처형의 소식에 격노해 병사를 움직였다. 하지만 그때 뇌구가 그의 머리에서 튀어나와 목숨을 빼앗았다.

## 노망으로 국가를 위기에 빠뜨린 예전의 명군

| 등장 | 얼스터 이야기 |
|---|---|
| 지위 | 얼스터의 왕 |
| 소재 | 이벤 마하 |

**가족**

아버지 : 카스바드
어머니 : 네사
숙부 : 페르구스
여동생 : 데히티레
조카 : 쿠 훌린
아들 : 코르막 / 포아베이 / 폴라만 / 쿠스크리드
그 외

**외견**

좌우를 나란히 깎은 갈색의 곱슬머리를 등 가운데까지 내려올 정도로 길렀으며, 위엄을 풍기는 회색의 눈을 가진 키가 크고 마른 미장부.

**성격**

사람들의 신망은 두텁지만 적대자에 대한 태도는 음험하면서도 가혹하다.

**소유물**

오한(방패), 5개로 갈라진 날 끝의 창, 은제 자루가 달린 검, 전차 등.

## 콘코바의 생애

네사 ← 관계를 요구! ← 페르구스
네사 → 약관 7세의 콘코바에게 1년 왕좌를 물려줄 것을 조건으로 승낙 → 페르구스
네사 — 모자 — 콘코바
네사 → 통치에 협력 → 콘코바
페르구스 → 왕좌를 물려줌 → 콘코바

어머니 네사의 조력으로 그대로 얼스터의 왕으로!

이상적인 전사, 왕으로 성장하지만 그 성격 때문에 트러블을 일으키는 경우가 잦았다.

그 최후는……

이벤 마하에 보관되어 있던 먼스터의 왕 메스 게그라의 뇌구를 도둑맞는다.

↓

자객이 뇌구로 콘코바를 저격. 목숨은 건지지만 뇌구가 머릿속에 남는다.

↓

그리스도의 처형 소식에 격노하며 거병. 흥분한 나머지 뇌구가 튀어나와 사망.

**관련 항목**

붉은 가지 기사단 → No.042
쿠 훌린 → No.045
데어드레 → No.052
인우스 → No.019
페르구스 막 로이 → No.049

No.044

# 콘코바의 가족

개성적인 붉은 가지 기사단의 주인인 얼스터의 왕 콘코바. 그 가족의 초상은 강한 애증의 이야기로 칠해져 있다.

## ● 얼스터 왕의 가족들

얼스터의 왕 **콘코바**에게는 숙부 **페르구스**나 조카 **쿠 훌린**, **메이브**를 쓰러뜨린 아들 포르베이 이외에도 개성적인 가족이 많았다.

그의 어머니 네사의 원래 이름은 아사(다정한 사람)라고 한다. 하지만 12명의 양부를 드루이드 카스바드에게 살해당해 복수를 맹세하고 네사(다정하지 않은 사람)라고 불리게 되었다. 그 후 그녀는 사로잡혀 카스바드의 아들 콘코바를 낳는다. 하지만「왕을 낳기에는 좋은 날입니다」이라는 그의 예언을 따랐다는 전승도 있다. 남편인 아일랜드의 지고왕 팍트나가 죽자 그녀는 그의 동생 페르구스를 농락해 아들을 왕좌에 앉힌다.

콘코바의 장남 코르막은 붉은 가지 기사단에서도 유력한 전사 중 하나였다. 모친은 코노트의 여왕 메이브의 동생 크로틀이라고도, 콘코바의 어머니 네사라고도 전해진다. 『우슈네의 아들들의 방랑』에서는 우슈네의 아들들의 안전을 약속한 보증인 중 하나였지만 그 약속은 아버지의 손으로 뒤집힌다. 그는 분노를 억누를 수 없었고 결국 다른 보증인들과 함께 코노트로 망명한다. 그 후 그는「추방당한 자의 우두머리」를 의미하는 콘 론가스라고 불리게 된다. 하지만 그는 가족에 대한 정을 버리지 못했다. 『쿨리네의 황소 사냥』에서는 궁지에 몰린 아버지의 목숨을 구한다. 또『다 코가의 관』에 의하면, 코르막은 아버지의 사후 얼스터로 돌아오지만, 다 코가의 관에 주재 중 코노트의 군세에 습격을 당해 목숨을 잃는다.

콘코바의 막내아들 폴라만은 장래가 기대되던 젊은이였다. 하지만「임부」 마하의 저주로 움직이지 못하는 어른을 대신해 소년병들과 함께 코노트의 군세를 막아낸 대신 전멸. 젊은 나이에 목숨을 잃는다.

콘코바를 보좌하는 전사 쿠스크리드도 그의 아들이다. 목을 다쳐 말더듬이가 되었기 때문에「마하의 말더듬이」 멘 마하라고 불린다.

## 콘코바의 가족

### ●네사 / Nesa

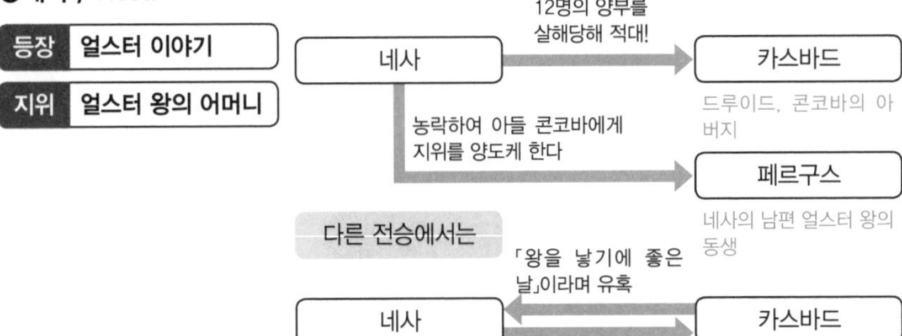


드루이드, 콘코바의 아버지
농락하여 아들 콘코바에게 지위를 양도케 한다

네사의 남편 얼스터 왕의 동생

「왕을 낳기에 좋은 날」이라며 유혹

유혹을 받아들여 콘코바를 낳음

### ●코르막 막 론가스 / Cormac Cond Longas

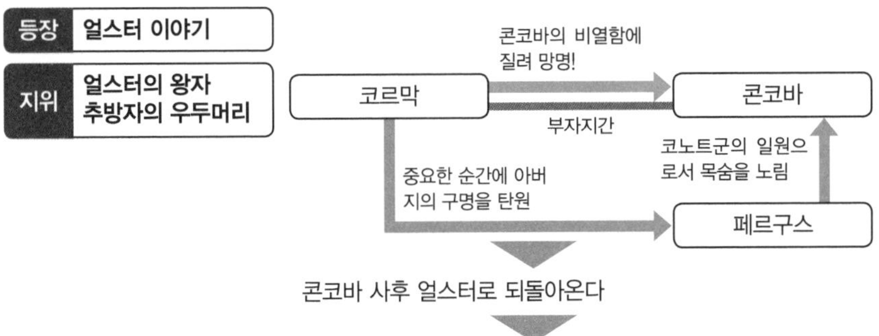


코노트군의 일원으로서 목숨을 노림
중요한 순간에 아버지의 구명을 탄원

### ●폴라만 / Follaman

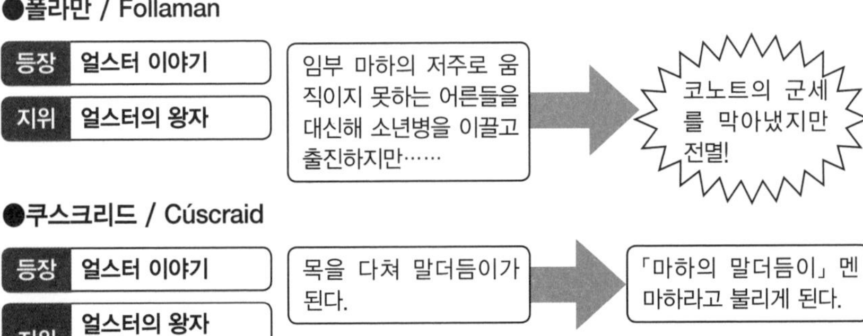

등장 얼스터 이야기
콘코바의 비열함에 질려 망명!
지위 얼스터의 왕자
임부 마하의 저주로 움직이지 못하는 어른들을 대신해 소년병을 이끌고 출진하지만……
코노트의 군세를 막아냈지만 전멸!


### ●쿠스크리드 / Cúscraid



#### 관련 항목

콘코바 막 네사 → No.043
쿠 훌린 → No.045
페르구스 막 로이 → No.049
메이브 → No.056

No.045

# 쿠 훌린

Cú Chulainn

얼스터 최대의 영웅 쿠 훌린. 그는「위대한 영웅으로 이름을 남기지만 단명한다」라는 운명을 스스로 선택하고 격렬한 생애를 보냈다.

## ● 비장한 최후를 맞이한 얼스터의 젊은 영웅

쿠 훌린은 아일랜드가 자랑하는 최대의 영웅이다. 얼스터의 왕 **콘코바**의 여동생 데히티레와 광명의 신 **루**, 혹은 양부 수알탐의 아들이라고 전해지며, 어린 시절부터 인간을 초월한 힘을 발휘했다. 어릴 때의 이름은 세탄타였는데, 7살 때 대장장이 쿨란의 사냥개를 실수로 죽이고 자신이 그 개의 역할을 대신 하겠다고 나선 일에서 쿨란의 번견, 쿠 훌린이라고 불리게 되었다고 한다.

『쿨리네의 황소 사냥』에서 그는 흑발에 회색 눈을 가지고 수염이 없는 작은 미남자였다고 한다. 하지만 표정은 어둡고 한 번 전투를 하면 몸에서 고열을 발했다. 또 전투욕에 지배당하면 머리는 곤두서고 한쪽 눈은 뇌 속으로, 한쪽 눈은 뺨으로 늘어지며, 입은 크게 찢어지고 근육은 혹처럼 부풀고, 다리의 뼈와 근육은 반대 방향으로 젖혀지며, 머리 위에서는 피분수가 뿜어 나오고, 이마에서는 영웅의 빛을 발하는 용과 같은 모습이 된다. 하지만 한편으로는 머리를 흑, 적, 금의 3색으로 물들이고, 두 눈에는 7개(7색)의 눈동자, 양손과 양발에는 7개의 손가락과 발가락, 100개의 보석으로 머리를 치장하고, 황, 녹, 청, 보라로 뺨을 칠한 아름다운 모습으로 나타날 때도 있었다.

쿠 훌린은 그림자 나라의 여왕 스카자하의 밑에서 무술과 마술을 배우고 그녀에게서 물려받은 마창 **게 불그**를 비롯하여 카라딘, 크루아딘이라는 이름의 검, 델 프리슈, 크리틴이라는 투창, 두반이라는 방패 등 무수한 무구를 가지고 있었다. 27장을 덧댄 짐승 가죽의 옷을 즐겨 입고, 무서운 소리를 내는 투구, 모습을 감추는 망토 등을 이용한 적도 있다.

처 에바르를 맞이해 던독에 자리를 잡은 그는 약관 17세의 나이로 코노트의 여왕 **메이브**의 군을 물리치는 등 **붉은 가지 기사단**의 전사로서 무수한 전적을 남긴다. 하지만 강직하고 호전적인 데다 어린아이 같은 성격은 수많은 적을 만들어 최종적으로 메이브가 모은 복수자들의 손에 쓰러지고 만다. 자신의 죽음을 깨달은 그는 몸을 돌기둥에 묶고 선 채로 죽었다고 전해진다. 향년 33세의 일이다.

## 짧은 생애를 전력으로 질주한 영웅

| | |
|---|---|
| 등장 | 얼스터 이야기 |
| 지위 | 붉은 가지 기사단의 전사 |
| 소재 | 던독 |

**가족**

아버지 : 루
어머니 : 데히티레
양부 : 수알탐
숙부 : 콘코바
처 : 에바르
그 외

**외견**

흑발에 회색 눈, 어두운 표정의 체구가 작은 미남.

**성격**

강직하고 호전적, 어린아이 같음.

**소유물**

게 불그(창), 카라딘, 크루아딘(검), 델 프리슈, 크리틴(투창), 두반(방패), 27장을 덧댄 짐승가죽 옷, 무서운 소리를 지르는 투구, 모습을 감추는 망토 외.

**능력**

싸움, 마술

## 쿠 훌린의 싸움과 그 최후

**전투욕에 지배당한 쿠 훌린**

- 한쪽 눈은 뇌 속에, 한쪽 눈은 뺨으로 흘러내린다.
- 머리 위에 피의 기둥이 솟구쳐 오른다.
- 이마에서는 영웅의 빛을 발한다.
- 머리카락이 곤두선다.
- 입은 크게 찢어진다.
- 근육은 혹처럼 부풀어 오른다.
- 다리의 뼈와 근육은 반대 방향으로 젖혀진다.

**아름다운 모습의 쿠 훌린**

- 머리카락이 흑, 적, 금의 3색으로 물든다.
- 100개의 보석으로 머리를 치장한다.
- 두 눈에는 7색(빛)의 눈동자.
- 뺨에는 황, 녹, 청, 보라의 홍조.
- 두 손, 두 발에는 7개의 손가락과 발가락.

대장장이 쿨란의 엽견을 죽이고 자신이 대신하겠다고 나서 쿠 훌린이라고 불리게 된다. (7세)

↓

마녀 스카자하의 밑에서 수행한다.

↓

처 에바르를 맞이해 던독에 자리를 잡는다.

↓

코노트의 여왕 메이브의 군대를 물리친다. (17세)

→

수많은 전공을 남기지만 그 성격 때문에 많은 적을 만든다.

↓

메이브가 모은 복수자들의 손으로 쓰러진다. (33세)

↓

자신의 죽음을 깨달은 쿠 훌린은 자신의 몸을 돌기둥에 묶어 선 채로 죽는다

관련 항목
콘코바 막 네사 → No.042
게 불그 → No.094
붉은 가지 기사단 → No.042
루 → No.016
메이브 → No.056

No.046

# 쿠 훌린의 가족

영웅의 대다수는 단명하여 가족 복을 얻지 못하는 경우가 많다. 하지만 쿠 훌린은 생애를 사랑하는 가족과 함께 보냈다.

## ● 쿠 훌린을 사랑한 가족

얼스터의 영웅 **쿠 훌린**은 장절한 최후를 맞이했지만, 인생의 대부분은 사랑하는 가족에게 둘러싸여 지냈다.

쿠 훌린의 모친 데히티레는 얼스터의 왕 **콘코바**의 동생, 혹은 딸이다. 그녀는 어느 날 시녀들과 함께 행방불명이 되었다가 몇 년 후 이벤 마하로 귀환했다. 그때 그녀는 **투아하 데 다난**의 광명의 신 **루**의 아이를 임신하고 있었고, 그것이 세탄타, 즉 훗날의 쿠 훌린이었다고 한다. 또 데히티레가 양육했던 루의 아이가 병으로 죽고 말아, 훗날 그녀의 아이로 다시 태어났다는 전승도 있다.

데히티레가 얼스터로 귀환한 후 남편이 된 것이 수알탐 막 로이이다. 그는 얼스터의 영웅 중 한 명, **페르구스 막 로이**의 형제로, 의붓자식인 쿠 훌린을 뜻밖에도 사랑했다. 『쿨리네의 황소 사냥』에서는 자신도 쇠약의 저주에 시달리면서도 아들을 구하기 위해 노력했고, 결국 예리한 방패의 테두리에 목을 베이는 사고로 목숨을 잃는다. 그 목은 사후에도 코노트군의 접근을 계속해 경고했다고 한다.

쿠 훌린의 처 에바르는 렌스터에 있는 루스크 영주 포르갈의 딸이다. 그녀는 금발의 아름다운 모습, 미성, 유창한 화술, 우수한 뜨개질 실력, 현명함, 그리고 정숙함이라는 6개의 미덕을 가진 여성이었다. 또 『브리크리우의 연회』 에서는 장난스럽게 자신의 발 빠르기를 자랑한다. 쿠 훌린은 그녀에게 결혼을 신청했지만 나이가 어리고 아직 명성을 얻지 못했다는 이유로 거절당했기 때문에 그림자 나라 알바로 수행을 떠나게 된다. 알바에서 귀환한 쿠 훌린은 결혼에 반대하는 포르갈의 군세를 쓰러뜨리고 전사로서 얼마나 용맹한지 드러내 그녀에게 인정받았다. 결혼 후 에바르는 헌신적으로 쿠 훌린을 내조하였고, 그의 마지막에도 꿋꿋하게 행동했다.

## 쿠 훌린의 가족

### ●데히티레 / Deichtine

**등장** 얼스터 이야기

**지위** 얼스터의 왕녀

**소재** 이벤 마하

**가족**

오빠 : 콘코바
남편? : 루
남편 : 수알탐
그 외

행방불명이 되었던 데히티레가 귀환!

전승1

그때 임신하고 있던 광명의 신 루의 아이가 훗날의 쿠 훌린.

전승2

수양아들로서 양육했지만 병사한 루의 아이가 그녀의 아이로 다시 태어난 것이 쿠 훌린.

### ●수알탐 막 로이 / Sualtaim mac Roich

**등장** 얼스터 이야기

**지위** 얼스터의 전사

**가족**

형 : 페르구스
처 : 데히티레
그 외

『쿨리네의 황소 사냥』에서

사랑하는 아들을 구하기 위해 노력하지만……

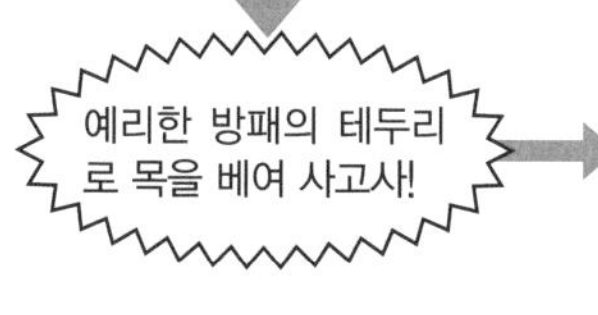


목은 죽은 후에도 코노트 군의 접근을 계속해 알렸다.

### ●에바르 / Emer

**등장** 얼스터 이야기

**지위** 쿠 훌린의 처

**가족**

아버지 : 포르갈 그 외

**외견**

금발의 미녀

**능력**

준족

에바르의 6가지 미덕

- 금발의 아름다운 모습
- 미성
- 화술
- 우수한 뜨개질
- 총명함
- 정숙함

구혼!

에바르

쿠 훌린

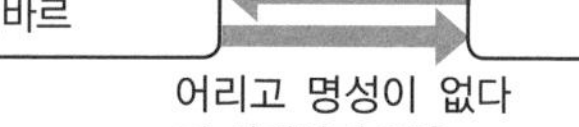

어리고 명성이 없다며 상대하지 않음

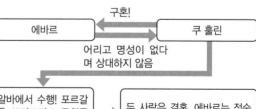

알바에서 수행! 포르갈을 쓰러뜨리고 무위를 과시!!

두 사람은 결혼. 에바르는 정숙한 처로 쿠 훌린을 내조한다.

**관련 항목**

쿠 훌린 → No.045
투아하 데 다난 → No.014
페르구스 막 로이 → No.049
콘코바 막 네사 → No.043
루 → No.016

No.047

# 쿠 훌린의 연인들

많은 여성과 관계를 가지는 것을 딱히 부정적으로 보지 않았던 켈트 사회. 쿠 훌린도 역시 수많은 연인들과 관계를 가졌다.

## ● 사랑 많던 영웅

얼스터의 영웅 **쿠 훌린**은 그 무용담만이 아니라 미모로도 유명하다. 나이를 먹자 얼스터 안의 모든 여성이 그의 포로가 되었으며, 오죽했으면 붉은 가지 기사단의 전사들이 쿠 훌린을 일찍 결혼시켜 자리를 잡게 만들려고 노력했을 정도이다. 그리고 그의 해서는 안 될 사랑은 수많은 문제를 일으켰다.

쿠 훌린의 첫 애인이라고 할 수 있는 인물은 그의 스승인 알바(스코틀랜드, 혹은 스카이 섬)의 여왕 **스카자하**의 딸 우아자하다. 그녀는 당초 쿠 훌린에게 좋은 인상을 품지 않았다. 시중을 들 때 장난으로 손가락을 꺾였기 때문이다. 게다가 그 사실에 화가 난 그녀의 약혼자는 쿠 훌린에게 대결을 신청했다가 살해당하고 만다. 그 뒤, 그녀는 쿠 훌린에게 끌리게 되어 서로 사귀게 된다.

카티르 콘 로이에 사는 먼스터의 왕 쿠 로이의 처, 블라트나트도 쿠 훌린에게 마음을 빼앗긴 한 명이다. 그녀를 쿠 로이에게 빼앗긴 것을 원망한 쿠 훌린은 그의 불사의 비밀인 연어 속에 숨겨둔 심장을 블라트나트에게 캐물어 복수한다. 쿠 훌린은 그녀를 데리고 얼스터로 돌아가려 했지만 쿠 로이의 시인이 그녀를 끌고 함께 절벽에서 뛰어내려 블라트나트는 목숨을 잃고 만다.

해신 마나난의 처 판은 마그 메르에서 궁지에 몰려 있던 동생 부부를 도와준 상으로 쿠 훌린과 관계를 가진다. 두 사람의 사랑은 격렬하게 타올랐으며 지금까지는 다소의 바람에도 동요하지 않았던 쿠 훌린의 처 에베르도 결국 격분하여 판을 살해하려 할 정도까지 정신적으로 궁지에 몰린다. 이 사실은 안 판은 크게 후회하며 자신을 데리러 온 마나난의 마법의 망토로 지상에서 모습을 감춘다. 한편 쿠 훌린은 지나치게 상심한 나머지 드루이드가 준 망각의 약으로 그녀를 잊어야만 했다고 한다.

## 쿠 훌린의 연인들

쿠 훌린

무위가 뛰어날 뿐만이 아니라 그 미모는 얼스터 전토의 여성을 포로로 만들 정도.

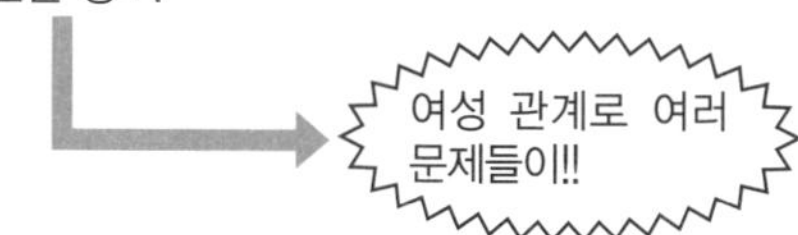
여성 관계로 여러 문제들이!!

### ●우아자하 / Uathach

| | |
|---|---|
| 등장 | 얼스터 이야기 |
| 지위 | 여왕의 딸 |
| 소재 | 스코틀랜드?<br>스카이 섬? |

**가족**

어머니 : 스카자하

· 장난으로 손가락을 꺾음
· 화가 난 약혼자를 살해

우아자하 ← 쿠 훌린

그림자 나라 알바의 여왕 스카자하의 딸

하지만……

↓

연인사이로!

### ●블라트나트 / Bláthnat

| | |
|---|---|
| 등장 | 얼스터 이야기 |
| 지위 | 먼스터의 여왕 |
| 소재 | 카티르 콘 로이 |

**가족**

남편 : 쿠 로이

블라트나트 → 쿠 훌린 : 쿠 로이의 불사의 비밀을 전함

쿠 훌린 → 쿠 로이 : 살해!

블라트나트 — 쿠 로이 : 부부

쿠 로이 → 시인 : 고용

시인 → 블라트나트 : 함께 절벽에서 뛰어내림!

### ●판 / Fann

| | |
|---|---|
| 등장 | 얼스터 이야기 |
| 지위 | 마그 메르의 여왕 |
| 소재 | 마그 메르 |

**가족**

남편 : 마나난

동생 부부에 대한 조력을 이유로 깊은 관계로

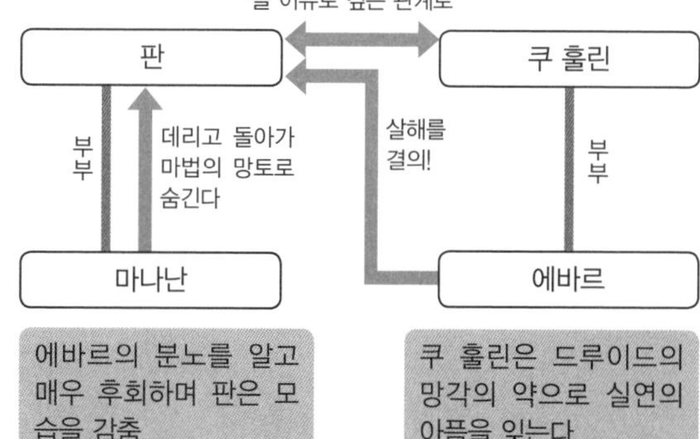
판
쿠 훌린
부부
데리고 돌아가 마법의 망토로 숨긴다
살해를 결의!
부부
마나난
에바르
에바르의 분노를 알고 매우 후회하며 판은 모습을 감춤.
쿠 훌린은 드루이드의 망각의 약으로 실연의 아픔을 잊는다.

**관련 항목**

쿠 훌린 → No.045
스카자하 → No.060

No.048

# 이페와 콘라

Aífe & Connla

스카자하의 숙적이었던 여전사 이페. 그녀는 쿠 훌린의 자식 콘라를 낳는데, 콘라가 아버지의 품에 안길 수 있었던 것은 죽음의 순간뿐이었다.

## ● 용맹한 여전사와 영웅 사이의 유일한 아들

이페와 콘라는 얼스터 이야기에 등장하는 젊은 영웅 **쿠 훌린**의 연인과 그들의 아들이다. 『이페의 외동아들의 최후』에서 이페는 그림자의 나라 알바를 지배하는 영웅 **스카자하**의 쌍둥이 동생이라고 하며, 그녀와 영토분쟁을 계속했다. 각자 군세의 피해를 억누르기 위해 제시한 일대일 대결에서 스카자하의 대리 쿠 훌린에게 패해, 두 번 다시 스카자하의 영지를 침범하지 않겠다는 조건으로 목숨을 구한다. 그 후, 쿠 훌린과 관계를 가져 그의 유일한 자식 콘라를 낳게 된다.

콘라는 스카자하에게 맡겨져 수많은 싸움의 기술을 배웠다. 특히 투석기 기술이 우수했는데 갈매기를 상처 없이 떨어뜨릴 수 있을 정도였다. 그는 아버지와 아버지가 소속한 **붉은 가지 기사단**의 이야기를 들으며 자랐고, 그들에 대한 동경을 품었다. 하지만 그들이 행복한 만남을 이루지는 못했다. 쿠 훌린은 이페와 헤어질 때 아들이 자신이 준 금반지를 낄 수 있게 되면 자신을 만나러 오도록 말하고, 다음과 같은 겟슈(맹약)를 내렸다. 하나는「이름을 물어도 대답해서는 안 된다」, 또 하나는「나아갈 방향을 바꿔서는 안 된다」, 마지막은「싸움을 도전받으면 거절해서는 안 된다」라는 내용이었다. 성장한 콘라는 청동을 입힌 배에 금색 노를 달고 투석기용 돌을 가득 싣고서 여행을 떠났다. 얼스터의 해안에 도착한 그는 그 불손한 태도에 화가 난 얼스터의 왕 **콘코바** 일행을 계속해 쓰러뜨린다. 콘코바는 정체불명의 소년에게 위협을 느끼고 쿠 훌린에게 토벌을 명령. 부자는 은연중에나마 서로의 정체를 깨달으면서도 사투를 벌이게 된다. 콘라는 아버지를 궁지에 몰았지만 유일하게 스카자하가 가르치지 않았던 게 불그의 먹잇감이 된다. 자신의 죽음을 깨달은 콘라는 존경하는 붉은 가지 기사단 사람들에게 인사하며 자신의 짧은 생애를 마감했다.

## 강한 여전사와 영웅의 유일한 아들

### ●이페 / Aífe

| 등장 | 얼스터 이야기 |
|---|---|
| 지위 | 알바의 여전사 |
| 소재 | 스코틀랜드? 스카이 섬? |

**가족**

아버지 : 아드감
언니 : 스카자하
남편? : 쿠 훌린
아들 : 콘라

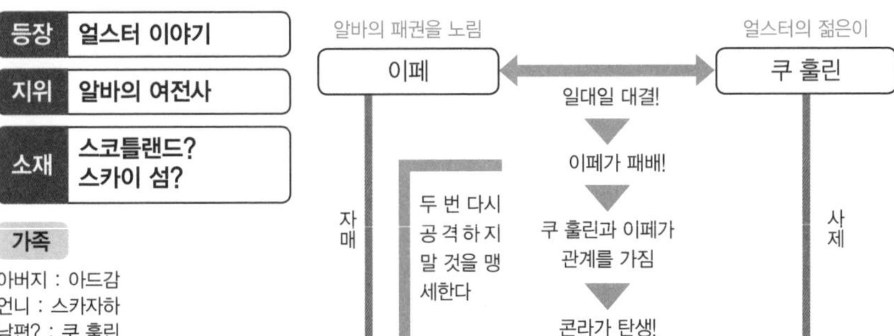
알바의 패권을 노림
얼스터의 젊은이
이페
쿠 훌린
일대일 대결!
이페가 패배!
쿠 훌린과 이페가 관계를 가짐
콘라가 탄생!
자매
두 번 다시 공격하지 말 것을 맹세한다
사제
스카자하

### ●콘라 / Connla

| 등장 | 얼스터 이야기 |
|---|---|
| 지위 | 소년 전사 |
| 소재 | 스코틀랜드? 스카이 섬? |

**가족**

아버지 : 쿠 훌린
어머니 : 이페
숙모/스승 : 스카자하

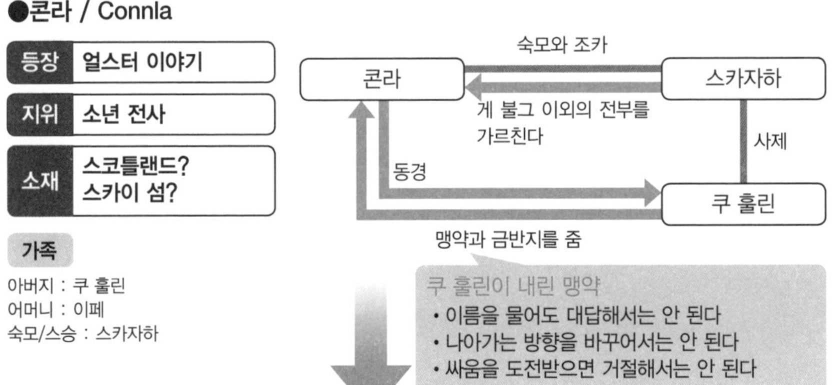
숙모와 조카
콘라
스카자하
게 불그 이외의 전부를 가르친다
사제
동경
쿠 훌린
맹약과 금반지를 줌
쿠 훌린이 내린 맹약
• 이름을 물어도 대답해서는 안 된다
• 나아가는 방향을 바꾸어서는 안 된다
• 싸움을 도전받으면 거절해서는 안 된다
쿠 훌린이 준 금반지가 손가락에 맞았기 때문에 여행으로!

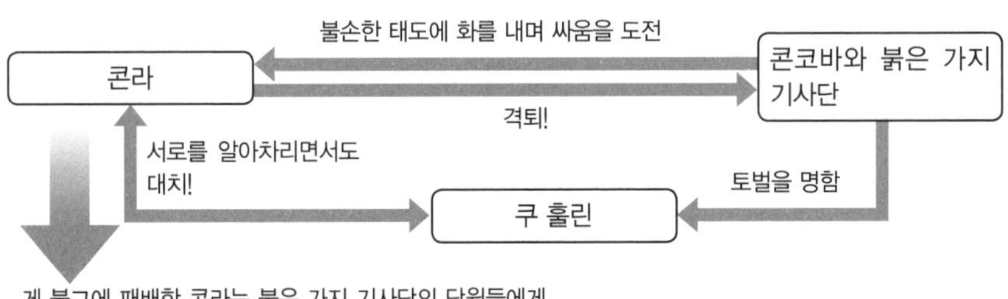
불손한 태도에 화를 내며 싸움을 도전
콘라
콘코바와 붉은 가지 기사단
격퇴!
서로를 알아차리면서도 대치!
토벌을 명함
쿠 훌린
게 불그에 패배한 콘라는 붉은 가지 기사단의 단원들에게 인사하며 생애를 마감한다.

**관련 항목**

쿠 훌린 → No.045
붉은 가지 기사단 → No.042
스카자하 → No.060
콘코바 막 네사 → No.043

No.049

# 페르구스 막 로이

Fergus mac Róich

권위보다 싸움의 명예와 사랑을 선택한 전사 페르구스. 하지만 그의 신념은 권력자들의 욕망과 책모 안에서 계속 배신당했다.

## ● 얼스터의 왕권을 버린 영웅

페르구스 막 로이는 얼스터 이야기에 등장하는 영웅이다. 얼스터의 적왕 로스와 그의 처 로이 사이에 태어났고 아일랜드의 지고왕 팍트나와는 이복형제이다. 얼스터 왕으로서 7년 간 통치 후, 조카인 **콘코바 막 네사**에게 왕위를 물려주었다. 얼스터의 영웅 **쿠 훌린**의 양부모, 친구로서, 그의 아버지 수알탐의 형제이기도 하다. 처 프리디시는 **투아하 데 다난**의 여신으로 여겨지지만, 『프리디시의 소 사냥』에서는 에리스(코노트의 한 지방)의 왕 알릴 피노의 처라고도 전해진다. 『우슈네의 아들들의 유랑』에서 페르구스는 고결하고 신의에 두터운 인물로 그려진다. 하지만 그것을 콘코바에게 이용당해 우슈네의 형제 모살에 가담하게 된다. 그때 그의 아들 「아름다운」 이란은 명예를 위해 우슈네의 형제를 지키다 죽고, 「붉은」 부이노는 뇌물을 받고 배신했다. 분노가 치솟은 페르구스는 동료들과 코노트로 망명, 얼스터 침공에도 참가하지만, 조국에 대한 애정은 평생 변함이 없었다고 한다.

페르구스는 갈색의 피부에 숱 많은 흑발과 허리까지 내려오는 수염, 마검 칼라드볼그와 방패, 장창, 전차 등을 능숙하게 몰며, 거대한 몸을 보라색 망토로 감싼 위풍당당한 전사였다. 그 힘은 700명의 남자들과 필적할 정도였는데, 그 대신 식욕도 엄청나 돼지, 사슴, 소를 7마리씩 한 번에 해치우고 7통의 술을 들이붓듯이 마셨다. 성욕도 강해 평범한 여성이라면 7명이 상대해야만 했다고 한다. 『콘코바의 탄생』에서 왕위를 물러난 것도 죽은 형제의 미망인 네사에 대한 정열 때문이었다. 그녀와의 관계를 조건으로 조카 콘코바에게 왕위를 양보한 것이다. 또 페르구스의 죽음도 그 애욕이 원인이었다. 코노트의 여왕 **메이브**의 애인이 된 페르구스는, 그녀의 남편 **알릴**의 질투로 목욕 중에 암살당하였다.

## 조국에 복잡한 마음을 계속해 품어온 배신의 영웅

| 등장 | 얼스터 이야기 |
|---|---|
| 지위 | 얼스터의 전사<br>메이브의 애인 |
| 소재 | 얼스터<br>코노트 |

**가족**

아버지 : 적왕 로스
어머니 : 로이
조카 : 콘코바
처 : 프리디시
형제 : 수알탐
양자 : 쿠 훌린
아들 : 이란, 부이노
애인 : 메이브
그 외

**외견**

검은 피부에 숱이 많은 흑발과 허리까지 내려오는 긴 수염을 나부끼며 거대한 몸을 보라색 망토로 감싼 위풍당당한 전사.

**성격**

고결하고 신의가 두터운 인물.

**소유물**

칼라드볼그(검), 방패, 장창, 전차 외.

## 영웅 페르구스와 그의 생애

- 남성 700명과 맞먹는 괴력!
- 식사는 돼지, 사슴 소를 각각 7마리와 술 7통!!
- 밤 상대는 7명의 여인이 필요!!!

형의 미망인 네사와 관계를 가지기 위해 얼스터의 왕좌를 그의 아들이자 조카인 콘코바에게 양도.

아들 이란은 우슈네 형제를 구하고 사망.

콘코바의 모략을 거들었다는 사실에 분노하고 동료들과 코노트로 망명.

아들 부이노는 뇌물을 받고 배신을.

코노트의 얼스터 침공에 참가.

칼라드볼그로 100명을 단숨에 베어넘긴다.

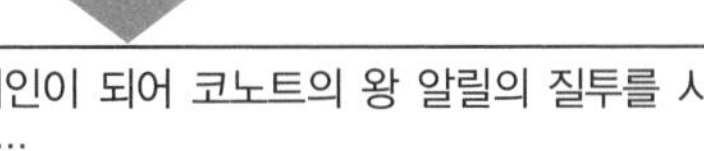

코노트의 여왕 메이브의 애인이 되어 코노트의 왕 알릴의 질투를 사 목욕 중에 암살을 당한다…….

**관련 항목**

콘코바 막 네사 → No.043
투아하 데 다난 → No.014
알릴 막 마가하 → No.055
쿠 훌린 → No.045
메이브 → No.056

No.050

# 코날 케르나하

Conall Cernach

영웅 쿠 훌린을 키운 부모이자 믿음직한 동료이기도 했던 코날 케르나하. 그 거구에는 호방하고도 시니컬한 두 성격을 가진 영혼이 깃들어 있었다.

## ● 시니컬한 거한의 전사

코날 케르나하는 얼스터 이야기에 등장하는 얼스터의 영웅이다. 「승리의」 코날이라고도 불렸는데, **붉은 가지 기사단**의 전사로서 왕도 이벤 마하를 시작으로 각지에서 모험을 하였다. 시인 아르모긴 막 에기드 자렉과 카스바드의 딸 피온페브의 자식으로, 렌다비르라는 미모의 처가 있었다. 젊은 영웅 **쿠 훌린**과는 젖형제이자 양부모 중 한 명이었으며, 명성을 다툰 사이이기도 하였다. 『막 다호의 돼지 이야기』에서 코날은 코노트의 전사들의 목을 벨트에 차고 잠을 잘 땐 무릎 밑에 놓아두었다고 한다. 방패 람사파드(창이란 설도 있다) 혹은 브리크리우를 들고 애마 듀이레드나 전차를 모는 거한으로, 『프로이히의 소 사냥』에선 거대한 뱀이 그의 벨트 안으로 숨어들었다는 이야기가 있다. 『다 데르가 관의 붕괴』에 따르면, 머리카락은 길게 세 갈래로 댕기를 땋았다고 한다. 무너진 건물 안에서 두 명의 사람을 입에 물고 빼냈다고 하는 거대한 머리에는 마력이 있고, 그 두개골로 만든 그릇으로 우유를 마시면 얼스터를 좀먹는 임부 마하의 저주를 풀 수 있었다.

『막 다호의 돼지 이야기』나 『프로이히의 소 사냥』 등에서는 믿음직한 전사, 도우미로 분전하는 코날이지만, 『브리크리우의 연회』나 『다 데르가 관의 붕괴』 등에서는 조연 취급을 당하며 겁쟁이라고 그려지는 경우도 많다. 또 그 언동은 어딘지 모르게 비뚤어져 있어서 빈정댄다는 인상이다. 하지만 『쿠 훌린의 최후』에서는 젖형제인 쿠 훌린의 죽음에 격노해 적을 뒤쫓아 죽이려고 하는 격렬한 일면도 보인다.

또 코날은 훗날 얼스터를 떠나 코노트의 여왕 **메이브**의 애인이 되었다. 그리고 친구인 페르구스의 적인 코노트의 왕 **알릴**을 살해한다. 다만 이것은 방해꾼을 제거하기 위한 메이브의 계략이었다. 그녀는 코날을 남편의 적으로 지정해 추적자를 보내서 살해하고 만다.

## 격정을 마음에 담은 시니컬한 거한

| 등장 | 얼스터 이야기 |
|---|---|
| 지위 | 붉은 가지 기사단의 전사, 영웅 |
| 소재 | 이벤 마하 |

**외견**

댕기를 땋은 거한의 전사.

**성격**

항상 삐딱하게 보는 태도, 겁쟁이로 여겨지는 반면, 친구를 위해서라면 물불 안 가리고 복수를 할 정도로 격렬한 면도 있다

**가족**

아버지 : 아모르긴
어머니 : 피온페브
처 : 렌다비르
젖형제 : 쿠 훌린

**소유물**

람사파드(창 or 방패), 브리크리우(방패), 듀이레드(말), 코노트 전사의 목 외.

## 코날의 생애

### 코날의 머리가 가진 힘

- 코날의 머리는 파편 안에서 두 명의 인간을 물고 끌어낼 수 있을 정도로 거대하다.
- 코날의 두개골로 만든 그릇으로 우유를 마시면 임부 마하의 저주를 풀 수 있었다.

### 코날의 역할

『브리크리우의 연회』, 『다 데르가 관의 붕괴』

믿음직한 도우미, 전사로서 대활약!

『막 다호의 돼지 이야기』, 『프로이히의 소 사냥』, 『쿠 훌린의 최후』

조연이나 다름없는 겁쟁이로 그려진다

### 그 최후는……

여왕 메이브의 애인이 되어 친구 페르구스의 적 코나트 왕 알릴을 살해

코날 자신도 메이브의 책략에 토벌된다!

**관련 항목**

붉은 가지 기사단 → No.042
쿠 훌린 → No.045
메이브 → No.056
알릴 막 마가하 → No.055

No.051

# 노이시

Naoíse

감미로운 가성과 무용으로 잘 알려진 붉은 얼굴의 미전사 노이시. 미녀 데어드레의 사랑을 얻은 그의 생애는 주군 콘코바의 손으로 절망적인 막을 내린다.

## ● 가혹한 운명에 휩쓸린 젊은 전사와 형제들

노이시는 얼스터 이야기에 등장하는 얼스터의 전사이다. 『우슈네의 아들들의 방랑』에서 우슈네와 드루이드 **카스바드**의 딸 엘바하의 아들로, 아이넬, 아렌 등의 형제와 함께 붉은 가지 기사단에 속했으며, 그 무용은 나라 바깥까지 자자했다. 특히 노이시는 새처럼 검은 머리카락, 피처럼 붉은 뺨(입술이라고도 한다), 눈처럼 흰 피부라는 미모로도 유명한데, 그의 감미로운 노래는 사람들에게 안락함을 안겨주고 소젖을 잘 나오게 만들었다고 한다. 또 일설에는 **투아하 데 다난**의 해신 **마나난**에게서 마법의 검을 받았다고도 전해지는데, 그야말로 영웅이라고 부르기에 합당한 인물이었다. 하지만 노이시는 청년 특유의 믿음직스럽지 못한 면이 있었으며 그것이 가혹한 운명을 초래한다.

얼스터의 왕 **콘코바**의 약혼자, 비장의 미녀 **데어드레**가 그에게 반하자, 노이시는 그녀와 형제의 조언에 강행당하는 형태로 수많은 가신들을 데리고 길을 떠났다. 남 아일랜드를 방랑한 후 바다를 건넌 그들은 알바(스코틀랜드)로 도망쳐 알바의 왕을 모신다. 알바의 왕은 형제들의 무용담을 듣고 있었기에 매우 좋은 대우로 맞이해주었다. 하지만 알바의 왕이 데어드레에게 반하는 바람에 형제들은 어쩔 수 없이 무인도로 도망쳐 생활하게 된다. 그들의 상황을 듣게 된 콘코바는 영웅 **페르구스 막 로이**를 사자로 보내 가짜 화친을 제시한다. 데어드레는 이 제안을 의심하며 노이시에게 충고했지만, 고향이 그리웠던 노이시 일행은 그녀의 이야기를 듣지 않고 화해를 받아들인다. 결국 형제들은 교묘하게 파놓은 함정에 페르구스를 비롯한 호위들과 갈라지고, 붉은 가지의 관에 사로잡히고 만다. 그리고 우슈네를 아버지의 적으로 보는 에오간 막 다하르트 왕에게 참수를 당하고 만다. 이 사건으로 수많은 전사들이 코노트로 망명해, 훗날의 전쟁에서 얼스터는 궁지에 몰리게 된다.

## 노왕의 질투로 목숨을 빼앗긴 젊은 전사

| | |
|---|---|
| 등장 | 얼스터 이야기 |
| 지위 | 붉은 가지 기사단 |
| 소재 | 얼스터<br>알바 |

### 가족

아버지 : 우슈네
어머니 : 엘바하
조부 : 카스바드
처 : 데어드레
형제 : 아이넬, 아렌

### 외견

새처럼 검은 머리, 피처럼 붉은 뺨(입술), 눈처럼 흰 피부를 가진 미장부.

### 성격

외국에도 무위를 떨치는 영웅. 청년 특유의 믿음직하지 못한 부분도 있었다.

### 소유물

해신 마나난의 검.

### 능력

사람들을 안락하게 해주고 소의 젖을 잘 나오게 하는 가성.

## 우슈네의 3형제의 유랑

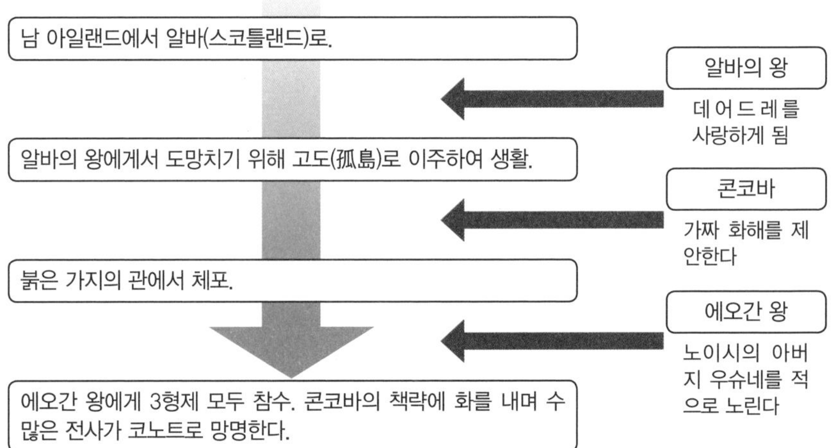

데어드레와 형제의 설득으로 수많은 부하와 함께 얼스터를 나옴.
남 아일랜드에서 알바(스코틀랜드)로.
알바의 왕
데어드레를 사랑하게 됨
알바의 왕에게서 도망치기 위해 고도(孤島)로 이주하여 생활.
콘코바
가짜 화해를 제안한다
붉은 가지의 관에서 체포.
에오간 왕
노이시의 아버지 우슈네를 적으로 노린다
에오간 왕에게 3형제 모두 참수. 콘코바의 책략에 화를 내며 수많은 전사가 코노트로 망명한다.


### 관련 항목

카스바드 → No.053
마나난 막 리르 → No.026
데어드레 → No.052
투아하 데 다난 → No.014
콘코바 막 네사 → No.043
페르구스 막 로이 → No.049

No.052

# 데어드레

Deirdre

얼스터에 붕괴를 가져올 것이라는 예언을 받은 미녀 데어드레. 그녀의 사랑은 순수했지만 그녀의 행동은 얼스터에 암운을 드리운다.

## ● 얼스터에 재액을 가져온 미녀

데어드레는 얼스터 이야기에 등장하는 절세의 미녀다. 얼스터의 주요 영주 중 하나인 페림 막 다르의 딸이라고 전해지지만 시인 페지르비드의 딸이라는 자료도 있다. 『우슈네의 아들들의 유랑』에서 그녀는 일종의 예지능력을 가졌으며, 때때로 재액을 예견했다.

이야기는 페림이 얼스터의 왕 **콘코바**를 초청한 연회에서, 임신한 그의 처의 배에서 절망으로 가득 찬 비명이 터져나온 것으로부터 시작된다. 드루이드 **카스바드**는 이 아기를 「장래 엄청난 미녀가 되지만 수많은 비극을 불러온다」고 예언하고 그녀를 데어드레(재난과 슬픔을 부르는 자)라고 이름 붙였다.

그녀의 장래에 흥미를 가진 콘코바는 데어드레를 자신의 약혼자로 삼고 유폐시킨 채 키운다. 예언대로 그녀는 아마처럼 매끄러운 머리카락, 회색이 비치는 녹색의 눈동자, 디기탈리스처럼 옅고 붉은 뺨, 윤기가 도는 붉은 입술을 가진 미녀로 성장한다. 천진난만하고 고집이 센 그녀는 나이 차이가 나는 콘코바의 아내가 될 것은 꿈에도 생각지 않았다. 어느 날 데어드레는 유모인 레이하르바에게 자신의 이상적인 남성상을 밝힌다. 데어드레를 동정했던 레이하르바는 그녀의 이상대로인 남성, 우슈네의 아들 **노이시**를 소개했다. 곧바로 사랑에 빠진 그녀는 그다지 내켜 하지 않는 노이시를 억지로 졸라 얼스터를 나온다. 하지만 그 사랑의 도피는 비극적인 결말을 맞는다. 콘코바의 함정으로 노이시와 그의 형제들은 살해당하고, 이 사실에 분개한 전사들의 이반으로 얼스터는 붕괴의 위기를 맞이하는 것이다. 데어드레도 사로잡혀 그 이후 웃지도, 잠들지도, 식사조차 하지 않았다. 그리고 콘코바의 거듭되는 악행에 절망해 마차에서 몸을 던져 스스로 목숨을 끊는다. 그때 지른 비명은 그녀가 태어나기 전에 지른 절규 그 자체였다고 한다.

## 재액의 근원이라 예언된 박복한 미녀

| 등장 | 얼스터 이야기 |
|---|---|
| 지위 | 왕의 약혼자 |
| 소재 | 이벤 마하<br>스코틀랜드 |

**가족**

아버지 : 페림? 페지르비드?
남편 : 노이시

**외견**

아마처럼 매끄러운 머리카락, 회색이 비치는 녹색의 눈동자, 디기탈리스처럼 옅고 붉은 뺨, 윤기가 도는 붉은 입술을 가진 미녀.

**성격**

천진난만하고 고집이 세다.

**능력**

예지능력?

## 데어드레의 사랑과 그 결말

데리고 도망가도록 설득
연모 끝에 데리고 도망쳐 달라고 애원
약혼자로서 양육
노이시의 형제
노이시
데어드레
콘코바
각오를 하고 그녀와 도망
콘코바의 간계에 빠진다.
포박
그 이후 웃지도 자지도 먹지도 않게 된다.
곁에 두고 집요하게 괴롭힌다
사망
어느 전승에서는 아마 대성당에 묻힌 데어드레와 노이시의 묘에서 돋아난 나무는 서로 가지를 얽어 아무도 떼어낼 수 없었다고 한다. 그들은 간신히 안주의 땅을 얻은 것이다.
마차에서 뛰어내려 자살

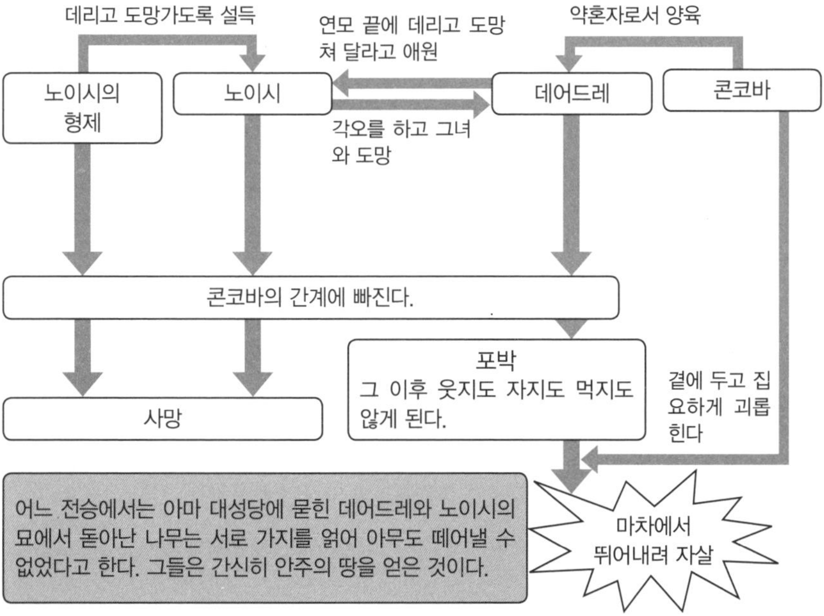

**관련 항목**

콘코바 막 네사 → No.043
노이시 → No.051
카스바드 → No.053

No.053

# 카스바드

Cathbad

얼스터 왕의 좋은 조언자이자 젊은 전사들을 이끌며 활약했던 드루이드 카스바드. 젊은 날에는 자신도 전사로서 실력을 발휘했다.

## ● 얼스터 인을 이끄는 자

카스바드는 얼스터 이야기에 등장하는 드루이드이다. 젊은 시절에는 용맹한 전사였으며, 나이를 먹은 후에는 얼스터의 왕 **콘코바 막 네사** 밑에서 일하는 드루이드로 얼스터인들을 이끌었다. 『콘코바 막 네사의 탄생』에서 카스바드는 얼스터의 왕 에오흐의 딸 아사(네사)의 양부 12명을 습격해 살해했다고 한다. 그녀는 그 폭거에 격분해 카스바드에게 도전했지만 반대로 사로잡혀 그의 아이를 낳게 되었다. 그것이 훗날의 콘코바이다. 또 그는 얼스터의 적왕 로스의 미망인 마가와의 사이에 영웅 **쿠 훌린**의 어머니가 될 데히티레, 영웅 **코날 케르나하**의 어머니 피온페브, 젊은 전사 **노이시**의 어머니 엘바하 등을 가진다.

카스바드에게는 미래를 아는 능력이 있었고, 때때로 얼스터인들에게 예언을 내렸다. 게다가 그 예언은 거의 빗나가는 일이 없었다. 『쿨리네의 황소 사냥』에서는 「오늘 무기를 몸에 가진 자(성인이 된 자)는 가장 위대한 행위를 해내고, 가장 유명하게 되리라. 하지만 그 생애는 짧고 덧없으리라」하고 소년들에게 예언했다. 그 말을 들은 쿠 훌린은 서둘러 콘코바에게 무기를 받아 예언대로 영웅이 되었다. 『우슈네의 아들들의 유랑』에서는 어머니의 뱃속에서 절규하는 갓난아기가 훗날 얼스터의 비극을 불러올 것이라고 예언했다. 이 예언도 적중하여 얼스터는 미증유의 위기에 빠지게 되었다. 카스바드는 마술에도 능통했으며, 『쿠 훌린의 최후』에서는 **칼라딘 일족**이 쿠 훌린에게 건 저주를 꿰뚫어보았다. 또 『우슈네의 아들들의 유랑』에서는 우슈네의 형제들을 사로잡기 위해 마술을 이용했다고도, 반대로 콘코바의 행위에 격노해 파멸의 저주를 걸었다고도 전해진다.

## 나이가 들어 국가를 이끌게 된 거친 마법사

| 등장 | 얼스터 이야기 |
|---|---|
| 지위 | 드루이드 |
| 소재 | 이벤 마하 |

**가족**

처 : 마하
아들 : 콘코바
딸 : 데히티레 / 피온페브 / 엘바하
그 외

**성격**

젊은 시절에는 거칠기로 유명했으며, 나이가 든 뒤에는 얼스터를 이끄는 현자로.

**능력**

주술, 예지능력.

## 카스바드의 얼스터에서의 지위와 역할

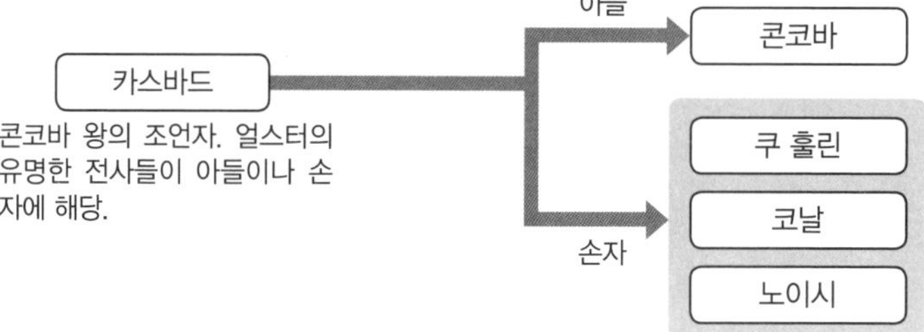


**여러 사람들에게 예언이나 조언을 건넴**

- 쿠 훌린의 장래를 예언. (『쿨리네의 황소 사냥』)
- 데어드레의 장래를 예언.(『우슈네의 아들들의 유랑』)

**주술에 능함**

- 칼라딘 남매의 저주를 간파함. (『쿠 훌린의 최후』)
- 노이시나 콘코바를 저주함. (『우슈네의 아들들의 유랑』)

**관련 항목**

콘코바 막 네사 → No.043
코날 케르나하 → No.050
칼라딘 일족 → No.058
쿠 훌린 → No.045
노이시 → No.051

No.054

# 얼스터의 그 외의 사람들

수많은 영웅, 현자가 존재했던 얼스터. 하지만 그 기라성 같은 인재들 중에는 별나고도 별난 괴짜들이 많았다.

## ● 얼스터의 기인, 괴짜들

얼스터의 왕 **콘코바**의 밑에는 젊은 영웅 **쿠 훌린** 이외에도 수많은 인재가 모여 있었다.

『브리크리우의 연회』의 중심인물 브리크리우는 얼스터의 유력한 영주 중 한 명으로, 일종의 트릭스터이다. 독설가로도 알려진 그는 사람들의 불화를 바라며 그것을 위해서라면 수단을 가리지 않았다. 그의 책모는 붉은 가지 기사단의 전사들을 비롯하여 수많은 사람들 사이에 문제를 일으켰다.

「승리의」 로이가레라고 불리는 로이가레 부아다하도 그의 표적이 된 한 사람이었다. 쿠 훌린과 맞먹는 역전의 용사였지만 백발이 섞여 있는 머리에 땅딸보였던 그의 취급은 조연에 지나지 않을 때가 많았다. 『로이가레 부아다하의 최후』에서 얼스터의 시인 아이드의 처형을 저지하려고 자택에서 뛰어나왔을 때, 출입구에 머리를 강타해 목숨을 잃었다고 한다.

마창 **룬**의 소유자 켈트하르는 회색 머리의 추한 거남이었다. **붉은 가지 기사단** 초기의 영웅으로 콘코바의 신뢰도 두터웠다. 『켈트하르 막 우타카르의 최후』에 따르면, 배상을 위해 3가지의 재액에서 나라를 구할 것을 강요받았고, 최후에는 자신이 기른 마견(魔犬)의 새끼와 서로 싸워 둘 다 죽었다고 한다.

그에게서 룬을 물려받게 된 두프타흐도 붉은 가지 기사단의 일원이었다. 음험하고 입이 험하여 「쇠똥구리」라는 별명이 있었다. 어딘지 열병에 걸린 듯했으며, 때때로 예언 같은 말을 입에 담았다. 영웅 **페르구스**와 함께 코나트에 망명한 한 명으로, 그때 얼스터의 젊은 여성을 학살했다.

『쿨리네의 황소 사냥』에서 활약한 케셀른 막 핀탄도 별난 인물이었다. 배포가 두둑하면서도 잔학함을 가진 은발의 전사로, 빈사 정도의 부상을 입은 뒤에도 계속해서 싸움을 원했다. 재기가 불가능하다고 말하는 의사를 차례차례 때려죽이고, 골수로 목욕을 하는 치료를 받고 단 1시간 마음껏 싸우고는 목숨을 잃었다고 한다.

## 얼스터의 그 외의 사람들

### ●브리크리우 / Bricriu

등장 얼스터 이야기
지위 유력 영주

- 사람들의 불화를 좋아하는 독설가. 붉은 가지 기사단의 전사들도 때때로 표적이 됨.

### ●로이가레 부아다하 / Loegaire Buadach

등장 얼스터 이야기
지위 붉은 가지 기사단의 전사

- 쿠 훌린과 맞먹는 역전의 용사
- 조연으로 취급당할 경우가 많다

외견
백발이 섞이고 땅딸막한 체구.

최후는
시인을 구하기 위해 자택을 뛰쳐나옴!
↓
출입구에 머리를 강타하고 사망

### ●켈트하르 막 우타카르 / Cheltchair mac utechair

등장 얼스터 이야기
지위 붉은 가지 기사단의 전사

- 마창 룬을 휘두르는 전사.
- 얼스터의 왕의 신뢰가 두텁다.

외견
회색 머리카락의 추한 거남.

최후는
배상을 위해 3가지 재액에서 나라를 구할 것을 약속.
↓
자신이 키운 마견과 싸워 공멸한다.

### ●두프타흐 / Dubthaha

등장 얼스터 이야기
지위 붉은 가지 기사단의 전사

- 마창 룬을 물려받은 전사.
- 「쇠똥구리」라는 별명이 있음.
- 음험하고 입버릇이 나쁘다.
- 예언 같은 소리를 내뱉는다.

### ●케셀른 막 핀탄 / Cethern mac Fintain

등장 얼스터 이야기
지위 붉은 가지 기사단의 전사

- 배포가 두둑하지만 잔학하기도 하였다.

외견
은발의 전사.

최후는
싸움에서 중상을 입음.
↓
재기 불능이라고 말하는 의사를 차례차례 때려죽임.
↓
치료를 받고 단 한순간 마음껏 싸우고는 목숨을 잃는다.

**관련 항목**

콘코바 막 네사 → No.043
룬 → No.097
페르구스 막 로이 → No.049
쿠 훌린 → No.045
붉은 가지 기사단 → No.042

No.055

# 알릴 막 마가하

Ailill mac Mágach

요염한 악녀 메이브의 남편으로 알려진 코나트의 왕 알릴. 무인이나 마술사 같은 개성은 없지만 그는 틀림없는 통치자였다.

## ● 켈트 왕의 상징

알릴 막 마가하는 얼스터 이야기에 등장하는 코노트의 왕이다. 타라와 렌스터의 왕과는 형제 사이였고, 코노트를 지배하는 여왕 **메이브**와의 결혼으로 코노트의 왕권을 얻었다. 메이브가 그를 남편으로 선택한 것은 누구도 두려워하지 않고 관용이 있었으며 메이브가 다른 남자들과 관계를 가져도 질투하지 않았기 때문이라고 전해진다. 하지만 그의 마음은 늪처럼 어두운 감정이 도사리고 있었다.『쿨리네의 황소 사냥』에서는 질투로 처 메이브와 관계를 계속한 **페르구스 막 로이**의 검을 그가 입욕하는 도중에 다른 것으로 바꿔 숨기고 만다.

알릴은 켈트의 영웅 이야기에서 일종의 독특한 개성을 가지고 있다.『울라드의 전사들의 주정』에서는 전장에서 수하의 전사들에게서 방해꾼 취급을 받으면서도 그를 비난하는 전사들에게「나는 싸움은 할 수 없지만 자국의 백성에게 승리를 가져다줘야만 하는 존재이다」라고 대답했다고 한다. 이것은 군세의 상징, 왕 그 자체라고 할 수 있다. 또 알릴은 싸움의 재판자로서의 능력도 우수했다.『브리크리우의 연회』에서는 명예 있는 돼지의 배분을 두고 다투는 얼스터의 영웅들을 중재하는 역할을 맡는다. 또『쿨리네의 황소 사냥』에서도 얼스터와의 전후처리에서 매우 뛰어난 능력을 발휘했다. 이런 알릴의 모습은 집단의 균형을 바로잡고 동료에게 부를 배분하는 켈트 왕의 상징이라고 보는 연구가도 있다.

이렇게 강렬한 개성과 능력을 가진 처 메이브나 수하의 전사들, 그리고 주변 국가 사이를 파도타기라도 하듯이 지내온 알릴이었지만, 한 번의 실수가 그의 목숨을 앗아간다. 여름의 도래를 축하하는 5월의 벨타네에서 알릴은 드물게도 바람을 피고 만다. 이 사실에 화가 난 메이브는 그녀의 애인 **코날 케르나하**에게 알릴을 암살하도록 명령한다.

## 강함 이외의 것으로 나라를 다스린 왕

| | |
|---|---|
| 등장 | 얼스터 이야기 |
| 지위 | 코노트의 왕 |
| 소재 | 크루아한 |

**가족**

아버지 : 마가
어머니 : 메타
처 : 메이브
딸 : 핀다비르
형제 : 카이르브레 / 핀그 외

**성격**

누구도 두려워하지 않고 관용적. 균형 감각이 우수한 조정자인 반면 질투로 실수를 저지르기도.

**소유물**

핀베나하(소) 외

## 알릴의 왕권

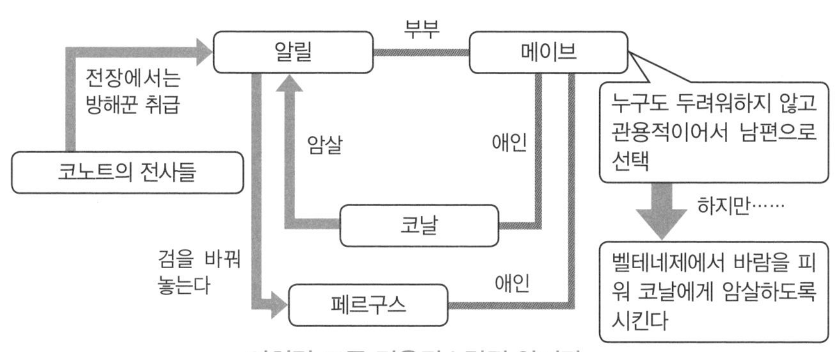


이처럼 조금 믿음직스럽진 않지만……

**싸움의 조정자로서는 유능!!**

얼스터와의 전후 처리를 멋지게 해결한다. (『쿨리네의 황소 사냥』)

얼스터의 전사들을 조정.(『브리크리우의 연회』)

⇩

**동료에게 부를 분배하는 켈트적인 왕의 상징**

**관련 항목**

메이브 → No.056
코날 케르나하 → No.050
페르구스 막 로이 → No.049

No.056

# 메이브

Medb

아일랜드 영웅들을 계속해 농락해온 요염하고도 가혹한 여왕 메이브. 그녀는 코노트 왕권의 상징이며 본래는 여신이었다고도 전해진다.

## ● 코노트에 군림하는 여왕

메이브는 얼스터 이야기에 등장하는 코노트의 여왕이다. 아일랜드의 지고왕 에오흐 페드레흐의 딸이며, 『보인 강의 싸움』에 따르면, 예전에는 얼스터의 왕 **콘코바**의 처이기도 했다. 그 후 2번의 결혼을 거쳐 코노트의 왕 **알릴**의 처가 된다. 다만 코노트의 왕권은 「아버지에게 받았다」고 메이브가 호언하는 대로 메이브와의 결혼으로 알릴의 것이 된 듯하다. 메이브는 노란 머리와 하얀 피부, 긴 얼굴에 키가 큰 요염한 여성으로, 얼스터에서 망명한 영웅 **페르구스** 등의 수많은 남성을 애인으로 두었다. 당연히 자식도 많았는데, 그 안에서도 특히 유명한 것이 딸인 「아름다운 눈썹」 핀다비르이다. 그녀는 수많은 영웅들의 먹잇감으로 모친에게 이용당했다.

메이브의 이름은 「도취」, 「주정」을 의미하는데, 그 이름대로 강렬한 개성으로 사람들을 희롱하며 코노트의 수도 크루아한에 군림했다. 『쿨리네의 황소 사냥』에서는 남편에게 지지 않는 소를 가지고 싶다는 이기심에서 제국연합을 이끌고 얼스터에 침공, 『네라의 이세계행』에서는 이세계의 세력과도 대립한다. 원한을 잊지 않는 성격이라 『쿠 훌린의 최후』에서는 얼스터의 영웅 **쿠 훌린**의 살해에도 가담한다. 그 반면 메이브는 사람을 보는 눈이 있었다. 『브리크리우의 연회』에서는 「용자의 배분」을 두고 다투는 세 얼스터의 영웅을 술잔에 비유해 평가하는 등 멋들어진 판정도 행했다. 또 작은 새나 다람쥐를 애완동물로 삼는 등 소녀 같은 면도 있었다.

이런 방탕한 행동은 그녀를 미워하는 인간을 많이 만들었다. 콘코바와 메이브의 여동생 크로호라의 아들 포아베이도 그중 한 명이었다. 『메이브의 최후』에서 그는 치밀하게 계획을 세워 메이브가 목욕할 때를 노려 딱딱해진 치즈를 투석기로 그녀에게 던져 살해했다. 메이브의 재위 88년째의 일이다.

## 지배를 원하는 만취한 여왕

| | |
|---|---|
| 등장 | 얼스터 이야기 |
| 지위 | 코노트의 여왕 |
| 소재 | 크루아한 |

**가족**

아버지 : 에오흐
남편 : 알릴
딸 : 핀다비르
애인 : 페르구스 / 코날
그 외

**외견**

노란 머리카락에 흰 얼굴을 가진, 얼굴이 길고 키가 큰 요염한 여성.

**성격**

방만하고 제멋대로. 원한은 잊지 않음. 사람을 보는 눈이 우수했으며 소녀같은 일면도.

**소유물**

작은 새, 다람쥐 등.

**그 외**

코노트의 왕권을 상징하는 존재

## 메이브의 생애

지고왕 에오흐에게서 코노트의 왕권을 물려받는다!

훗날 얼스터의 왕 콘코바와 결혼.

훗날 코나트의 왕 알릴과 결혼.

제국연합과 함께 얼스터를 침공. (『쿨리네의 황소 사냥』)

얼스터의 영웅을 조정. (『브리크리우의 연회』)

쿠 훌린을 살해. (『쿠 훌린의 최후』)

이세계를 침공. (『네라의 이세계행』)

조카 포아베이가 입욕 중 딱딱해진 치즈를 던져 사망. (『메이브의 최후』)

**관련 항목**

콘코바 막 네사 → No.043
페르구스 막 로이 → No.049
알릴 막 마가하 → No.055
쿠 훌린 → No.045

No.057

# 페르디아 막 다만

Ferdiad mac Damán

영웅 쿠 훌린과 함께 그림자의 나라에서 실력을 기른 코노트의 전사 페르디아. 하지만 여왕 메이브의 책모는 동문의 친구들에게 대결을 강요했다.

## ● 영웅 쿠 훌린의 친구

페르디아 막 다만은 얼스터 이야기에 등장하는 코노트의 전사이다. 『쿨리네의 황소 사냥』에서 그는 **피르 보르**의 후예로, 전신이 딱딱한 각질로 뒤덮여 있었다. 게다가 미장부였다는 자료도 있다. 얼스터의 영웅 **쿠 훌린**과는 그림자의 나라 알바의 여왕 **스카자하**의 밑에서 수행한 친구이며, 침소를 함께할 정도로 사이가 좋았다고 한다. 또 쿠 훌린의 창 **게 불그**의 무서움을 잘 아는 인물이기도 했다.

황소 **돈 쿨리네**를 둘러싼 싸움에서 코노트의 군세는 쿠 훌린과 협정을 맺어 군대의 진군 속도를 벌기 위한 일대일 대결을 벌였다. 하지만 쿠 훌린의 활약으로 코노트의 전사들은 차례차례 쓰러졌다. 거기서 여왕 **메이브**는 그를 잘 아는 페르디아를 부른다. 페르디아는 친구와의 싸움을 거절했지만 메이브는 미모로 유명한 딸 핀다비르를 내보내 매우 취하게 만든 뒤 대결을 하겠다는 약속을 잡게 만든다. 또 취기에서 깨어 내키지 않아 하는 그를, 음유시인을 시켜 모욕을 주겠다고 협박한다.

어쩔 수 없이 전차로 출진한 페르디아는 쿠 훌린과 투창, 검, 장검으로 무기를 바꾸면서 3일 동안 격렬한 싸움을 벌였다. 하지만 밤이 되면 싸움을 멈추고 서로의 건투를 칭찬하며 약이나 식사를 나누었다. 마지막 싸움이 되는 사흘 째, 페르디아는 홍옥을 박은 투구에 황금으로 치장된 검, 50개의 돌기를 낸 청동 방패를 들고 싸움에 임한다. 배에는 평평한 돌을 달고 몇 겹이나 되는 옷으로 몸을 감쌌다. 게 불그 대책이었다. 각오를 한 페르디아는 강했고, 쿠 훌린을 죽기 직전까지 몰아넣는다. 하지만 게 불그의 일격을 모두 막아내지 못하고 목숨을 잃는다. 쿠 훌린은 친구의 죽음을 크게 한탄하며 그 슬픔을 노래하였다고 한다. 또 싸움의 무대가 된 강은 훗날 그의 이름을 따서 아트 일 디아라고 불렸다고 한다.

## 친구와의 싸움에 고뇌하는 전사

| 등장 | 얼스터 이야기 |
|---|---|
| 지위 | 코노트의 전사 |

**외견**

전신이 딱딱한 각질로 뒤덮인 전사. 미장부였다고도 한다.

**성격**

전사로서의 긍지와 우정을 중요시한다.

**소유물**

홍옥을 박은 투구, 황금으로 장식된 검, 50개의 돌기가 돋아난 청동 방패, 전차 외.

## 페르디아와 쿠 훌린의 결투

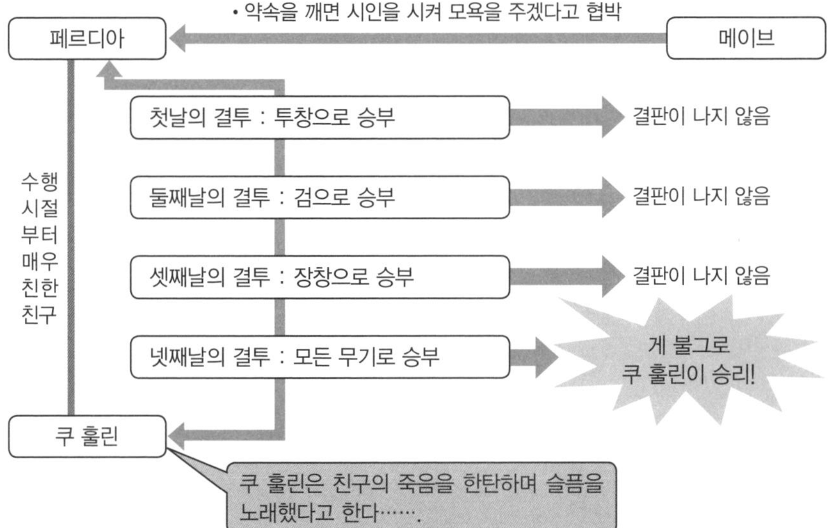
쿠 훌린과의 결투를 약속시키기 위해
• 딸을 보냄 • 취하게 만듬
• 약속을 깨면 시인을 시켜 모욕을 주겠다고 협박
페르디아
메이브
첫날의 결투 : 투창으로 승부
결판이 나지 않음
둘째날의 결투 : 검으로 승부
결판이 나지 않음
셋째날의 결투 : 장창으로 승부
결판이 나지 않음
넷째날의 결투 : 모든 무기로 승부
게 불그로
쿠 훌린이 승리!
수행 시절부터 매우 친한 친구
쿠 훌린
쿠 훌린은 친구의 죽음을 한탄하며 슬픔을 노래했다고 한다…….

**관련 항목**

페르 보르 → No.038
스카자하 → No.060
돈 쿨리네와 핀베나하 → No.100
쿠 훌린 → No.045
게 불그 → No.094
메이브 → No.056

No.058

# 칼라딘 일족

Clan Calatín

아버지를 두뇌로 삼아 한 몸이 되어 행동하는 불길한 칼라딘 일족. 그들은 영웅 쿠 훌린의 숙적으로 평생에 걸쳐 그의 앞을 가로막는다.

## ● 군체를 이룬 일족

칼라딘 일족은 얼스터 이야기에 등장하는 수수께끼의 일족이다. 외팔이나 외다리, 외눈이라고도 불렸으며, 그 특징에서 **포워르**의 일족으로 보는 연구자들도 있다. 『쿨리네의 황소 사냥』에서는 아버지 칼라딘 다나와 그와 행동을 함께 하는 27명의 아들, 손자 그라스 막 데르가는, 「같은 혈육, 같은 뼈에서 태어난」 존재이기 때문에 29명이 마치 1명의 인물인 것처럼 연대하여 싸울 수 있었다고 한다. 또 그들의 창과 전신에는 상처를 입으면 9일 후에는 죽는 맹독이 발라져 있었다. 칼라딘 일족은 일대일 대결로 코노트의 군세를 억누른 얼스터의 젊은 영웅 **쿠 훌린**에 대한 비장의 수로 전장에 등장해, 연대 전술로 그를 죽기 직전까지 몰아넣는다. 코노트로 망명했던 얼스터의 전사 피아하 막 피르 페베가 이 싸움의 불공평함을 보다 못해 가세하지 않았더라면 쿠 훌린의 목숨도 위험했을지 모른다. 쿠 훌린은 피아하의 은혜에 보답하기 위해 그의 배신이 드러나지 않도록 칼라딘과 아들들을 살해, 도망치는 그라스를 추적해 그의 입을 막았다.

『쿠 훌린의 최후』에서 칼라딘의 사후, 그의 처는 남녀 3명씩 6명의 아이를 낳았다. 그들은 우수한 마술의 재능이 있었기 때문에 쿠 훌린에 대한 복수를 바라는 코노트의 여왕 **메이브**에게 기용되어, 그림자의 나라 알바, 그리고 머나먼 페르시아, 바빌론의 땅으로 수행을 떠났다. 칼라딘의 아이들은 그곳에서 수많은 마술을 익혀 쿠 훌린을 살해하기 위한 여러 무기를 얻어 귀환한다. 그리고 쿠 훌린을 살해하기 위해 행동을 개시한다. 칼라딘 자식들의 저주로 쿠 훌린은 광란해 스스로 겟슈(맹약)를 파기하는 행동을 일으킨다. 그리고 그에게 원한을 가진 자들의 손에 걸려 목숨을 잃게 된다.

## 쿠 훌린을 노리는 무수한 독창

| 등장 | 얼스터 이야기 |
|---|---|
| 지위 | 코노트의 전사<br>코노트의 마술사 |

**외견**

외팔, 외다리, 외눈의 일족이라고도 한다.

**성격**

마치 한 명의 인물인 것처럼 연대할 수 있었다.

**소유물**

독창, 무수한 무기 외.

**능력**

페르시아, 바빌론에서 입수한 마술.

## 칼라딘 일족과 쿠 훌린의 싸움

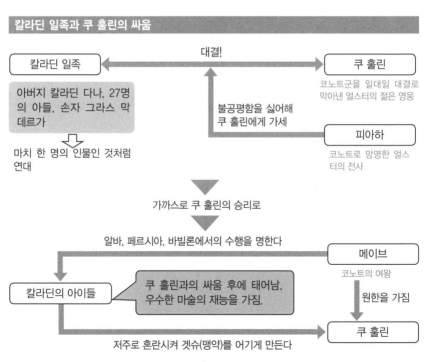

칼라딘 일족 ⟷ 대결! ⟷ 쿠 훌린

아버지 칼라딘 다나, 27명의 아들, 손자 그라스 막데르가

⇩

마치 한 명의 인물인 것처럼 연대

쿠 훌린: 코노트군을 일대일 대결로 막아낸 얼스터의 젊은 영웅

피아하: 코노트로 망명한 얼스터의 전사

피아하 → 불공평함을 싫어해 쿠 훌린에게 가세

▼

가까스로 쿠 훌린의 승리로

▼

메이브: 코노트의 여왕

메이브 → 알바, 페르시아, 바빌론에서의 수행을 명한다 → 칼라딘의 아이들

칼라딘의 아이들: 쿠 훌린과의 싸움 후에 태어남. 우수한 마술의 재능을 가짐.

메이브 → 원한을 가짐 → 쿠 훌린

칼라딘의 아이들 → 저주로 혼란시켜 겟슈(맹약)를 어기게 만든다 → 쿠 훌린

**관련 항목**

포워르 → No.034
메이브 → No.056
쿠 훌린 → No.045

No.059

# 코노트의 그 외의 전사들

얼스터의 숙적 코노트에는 수많은 용사들이 존재했다. 하지만 그런 실력을 가지고도 쿠 훌린을 쓰러뜨릴 수는 없었다.

## ● 쿠 훌린과 싸운 전사들

『쿨리네의 황소 사냥』에서는 페르디아나 칼라딘 일족 외에도 수많은 코노트의 전사들이 등장한다.

에타코몰은 **쿠 훌린**이 코노트의 군세를 막기 위해 시작한 일대일 대결의 첫 희생자이다. 코노트의 왕 **알릴**과 여왕 **메이브**의 양아들로, 오만한 면이 있었다. 옛 얼스터의 영웅 **페르구스**와 함께 일대일 대결 교섭에 나갔을 때 쿠 훌린을 모욕해 두 동강이 나고 만다.

프로이히 막 이데트는 미장부 이데트와 투아하 데 다난의 여신 베 빈드의 아들이다. 『프로이히의 소 사냥』에서는 코노트의 여왕 핀다비르를 가지기 위해 물의 요괴와 싸운다. 또 **코날 게르나하**와 함께 싸워 처자식을 되찾는 등 얼스터와도 인연이 많다. 쿠 훌린에게 패배해 그의 주검은 녹색 장신구를 두른 처녀 150명의 손에게 옮겨졌다.

나드 크란탈은 투창의 명수이다. 9자루의 참가시나무 창으로 쿠 훌린을 공격하지만 쿠 훌린은 이것을 무기로 인정하지 않고 상대하지 않았다. 그래서 다음 날 서로 무장한 형태로 일대일 대결이 열린다. 싸움은 쿠 훌린의 승리로 끝나고 나드는 아들들에게 싸움으로 생긴 자랑스러운 상처를 보여주러 가게 해달라고 애원했다. 그 후 그는 쿠 훌린에게 네 동강나고 만다.

로흐 막 모 페미스는 아일랜드에서도 유명한 전사이다. 쿠 훌린을 수염도 나지 않은 애송이라며 상대하지 않았기 때문에 쿠 훌린은 검은 딸기로 턱을 물들여 수염으로 위장해야만 했다. 전쟁의 여신 모리안의 방해 덕분에 쿠 훌린을 궁지에 몰지만 패배. 최후는 적에게 고개를 향한 채 죽고 싶다고 전해, 쿠 훌린의 도움으로 몸을 일으키고 죽는다.

알릴과 메이브의 집사 막 로스도 별난 인물이다. 아일랜드 전토를 하루 만에 돌았다고 하며, 전령, 정탐으로 활약한다.

## 코노트의 그 외의 전사들

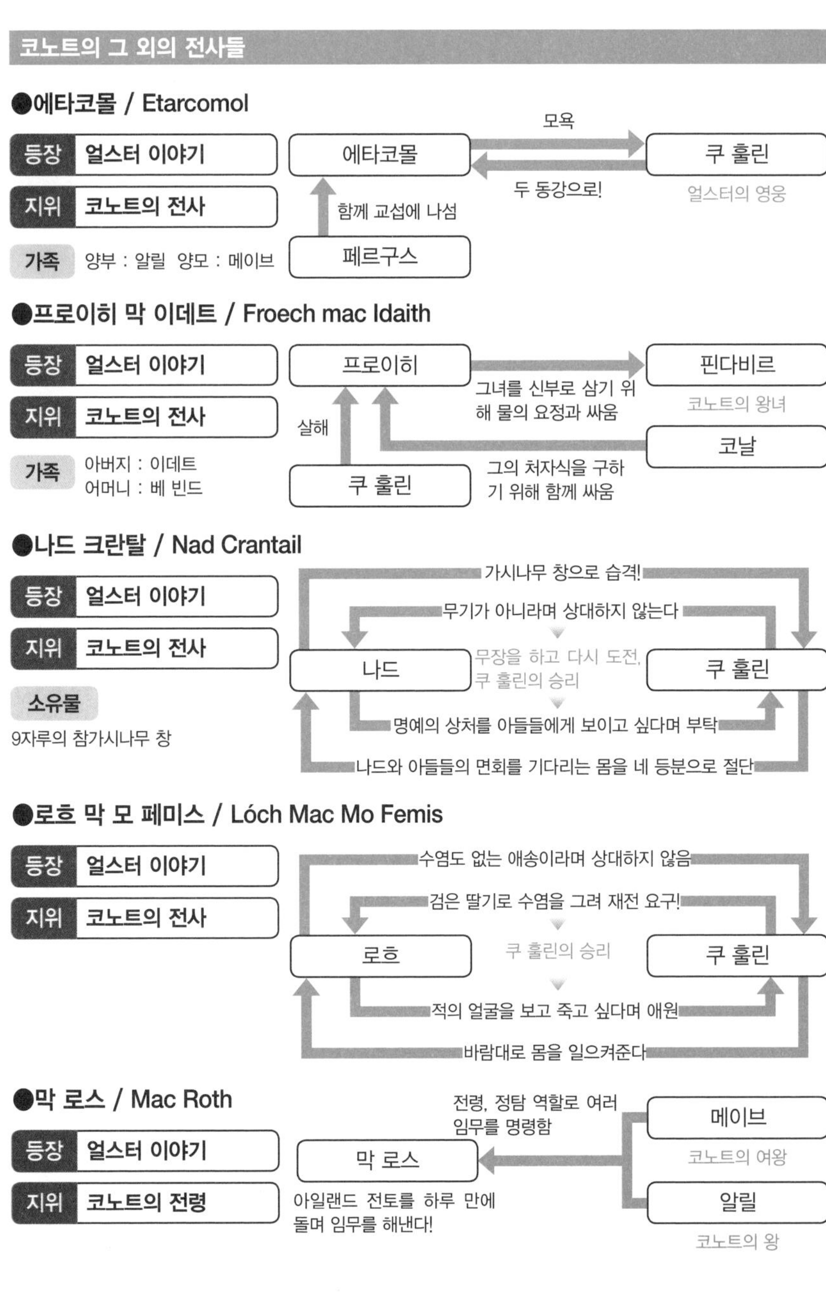


### 관련 항목


쿠 훌린 → No.045
메이브 → No.056
코날 케르나하 → No.050
알릴 막 마가하 → No.055
페르구스 막 로이 → No.049

No.060

# 스카자하

Scáthach

무도가들의 스승으로 고명한 그림자 나라의 여왕. 그녀는 영웅 쿠 훌린을 양육하고 그의 최후를 예언한다.

## ● 그림자 나라를 지배하는 무서운 여왕

스카자하는 얼스터 이야기에 등장하는 그림자 나라 알바의 여왕이다. 알바는 현재의 스코틀랜드, 혹은 그녀의 이름을 딴 스카하 섬이라고 여겨지는데, 오래된 자료에는 알프스를 넘은 곳에 있다고 하여 중동이 아니었을까 추측하는 연구자도 있다.

스카자하는 알바의 왕 아드감의 딸이라고 하며, 그녀의 딸 우아사하는 얼스터의 영웅 **쿠 훌린**의 연인 중 하나였다. 또 알바의 패권을 다투는 여전사 **이페**는 같은 아버지를 가진 동생에 해당한다. 그 외 그녀에게는 두 명의 아들이 있었지만, 그들의 활약은 그다지 알려져 있지 않다.

스카자하의 이름에는 「그림자의 존재」라는 의미가 있으며, 무예와 마술에 능한 무서운 마녀로 인근에 알려져 있었다. 또 일종의 예지능력이 있어 『쿨리네의 황소 사냥』의 말미와 쿠 훌린의 운명을 자세하게 예언했다. 『에바르에게 구혼』에서 스카자하의 영지는 난점이 많은 위험한 토지이며, 그녀 자신도 7중의 성벽과 생목이 꽂힌 9개의 목책에 둘러싸인 성에 살고 있었다. 스카자하는 그곳에서 젊은이들을 위한 일종의 군사학교를 열었는데, 대다수는 스카자하의 성에 다다르기 전에 목숨을 잃었다고 한다. 『에바르에게 구혼』에는, 에바르에 대한 쿠 훌린의 구혼을 싫어한 에바르의 아버지가 쿠 훌린이 죽기를 바라며 스카자하의 곁에 수행을 보내도록 수작을 부리는 모습이 그려진다.

다만 그녀는 잔학하고 인간을 싫어하는 마녀가 아니라서, 자신의 곁에 다다른 젊은이에게는 적극적으로 수행을 도와주었다. 특히 우수한 쿠 훌린은 그녀가 마음에 들어하는 제자였다. 여전사 이페와의 싸움에서, 수행 중인 그가 싸움에 말려들어 죽지 않도록 수면제를 먹인 뒤 싸움에 나서는 등 섬세한 모습도 보여준다.

## 유능한 젊은이들을 사랑한 그림자 나라의 여왕

| 등장 | 얼스터 이야기 |
|---|---|
| 지위 | 그림자 나라 알바의 여왕, 군사학교의 교관 |
| 소재 | 스코틀랜드? 스카이 섬? |

**가족**

아버지 : 아드감
동생 : 이페
딸 : 우아자하
두 명의 아들 외

**성격**

무서운 마녀로 알려져 있지만 우수한 젊은이를 사랑하며 섬세한 배려도 보인다.

**소유물**

게 불그 외.

**능력**

무술 지식, 마술 지식, 예지능력.

## 스카자하의 성과 쿠 훌린

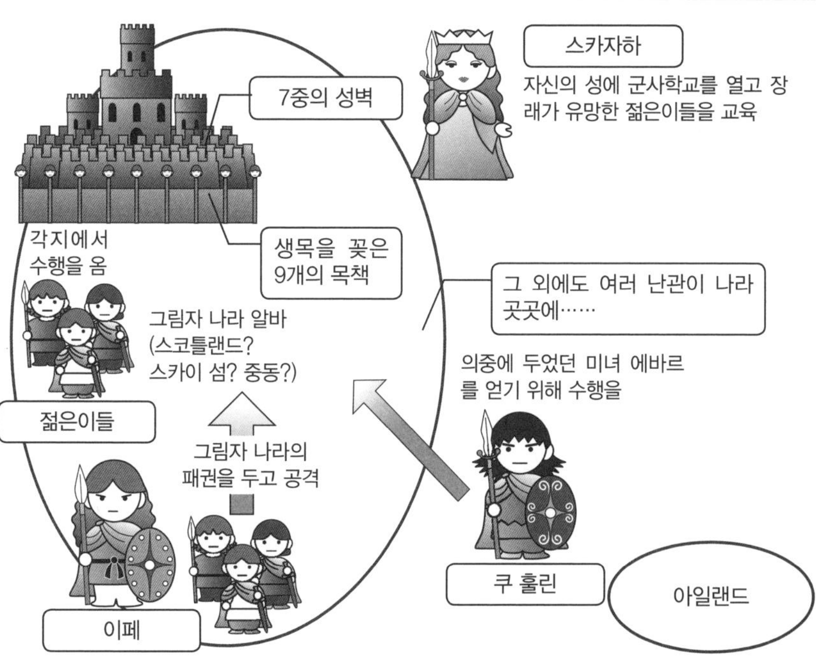


**관련 항목**

쿠 훌린 → No.045
이페와 콘라 → No.048

No.061

# 코나레 모르

Conaire Mór

투아하 데 다난의 피를 이은 위대한 지고왕 코나레. 하지만 신은 코나레에게 고통으로 가득 찬 파멸을 내린다.

## ● 친족에게 괴롭힘을 당한 위대한 지고왕

코나레 모르는 얼스터 이야기의 『다 데르가 관의 붕괴』에 등장하는 얼스터의 지고왕이다. 타라의 왕이자 얼스터의 지고왕이었던 에다르슈케르와 그의 처 메스 브아하라의 자식이라고 여겨지는데, 실은 **투아하 데 다난**의 새의 왕 네무그란과 메스 브아하라 사이에 태어난 자식이었다.

코나레는 데사라는 영주에게 맡겨져 그곳에서 데사의 세 아들 파리, 파가, 페로간과 함께 젖형제로 자란다. 그리고 아버지의 사후 「타르베쉬」라고 불리는 환시의 의식으로 다음 지고왕으로 선출된다. 하지만 코나레의 즉위 뒤에는 그의 친아버지인 네무그란의 조언, 그리고 그가 내린 파멸의 겟슈(맹약)가 있었다.

시력, 청력, 그리고 판단력이 뛰어나며 총명하고 고귀한 코나레의 밑에서 아일랜드는 번영을 구가했다. 하지만 3명의 젖형제의 존재가 차츰 코나레를 고심하게 만든다. 그들은 지고왕의 젖형제라는 지위를 이용해 각종 악행을 저질렀던 것이다. 같은 때 코나레의 친족일 터인 투아하 데 다난이 암약을 개시했다. 그들은 예전 코나레의 아버지 에다르슈케르에게 언덕을 파괴당한 것을 원망하고 있었고, 그 복수로 코나레에게 겟슈를 깨도록 획책했던 것이다.

코나레는 3형제의 군세와 거듭해 싸웠지만 결국 데 다르가의 관으로 몰린다. 코나레의 군세에는 얼스터의 영웅 **코날 케르나하**나 두프타흐도 있었지만 겟슈를 모두 깨버린 그를 죽음의 운명에서 구할 수는 없었다. 최종적으로 코나레는 마실 물조차 마술로 숨겨져 초췌해진다. 그리고 치명상을 입은 그는 격전 속에서 물을 찾아 돌아온 충신 막 케흐트의 곁에서 생애를 마감하였다.

## 맹약에 묶여 장절한 최후를 맞이한 지고왕

| 등장 | 얼스터 이야기 |
|---|---|
| 지위 | 지고왕 |
| 소재 | 타라 |

**성격**

청력, 시력, 판단력이 우수하고 총명하며 고귀함을 풍겼다.

**가족**

명목상의 아버지 : 에다르슈케르
아버지 : 네무그란
어머니 : 메스 브아하라
양부 : 데사
젖형제 : 파리 / 파가 / 페로간

## 코나레의 지고왕 즉위와 그 최후

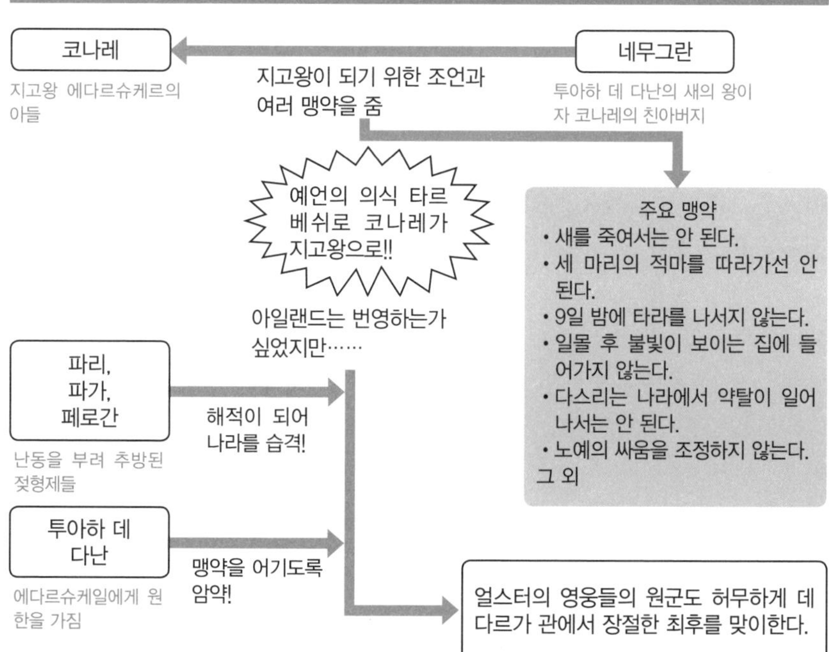

코나레
지고왕 에다르슈케르의 아들
네무그란
투아하 데 다난의 새의 왕이자 코나레의 친아버지
지고왕이 되기 위한 조언과 여러 맹약을 줌
예언의 의식 타르베쉬로 코나레가 지고왕으로!!
주요 맹약
• 새를 죽여서는 안 된다.
• 세 마리의 적마를 따라가선 안 된다.
• 9일 밤에 타라를 나서지 않는다.
• 일몰 후 불빛이 보이는 집에 들어가지 않는다.
• 다스리는 나라에서 약탈이 일어나서는 안 된다.
• 노예의 싸움을 조정하지 않는다.
그 외
아일랜드는 번영하는가 싶었지만……
파리, 파가, 페로간
난동을 부려 추방된 젖형제들
해적이 되어 나라를 습격!
투아하 데 다난
에다르슈케일에게 원한을 가짐
맹약을 어기도록 암약!
얼스터의 영웅들의 원군도 허무하게 데 다르가 관에서 장절한 최후를 맞이한다.

**관련 항목**

투아하 데 다난 → No.014
코날 케르나하 → No.050

No.062

# 얼스터 이야기의 그 외의 등장인물

쿠 훌린의 광명과 죽음을 그리는 이야기 속에서 그 죽음의 직접적인 원인이 된 자들이 있었다. 그들은 각자 복수를 위해서 싸웠다.

## ● 쿠 훌린과 인연이 깊었던 인물들

얼스터 이야기는 얼스터와 코노트를 중심으로 전개되는데, 그 외의 나라에도 이야기에 크게 관여하는 사람들이 있다.

카티르 콘 로이의 회전하는 보이지 않는 강철의 성에 사는 먼스터의 왕 쿠 로이는 마검과 환술을 다루는 강력한 마술사이다. 『브리크리우의 연회』에서는, 조정자로서 명예를 다투는 **쿠 훌린, 코날 케르나하**, 로이가레 등 얼스터의 영웅들에게 갖가지 시련을 내려 쿠 훌린이 제일가는 영웅임을 선언했다. 한편 『쿠 로이의 최후』에서는 그의 처 브라트나트를 둘러 싼 싸움에서 쿠 훌린에게 원망을 받아 살해당한다.

그의 아들 루가이드 막 콘 로이는 에르크 막 카이르브레 니아드페르, **칼라딘 일족**의 자식들과 함께 쿠 훌린에게 적대한 것으로 유명하다. 그들은 쿠 훌린에게 저주를 걸은 데다가, 겟슈(맹약)를 깨게 하여 궁지에 몰고 시인의 도발로 창을 빼앗으며 칼라딘 일족의 「3인의 왕을 죽인 3자루의 창」으로 쿠 훌린, 마부 레그, **회색의 마하**를 살해했다고 한다. 그 후 루가이드는 쿠 훌린의 목과 오른팔을 자르고 떠난다. 하지만 그때 입은 오른팔의 상처가 원인으로 철수가 늦어져 코날에게 당한다.

루가이드와 함께 싸운 에르크는, 코노트 왕 **알릴**의 형이자 타라의 왕 카이르브레와 얼스터의 왕 **콘코바**의 딸 사이에서 태어났다. 『쿨리네의 황소 사냥』에서는 코노트와 제국연합에게 공격을 받은 얼스터에게 협력했지만 쿠 훌린에게 아버지를 살해당했기 때문에 루가이드 일행에 협력하게 된다. 다만 그도 코날의 추격에서는 도망치지 못하고 목숨을 잃는다.

페델마는 『쿨리네의 황소 사냥』에서 코노트의 여왕 메이브의 앞에 나타난 여예언자다. 양골담초 같은 금발에 녹색 옷, 황금 망토와 검을 몸에 차고 쿠 훌린의 활약과 코노트의 패배를 예언했다.

## 얼스터 이야기의 그 외의 등장인물

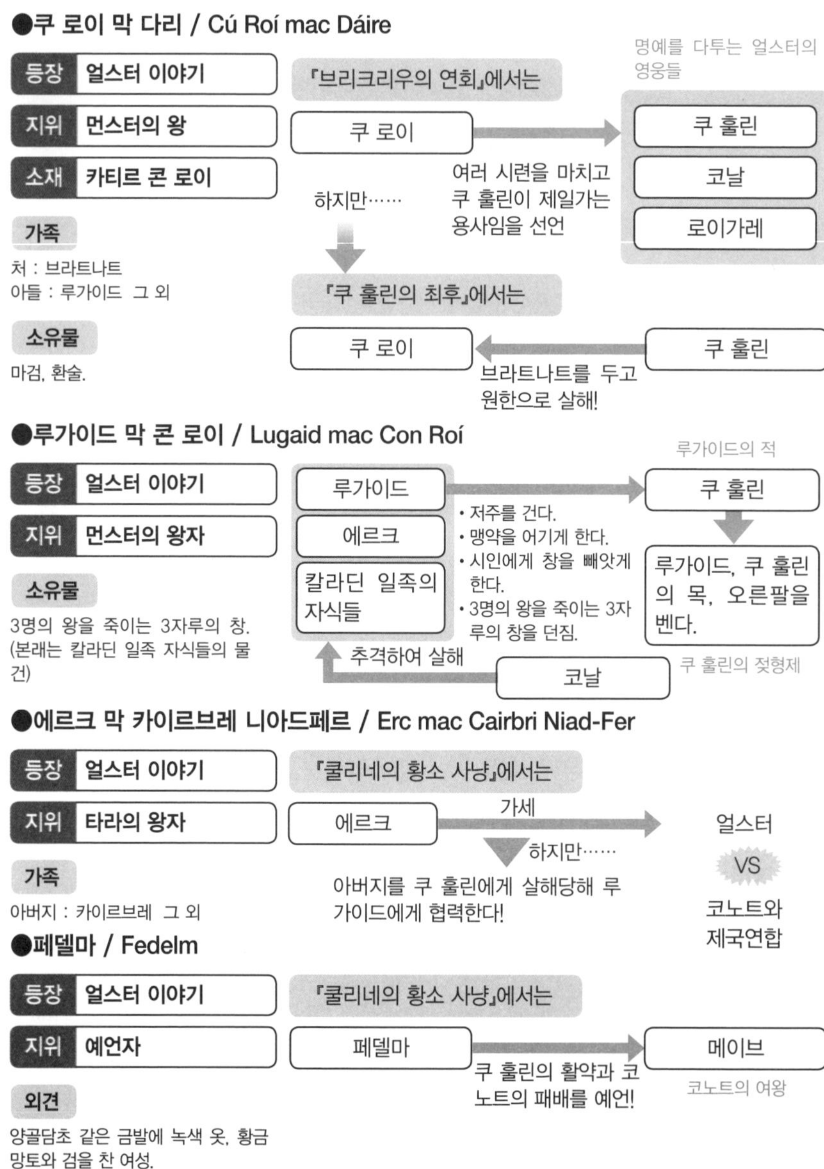


**관련 항목**

쿠 훌린 → No.045
칼라딘 일족 → No.058
알릴 막 마가하 → No.055
코날 케르나하 → No.050
회색의 마하와 흑색의 센글리우 → No.095
콘코바 막 네사 → No.043

No.063

# 피아나 기사단

Fianna

아일랜드 전승 안에서도 유난히 빛나는 전사 집단인 피아나 기사단. 그 위력은 문무에 능한 강건한 유랑전사들로 구성되었다.

## 영광스러운 기사단

피아나 기사단은 핀 이야기의 중심이 되는 전사들의 집단이다. 아일랜드의 지고왕 페라다하의 치세에 1세기경 조직되었고, 외적의 제거나 지고왕의 수호가 주 목적이었다. 일설로는 그 세력은 150명의 지휘관과 4000명의 병사를 가질 정도라고 한다.

피아나 기사단에는 바스크나 씨족과 모나 씨족 두 개의 파벌이 있었고, 그 둘이 단장의 자리를 놓고 다투었다. 또 단장에게 대대로 물려지는 물건이 있었으며 그것을 관리하는 가문도 존재했다. 핀 이야기의 주인공이자 피아나 기사단 최대의 단장 **핀 막 쿨**은 바스크나 가문이었다.

피아나 기사단은 특정한 거점이나 영지를 가지지 않고 수렵 생활을 하며 아일랜드 각지를 여행했다. 그 흔적은 현재도 아일랜드 각지에 남아 있다. 그들에게는 수많은 권리가 주어졌는데, 각지를 자유로이 이동하고 세금 징수를 할 수 있었다. 하지만 세력을 확대해 기고만장해진 피아나 기사단은 차츰 상궤를 벗어나는 요구를 되풀이하게 되어 지고왕과 적대하기에 이른다. 그 결과 피아나 기사단은 본래의 지고왕의 수호를 취지로 하는 파벌과 기사단파로 나뉘어 싸우게 되고, 결국 자멸의 길에 이른다.

피아나 기사단에 소속하는 것은 수많은 젊은이들에게 동경이었다. 우수하다면 출신은 묻지 않았기 때문이다. 하지만 그 조건은 매우 엄격했다. 우선 12개의 시서에 능통하고 시작하는 능력이 요구되었다. 교양과 지성이 필요했던 것이다. 다음으로 「깊게 판 구멍에 하반신을 묻고 개암나무 막대기와 방패로 9명의 용사가 9개의 이랑 너머에서 던지는 창을 막아라」, 「전라에 머리카락을 묶어 올린 상태에서 한 그루의 나무 높이만큼의 거리를 벌리고 쫓아오는 완전무장한 전사들에게서 도망쳐라」 같은 전사의 특성을 시험받았다. 대부분은 생명의 위험을 동반하였지만 그들의 목적을 생각하면 당연한 시험이었다.

## 아일랜드와 지고왕을 지키는 전사들

**피아나 기사단의 목적**

- 아일랜드 지고왕의 수호
- 외적의 배제

**피아나 기사단의 특권**

- 국내의 자유로운 이동
- 징세

**피아나 기사단의 조직**

- 지휘관 150명
- 병사 4,000명

하지만 기사단에는 문제점도……

바스크나, 모나의 두 파벌이 대립!

▼

갈수록 심해지는 요구에 지고왕이 격노!!

▼

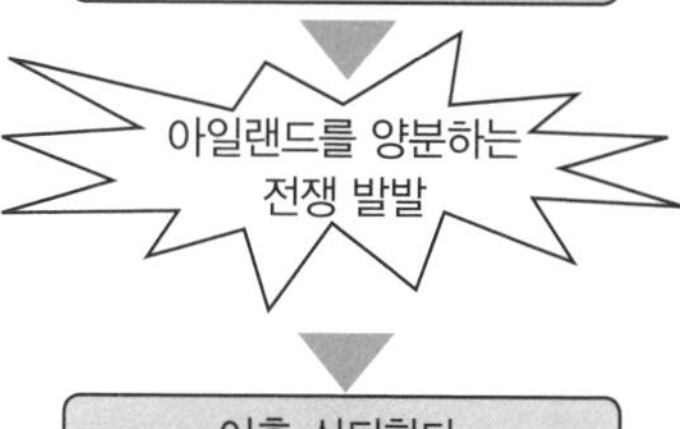


▼

이후 쇠퇴한다.

## 피아나 기사단에 입단하기 위해서는?

출신은 묻지 않았지만 엄격한 조건이……

**교양과 지성**

- 12개의 시서에 능통해야 함
- 자유로이 시를 쓸 수 있음

**전사로서의 특성**

하반신을 흙에 묻고 개암나무 막대기와 방패로 9명의 용사가 9방향에서 동시에 던지는 창을 막는다.

전라에 머리를 묶은 상태로 한 그루의 나무 높이만큼 거리를 벌리고 쫓아오는 완전 무장한 전사들에게서 도망친다.

자신의 이마 높이까지 올라온 가지를 뛰어 넘는다.

무릎 높이까지 몸을 굽히고 언덕길을 전력으로 달려 올라간다.

달리며 발바닥에 꽂힌 가시를 뺀다.

또한……

머리카락이 풀리거나 가지를 꺾거나 무기를 든 손이 떨려서는 안 된다.

**관련 항목**

핀 막 쿨 → No.064

No.064

# 핀 막 쿨

Fionn mac Cumhaill

아일랜드만이 아니라 수많은 나라에서 사랑받은 피아나 기사단의 이야기. 그들을 이끈 핀은 고결함으로 잘 알려진 눈부신 영웅이었다.

## ●흰 머리카락의 피아나 기사단 단장

핀 막 쿨은 핀 이야기에 등장하는 피아나 기사단의 단장이다. 똑같은 단장이었던 바스크나 씨족의 쿨과 모나 씨족의 딸이자 **누아다**의 피를 이은 마나의 자식인데, 훗날 전승에서는 거인으로 여겨지는 경우도 많다. 바스크나 씨족과 모나 씨족의 다툼으로 아버지를 잃은 핀은 두 명의 여 드루이드, 혹은 조모의 밑에서 은거 생활을 했는데, 훗날 불꽃의 아레인이라는 괴물을 퇴치하여 그 상으로 단장의 지위를 되찾는다.

핀의 본명은 디무나라고 하는데, 핀은「희다」,「빛나다」를 의미하는 애칭이다. 반짝이며 빛나는 금발 때문에 붙은 애칭이었는데 나중에 핀은 노인처럼 백발을 가지게 된다. 이것은 그의 사랑을 독점하려 하던 요정 자매가 건 노쇠의 주문 때문인데, 저주를 푼 후에도 일부러 남겨두었다고 한다. 그녀들만이 아니라 젊은 날의 핀은 수많은 여성들에게 사랑을 받았다. 그리고 처 시바 사이에 태어난 **오신**을 비롯하여 수많은 자식을 남겼다.

핀은 학 가죽 주머니, 엽견 **브란과 스콜론** 등 수많은 마법 물품을 가지고 있었다. 하지만 그의 최대 무기는 현자 핀네가스의 밑에서 수행하던 때 얻은 지혜의 연어 기름이리라. 그 기름이 스민 엄지를 물어뜯어 얻을 수 있는 지식은 그를 수많은 궁지에서 구해냈다. 또 핀의 손으로 뜬 물은 치유의 힘이 있어 그것을 마시면 모든 상처를 낫게 했다고 한다.

아렌의 언덕을 거점으로 아일랜드 각지에서 활약한 젊은 시절의 핀은 피아나 기사단의 이상을 체현하는 듯한 고결한 인물이었다. 하지만 시간과 함께 **디어뮈드**를 모살하는 등 질투가 심하고 음험해져 인망을 잃었다. 핀의 최후에는 많은 설이 있는데, 아일랜드의 지고왕 카이르브레와의 싸움으로 장절한 전사를 했다고도, 인심을 되찾기 위해 강을 뛰어넘는 의식을 행하다 익사했다고도, 아일랜드의 위기를 구하기 위해 잠이 들었을 뿐이라고도 한다.

## 엄지에 위대한 지식을 가진 영웅

| 등장 | 핀 이야기 |
|---|---|
| 지위 | 피아나 기사단 단장 |
| 소재 | 아렌 언덕 |

**가족**

아버지 : 쿨
어머니 : 마나
처 : 시바
아들 : 오신
손자 : 오스카
그 외

**외견**

밝게 빛나는 금발. 훗날 노인처럼 백발이 됨.

**성격**

기사단의 이상을 체현한 듯한 고결한 인물이지만, 훗날 질투가 많고 음험하게 변함.

**소유물**

학 가죽 주머니, 브란과 스콜론(엽견) 등.

**능력**

엄지에 깃든 지혜의 연어의 기름, 치유의 힘.

## 핀의 생애

바스크나 씨족, 모나 씨족의 싸움으로 아버지를 살해당해 은거생활을 한다.

↓

드루이드인 핀네가스의 밑에서 지혜의 연어의 기름을 얻는다.

↓

불꽃의 아레인을 퇴치하고 피아나 기사단 단장이 된다.

(불꽃의 아레인은 사윈제마다 왕도 타라를 덮쳐 수많은 것들을 불태웠다.)

↓

아렌 언덕을 거점으로 아일랜드 전토에서 활약.

↓

질투로 디어뮈드를 모살하여 인망을 잃는다.

(약혼자 그라냐와 도망친 디어뮈드를 핀은 용서하지 않았다.)

최후는……

- 지고왕 카이르브레와의 싸움에서 장절하게 전사?
- 인망을 되찾는 의식 중에 익사?
- 아일랜드의 위기를 구하기 위해 잠이 들었다?

**관련 항목**

누아다 → No.015
오신 → No.065
브란과 스콜론 → No.101
디어뮈드 오 디나 → No.067

No.065

# 오신

Oisín

작은 사슴이라는 이름의 영웅 오신. 고명한 산문집 『오시안』의 주인공으로도 알려진 그는 피아나 기사단 이야기를 후세에 남긴다.

## ● 피아나 기사단의 영광을 알리는 자

오신은 핀 이야기에 등장하는 **피아나 기사단** 단장 **핀 막 쿨**의 아들이다. 우수한 전사이자 훗날에는 시인으로 칭송받았다. 이름은 「작은 사슴」을 의미하는데, 어머니 시바가 어둠의 드루이드에게 어린 사슴으로 변하는 마법을 당하고 끌려간 후에 태어난 것에서 유래했다. 7살 때 벤 발벤의 숲에서 보호되어 이후는 피아나 기사단에서 자랐다. 오신은 진주 같은 이와 밝은 머리카락, 예리하고 푸른 눈과 혈색 좋은 갈색 뺨을 가진 거한으로, 관자놀이에는 사슴털이 자랐다고 한다. 처 헤바와의 사이에 3명의 자식이 있으며, 차남 **오스카**는 피아나 기사단 안에서도 최강으로 이름이 높다.

18세기 『항상 젊은 나라 오신』이나 그 바탕이 된 전승에 따르면, 오신은 금발의 니바라는 미녀에게 이끌려 항상 젊은 나라 티르 나 노그로 건너가 그곳에서 300년의 시간을 보냈다고 전해진다. 하지만 망향의 염에 사로잡힌 그는 고향으로 돌아가고 싶다고 바라게 된다. 그런 그를 니바는 「결코 말에서 내려서 땅에 발을 대서는 안 된다」고 경고하고 배웅한다. 고향으로 돌아온 오신을 맞이한 것은 완전히 변한 아일랜드와 작은 사람들이었다. 오신은 그들에게 기사단의 행방을 묻지만 사람들은 그것은 옛날이야기라면서 일소에 부친다. 그 후 그들은 돌 밑에 깔린 동료를 도와주길 오신에게 부탁한다. 오신은 쾌히 승낙했지만 실수로 낙마하고 만다. 그리고 단숨에 300살을 넘은 거동이 불편한 노인이 되었다. 오신이 시인으로 이름을 떨치게 된 것은 그 후의 일이다.

또 『옛 노인의 이야기』에서 그는 사촌 키르타 등 몇 명의 피아나 기사단들과 함께 마술적인 힘으로 살아남았다고도 전해진다. 성 패트릭 일행과 만난 오신 일행은 각지를 안내하며 과거의 영광을 전했고, 성 패트릭은 그것을 기록했다고 한다.

## 시대를 초월하여 피아나의 위업을 전하는 시인

| | |
|---|---|
| 등장 | 핀 이야기 |
| 지위 | 피아나 기사단의 시인 |
| 소재 | 아렌 언덕<br>항상 젊은 나라 |

**가족**

아버지 : 핀
어머니 : 시바
처 : 헤바 / 니바
아들 : 오스카
그 외

**외견**

진주 같은 이와 밝은 머리카락, 예리하고 푸른 눈과 혈색 좋은 갈색 뺨을 가진 거한. 관자놀이에 사슴 털이 자라고 있다. 훗날 300살을 넘어 눈이 잘 보이지 않는 노인이 된다.

## 오신이 전사에서 시인이 되기까지

**『항상 젊은 나라의 오신』에서**

오신 ← 항상 젊은 나라로 초대 ← 니바

오신 → 그녀에게 응해 항상 젊은 나라로 → 니바

니바: 「금발의」라고 칭해지는 항상 젊은 나라의 여왕

하지만 300년 후

망향의 염에 사로잡혀 아일랜드로. 니바에게 「대지에 닿아서는 안 된다」고 경고를 받지만 낙마하여 노인이 되고 만다. → 피아나 기사단의 위업을 전하는 늙은 시인이 된다.

**『옛 노인들의 이야기』에서**

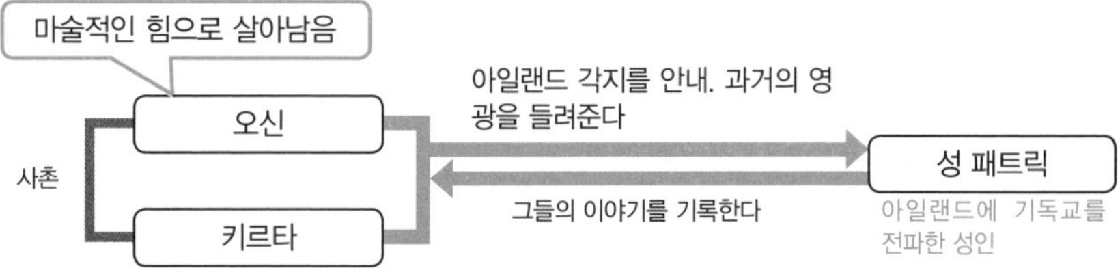
마술적인 힘으로 살아남음
오신
사촌
키르타
아일랜드 각지를 안내. 과거의 영광을 들려준다
그들의 이야기를 기록한다
성 패트릭
아일랜드에 기독교를 전파한 성인

**관련 항목**

피아나 기사단 → No.063
핀 막 쿨 → No.064
그 외의 핀의 가족 → No.066

No.066

# 그 외의 핀의 가족

수많은 마술과 불가사의를 가졌던 영웅, 핀 막 쿨. 그 가족도 역시 수많은 신비와 관련을 가졌다.

## ● 개성적인 핀의 가족들

**피아나 기사단** 단장 **핀 막 쿨**에게는 **오신** 이외에도 수많은 일화를 가진 가족이 있다.

그의 처 중 한 명인 시바는 어둠의 드루이드가 어린 사슴으로 둔갑시켜 납치되었다. 시바는 그녀에게 동정한 시중들에게 핀과 이어지면 저주가 풀린다고 가르침을 받아 그의 보호를 받는다. 하지만 핀의 원정 중에 드루이드에게 습격을 받아 다시 끌려가고 만다. 핀은 홀로 그녀를 찾지만 결국 실패하고 아들 오신밖에 찾지 못했다.

그 오신의 아들 오스카는「강철로 감싸이고 굽어진 뿔」이라고도 칭송을 받은 피아나 기사단 최고의 전사이다. 오스카는 젊은 용사 **디어뮈드 오 디나**의 유일한 친구였으며, 그와는 깊은 우정으로 이어져 있었다. 그래서 조부 핀이 디어뮈드를 모살하려던 때에는 일촉즉발의 상태에 빠지기도 하였다. 오스카는 지휘관으로서도 우수했으며 그가 이끄는 부대는 적을 일소했기 때문에「무서운 빗자루」라고도 불렸다. 오스카는 피아나 기사단과 아일랜드 지고왕 카이르브레의 전면전쟁「가우라의 전쟁」에서 카이르브레와 일대일 대결을 벌여 같이 죽게 된다.

핀의 여동생 튀렌(크로흐니우트)은 피아나 기사단의 전사 **돈**의 처이다. 그와의 사이에 디어뮈드를 낳았지만 집사 로프와 부정한 관계가 되어 그의 아이를 낳고 만다. 돈은 이 아이를 죽이지만 그 시체에서 태어난 것이 훗날 디어뮈드의 목숨을 빼앗는 마물 멧돼지였다.

그 외에 노르웨이의 왕자 미다크의 음모에서 핀을 구하고 목숨을 잃은 피크나와 인사, 유괴당한 엽견 **브란**을 구출한「넓은 눈」의 레이네,「심홍」의 바네휴 등이 알려져 있다.

## 그 외의 핀의 가족

### ●시바 / Sadhbh

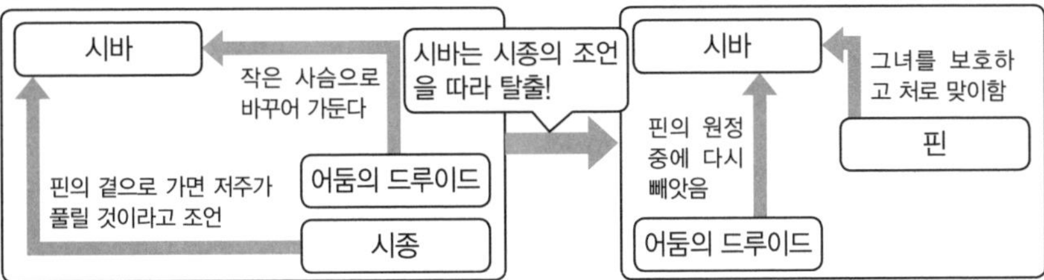


### ●오스카 / Oscar

| 등장 | 핀 이야기 |
|---|---|
| 지위 | 피아나 기사단의 전사 |

**가족**

아버지 : 오신　조부 : 핀

**그 외**

「철로 감싸이고 굽은 뿔」이라고 칭해진 기사단 최고의 전사. 부대는 「무서운 빗자루」라 불리며 공포의 대상이었다.

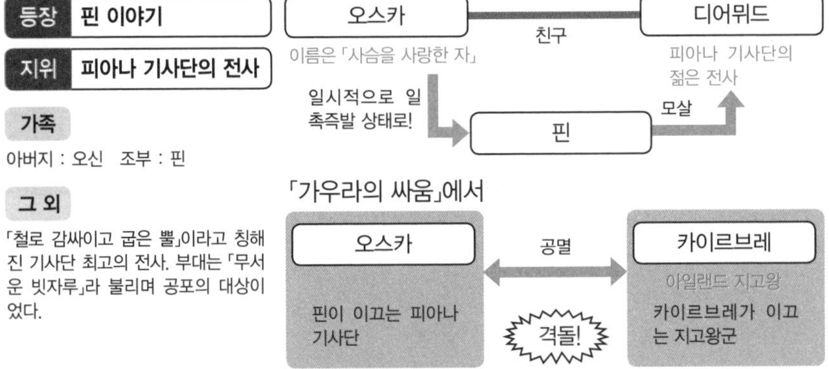


### ●튀렌(크로흐니흐트) / Tuireann(Crochnuit)

| 등장 | 핀 이야기 |
|---|---|

**가족**

남편 : 돈　아들 : 디어뮈드
오빠 : 핀　그 외

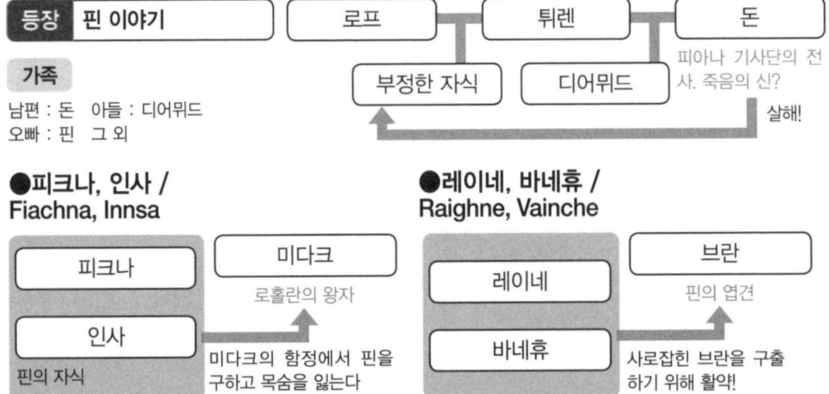


### ●피크나, 인사 / Fiachna, Innsa



### ●레이네, 바네휴 / Raighne, Vainche



**관련 항목**

피나아 기사단 → No.063
오신 → No.065
디어뮈드 오 디나 → No.067
핀 막 쿨 → No.064
돈 → No.041
브란과 스콜론 → No.101

No.067

# 디어뮈드 오 디나

Diarmuid Ua Duibhne

사랑의 인장을 가진 미모의 전사 디어뮈드. 신들 사이에서 자라 신비한 힘을 가진 젊은 영웅은 주군이자 늙은 영웅 핀의 손으로 죽음을 맞이한다.

## ● 미모 때문에 목숨을 잃은 피아나 기사단 제일의 전사

디어뮈드 오 디나는 핀 이야기에 등장하는 **피아나 기사단**의 젊은 영웅이다. **핀 막 쿨**의 동생 튀렌과 **돈**의 아들이며, 핀의 조카에 해당한다. 태어나자마자 곧 투아하 데 다난의 사랑의 신 **인우스**, 그리고 해신 **마나난**에게 맡겨져 그들의 밑에서 자란다. 노란색, 혹은 소리개색의 머리카락을 가진 미장부이며, 그의 뺨(이마라고도 함)에는 요정이 붙인 점이 있다. 이것은 여성을 매료하는 힘을 가졌기 때문에 사랑의 인장, 「오 디나」라고 불렸으며, 그대로 그의 애칭이 되기도 하였다.

디어뮈드는 길러준 부모에게서 받은 마법의 창 게 보, 게 저그, 마법의 검 모랄타, 베가르타를 가졌으며, 특수한 도약술을 익힌 우수한 전사였다. 그는 핀의 오른팔로 각지에서 활약했고 기사단의 위기를 구한 적도 적지 않다. 핀의 손자 오스카의 친구로 때로는 호색한이라고 야유를 받으면서도 성실한 성격 덕분에 동료들의 신망도 두터웠다.

하지만 핀의 약혼자 **그라냐**가 그에게 반한 것이 그의 운명을 엇갈리게 만든다. 겟슈(맹약) 때문에 그녀를 데리고 도망치게 된 디어뮈드는 16년 동안 아일랜드 곳곳을 방랑한다. 주변의 중재도 있어 핀은 디어뮈드를 용서하지만, 마음속으로는 복수의 기회를 노리고 있었다. 그리고 7년 후 핀은 기사단을 모아 사냥을 명하여 디어뮈드를 꾀어낸다. 디어뮈드는 핀의 노림수를 알아차리면서도 멧돼지와 싸워 빈사의 부상을 입는다. 치유의 힘을 가진 손으로 물을 떠주길 부탁하는 디어뮈드에게, 핀은 3번 물을 옮기다가 그때마다 눈앞에서 물을 쏟는다. 그것을 본 오스카의 분노에 눈을 뜬 핀은 황급히 물을 다시 뜨러 가지만 모든 것이 늦은 뒤였다. 그리고, 그 시체는 인우스가 가지고 사라져서 새로이 영혼을 불어넣었다고 한다.

## 사랑의 점이 이끈 파멸의 길

| 등장 | 핀 이야기 |
|---|---|
| 지위 | 피아나 기사단의 전사 |

**가족**

아버지 : 돈
어머니 : 튀렌
양부 : 인우스 / 마나난
처 : 그라냐
그 외

**외견**

황색, 혹은 소리개색의 머리를 가진 미남. 이마(뺨)에 점이 있다.

**성격**

여자를 좋아한다며 야유를 당하지만 성실한 성격으로 동료들의 신망도 두텁다.

**소유물**

게 보(창), 게 저그(창), 모랄타(검), 베가르트타(검).

**능력**

사랑의 인장, 도약술 등.

## 디어뮈드의 활약과 최후

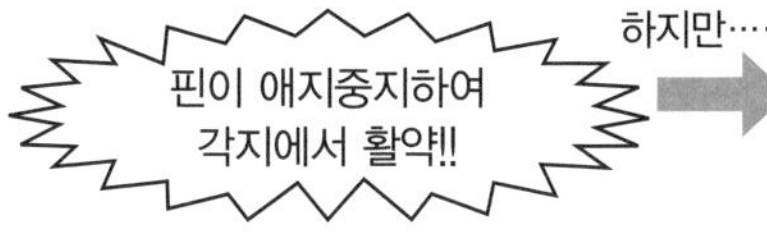


하지만……

그라냐가 반하는 바람에 맹약에 따라 데리고 도망치게 됨.

▼

핀에게 용서를 받았다고 여겼지만 벤 발벤의 멧돼지를 이용해 모살된다.

빈사의 디어뮈드, 핀★1에게 물을 마시게 해달라고 애원.

▼

핀은 세 번 물을 옮기지만 디어뮈드의 눈앞에서 일부러 쏟음.

▼

오스카★2가 격노, 핀을 몰아세움.

▼

핀은 생각을 고쳐 물을 옮기지만 디어뮈드는 이미 숨을 거둠.

▼

인우스★3, 디어뮈드의 유체를 가지고 돌아가 새로운 영혼을 불어넣음.

★1 핀
피아나 기사단의 단장. 손으로 뜬 물에 치유의 힘이 있다

★2 오스카
핀의 손자이자 디어뮈드의 친구

★3 인우스
디어뮈드의 양부이자 사랑의 신

**관련 항목**

피아나 기사단 → No.063
돈 → No.041
마나난 막 리르 → No.026
핀 막 쿨 → No.064
인우스 → No.019
그라냐 → No.068

No.068

# 그라냐

Gráinne

영웅 핀을 포로로 만든 미녀 그라냐. 하지만 그녀의 생각이 부족한 행동은 피아나 기사단의 중신을 죽음으로 몰고 훗날의 붕괴를 초래한다.

## ● 응석받이로 아일랜드의 영웅들을 휘두른 왕녀

그라냐는 핀 이야기 『디어뮈드와 그라냐의 추적』의 주인공 중 한 명이다. 아일랜드의 지고왕 코르막의 딸로, **피아나 기사단** 단장 **핀 막 쿨**의 약혼자였다. 젊고 아름다운 공주라고 전해지지만 그 이름은 「추한 것」이라는 의미이다. 성격은 방탕하고 응석받이였으며 이야기 전체를 통해 줄곧 자기 본위에 주변 상황에 휩쓸리기 쉬운 성격이다.

늙은 핀을 싫어한 그라냐는 결혼식 전야의 술자리에서 수면제를 넣은 음료를 준비해, 젊은이를 제외한 참석자를 잠들게 한다. 눈에 띄는 젊은이를 유혹하려 했던 것이다. 우선 핀의 아들 **오신**을 유혹하지만 그의 대답은 쌀쌀맞았다. 그래서 그녀는 아일랜드 전토의 여성을 매료한 미남 **디어뮈드**를 유혹했다. 디어뮈드도 에둘러 거절했지만 그라냐는 집요하게 물고 늘어져 결국은 겟슈(맹약)까지 꺼내 그를 협박했다. 그래서 디어뮈드는 어쩔 수 없이 그녀를 데리고 아일랜드 각지로 도주하게 된다. 16년에 걸친 도주극은 때로는 디어뮈드의 양부모이자 사랑의 신 **인우스**의 힘을 빌리고, 때로는 마법의 나무열매를 지키는 거인과 싸우는 등 모험으로 가득 차 있었다. 당초는 그라냐와 관계를 가지려 하지 않았던 디어뮈드지만, 겁쟁이라며 매도당하는 바람에 그녀와 관계를 가지게 된다. 그 후 코르막의 중재로 핀과 디어뮈드가 화해. 그들은 다행히 타라로 돌아와 7년 동안 4명의 아들과 1명의 딸을 가진다.

하지만 복수의 기회를 노리던 핀의 책략으로 디어뮈드는 목숨을 잃고 만다. 분노에 찬 그라냐는 4명의 아들을 수행의 여행에 내보내지만 핀의 교묘한 구애에 함락되어 결국 그와 결혼하게 된다. 처지가 곤란해진 아들들은 분노하지만, 어머니의 설득으로 핀의 군대에 들어간다. 그 후 그라냐는 영원히 행복하게 살았다고 한다.

## 시간의 흐름에 사라진 애정과 증오의 감정

| | |
|---|---|
| 등장 | 핀 이야기 |
| 지위 | 왕녀<br>핀의 약혼자 |
| 소재 | 타라<br>아일랜드 각지 |

**외견**

젊고 아름다운 여성.

**성격**

방만하고 제멋대로. 자기 본위 및 주변의 상황에 휩쓸리기 쉽다.

**가족**

아버지 : 코르막
약혼자 및 남편 : 핀
남편 : 디어뮈드
아이 : 네 명의 아들과 한 명의 딸
그 외

## 디어뮈드와 그라냐의 추적

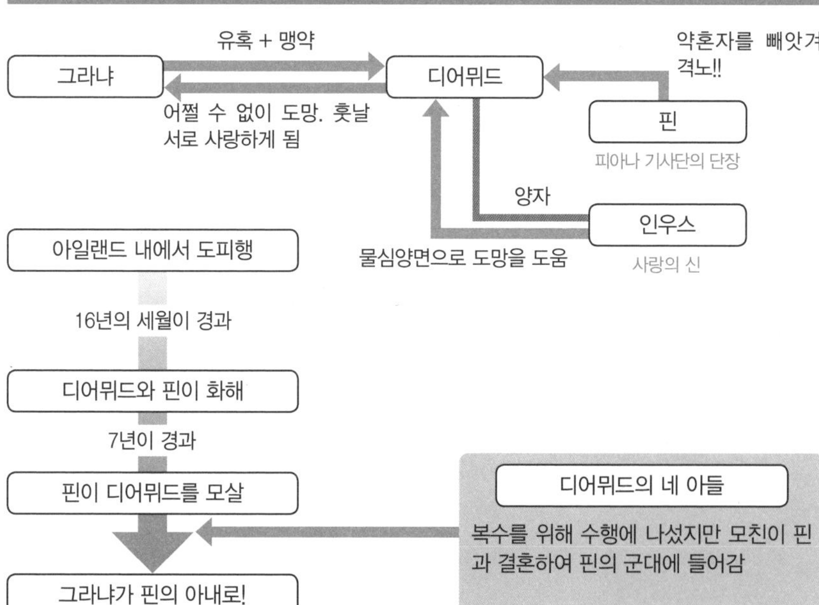

그라냐
유혹 + 맹약
디어뮈드
어쩔 수 없이 도망. 훗날 서로 사랑하게 됨
약혼자를 빼앗겨 격노!!
핀
피아나 기사단의 단장
양자
인우스
사랑의 신
물심양면으로 도망을 도움
아일랜드 내에서 도피행
16년의 세월이 경과
디어뮈드와 핀이 화해
7년이 경과
핀이 디어뮈드를 모살
그라냐가 핀의 아내로!
디어뮈드의 네 아들
복수를 위해 수행에 나섰지만 모친이 핀과 결혼하여 핀의 군대에 들어감

**관련 항목**

피아나 기사단 → No.063
핀 막 쿨 → No.064
오신 → No.065
디어뮈드 오 디나 → No.067
인우스 → No.019

No.069

# 그 외 피아나 기사단의 전사들

국가에 속하지 않은 거대한 방랑기사단으로 알려진 피아나 기사단. 소속한 전사들은 모두 일기당천의 호걸로 불리기에 합당한 인물들이었다.

## ● 피아나 기사단을 돋보이게 하는 개성적인 사람들

**피아나 기사단**에는 **오신**이나 오스카, **디어뮈드** 외에도 수많은 전사들이 모여 있었다.

부단장 골 막 모나는 **핀**의 아버지 쿨을 살해하고 단장의 지위를 빼앗은 남자이다. 본명은 아에드인데, 그 싸움으로 한쪽 눈을 잃고 골(외눈)이라고 불리게 되었다. 성장한 핀은 단장이 되었을 때 그를 용서하고 그 이후 가우라의 싸움에서 절교할 때까지 부관으로 활약하게 된다.

코난 막 리아도 역시 핀과 인연이 깊다. 코난의 아버지 리아는 쿨에게서 빼앗은 단장의 증거, 학의 가죽 주머니를 보관하고 있었다. 핀은 어떤 청년의 복수를 위해 그를 살해하고 그것을 빼앗는다. 아버지의 사후 코난은 무뢰한이 되어 날뛰지만 결국 궁지에 몰려 사로잡힌다. 진퇴양난에 몰린 코난은 핀에게 충성을 맹세하는 것으로 목숨을 구하고 이후는 기사단의 일원으로 활약했다.

기사단에는 또 한 명의 코난이 있다. 코난 막 모나이다. 입이 험하고 대식가였으며 대머리였기 때문에 코난 모르(대머리)라고도 불렸는데, 조역에 서는 경우가 많았다. 그의 등과 하반신은 적의 함정에서 도망치기 위해 가죽이 벗겨져서, 그 대신 양의 모피를 이식하여 털투성이었다고 한다.

핀의 조카 키르타 막 로난은 발이 빠르고 튼튼했으며 투창의 명사수로 알려져 있다. 핀의 집사, 시인이기도 하며, 『옛 노인의 이야기』에서는 오신의 부하들과 함께 가우라의 싸움에서 살아남은 최후의 전사들로서 성 패트릭에게 과거의 영광을 전하게 된다.

기사단에는 그 외에 핀의 친척이자 게으름뱅이였지만 훈계를 받고 개심한 기이나 막 루가, 첩보를 담당하고 서풍처럼 달리는「높이뛰기」리간, 핀의 상담역 페르구스 핀벨, 천리안의 소유자이자 핀에게 **그라냐**와의 결혼을 권한 디어링 막 도바 등이 있다.

## 그 외의 피아나 기사단의 전사들

### ●골(아에드) 막 모나 / Goll(Áed, Aedh) mac morna

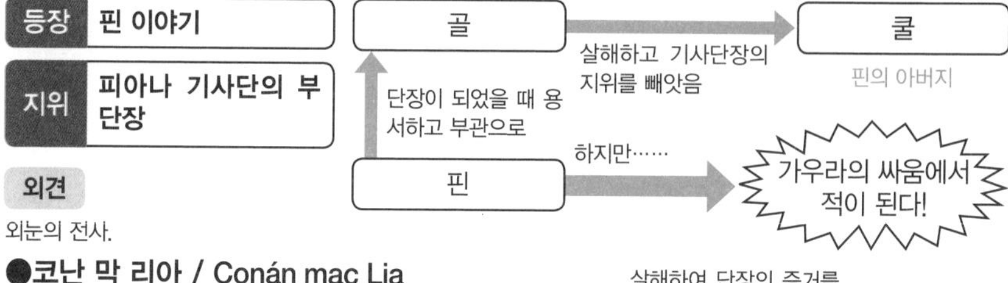


외견

외눈의 전사.

### ●코난 막 리아 / Conán mac Lia

| 등장 | 핀 이야기 |
|---|---|
| 지위 | 피아나 기사단 |

살해하여 단장의 증거를 되찾음

리아

핀

부자

아버지의 죽음으로 무뢰한이 되어 날뛰다 잡힘

충성을 맹세하는 것으로 구명을 애원

코난

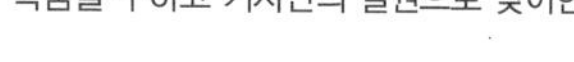


### ●코난 막 모나 / Conán mac Morna

| 등장 | 핀 이야기 |
|---|---|
| 지위 | 피아나 기사단 |

외견

대머리, 등과 하반신이 양의 모피로 뒤덮여 있다.

그 외

비꼬길 잘했고 대식가. 조역으로 취급되는 경우가 많다.

### ●키르타 막 로난 / Caílte mac Rónáin

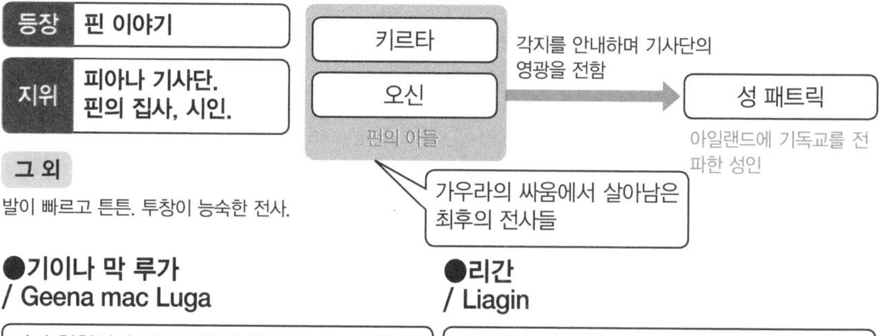


그 외

발이 빠르고 튼튼. 투창이 능숙한 전사.

### ●기이나 막 루가 / Geena mac Luga

핀의 친척이자 게으름뱅이. 핀의 훈계로 개심.

### ●리간 / Liagin

서풍처럼 달려 「높이뛰기」라고 칭송을 받은 전사. 첩보를 담당.

### ●페르구스 핀벨 / Fergus Finnbel

핀의 상담역으로 활약.

### ●디어링 막 도바 / Diorruing mac Dobar

천리안의 소유자. 핀에게 그라냐와의 결혼을 추천한다.

관련 항목

피아나 기사단 → No.063
디어뮈드 오 디나 → No.067
그라냐 → No.068
오신 → No.065
핀 막 쿨 → No.064

No.070

# 피아나 기사단의 적 1

지고왕의 요청으로 아일랜드를 덮친 외적과 계속해 싸워온 피아나 기사단. 얄궂게도 그들이 싸운 최후의 상대는 그 지고왕 자신이었다.

## ● 피아나 기사단의 싸움

**피아나 기사단**은 아일랜드를 지키기 위해 수많은 적과 싸웠다.

콜가는 로홀란(현재의 스칸디나비아)의 네 지방을 통치하는 왕이었다. **포워르**의 후예임을 자부하며 아일랜드에 대군을 이끌고 침공한다. 하지만 핀이 이끄는 기사단의 반격으로 패배. 콜가 자신도 핀의 아들 오스카에게 쓰러진다.

미다크 혹은 미가하는 콜가의 막내아들이다. 사로잡히게 되지만 그 장래를 아까워한 핀이 수하로 키우기로 한다. 그 후 핀은 대머리 코난의 조언으로 그에게 두 개의 영지를 주고 독립시킨다. 하지만 이것이 미다크에게 무시무시한 음모를 꾸미게 만든다. 그는 마가목 나무의 관이라고 불리는 관에 3명의 마술 전사의 힘을 빌려 마술적인 함정을 파고 피아나 기사단을 초대하여 그들을 사로잡는다. 다만 이 음모는 핀의 아들들과 디어뮈드 오 디나의 활약으로 저지당하게 된다. 미다크는 디어뮈드에게 패해 목이 잘리게 된다.

미다크의 원군, 그리스의 왕 신시오르 나 가하와 그의 아들 보브는 수수께끼가 많은 존재이다. 세상의 왕이라고 불리며 그 이름에 부끄럽지 않은 대군을 이끌었다. 하지만 그가 아일랜드에 상륙했을 때에는 기사단의 대부분이 해방되었으며, 신시오르는 부단장 골, 보브는 오신과 일대일 대결을 벌여 모두 쓰러졌다(싸운 상대가 반대라는 자료도 있다).

얄궂게도 기사단의 최후의 적이 된 것은 아일랜드의 지고왕 카이르브레 리페하르였다. 그는 기사단의 도가 지나친 권력 확대에 화를 내고 기사단을 토벌하기 위해 병사를 파견했다. 그 결과 기사단은 핀을 중심으로 하는 바스크나 씨족과 지고왕의 편을 드는 모나 씨족으로 나뉘어 싸우게 되었다. 카이르브레는 핀의 손자 오스카와 격렬한 싸움 끝에 함께 죽고 만다.

## 피아나 기사단의 적 1

### ●콜가 / Colgán

| 등장 | 핀 이야기 |
|---|---|
| 지위 | 로홀란의 왕 |

**가족**

아들 : 미다크

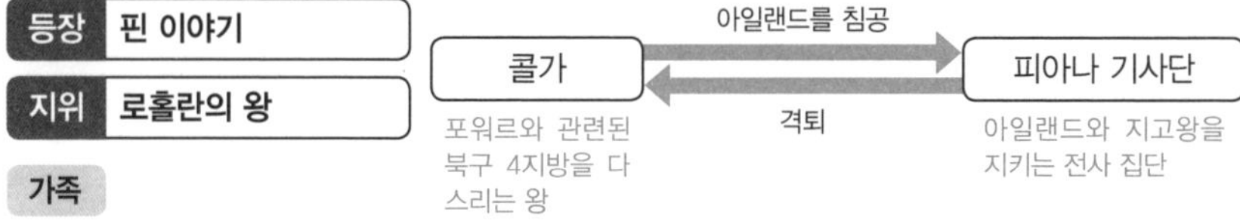


### ●미다크(미가하) / Midac(Míogach)

| 등장 | 핀 이야기 |
|---|---|
| 지위 | 로홀란의 왕자 |

**가족**

아버지 : 콜가
양부 : 핀

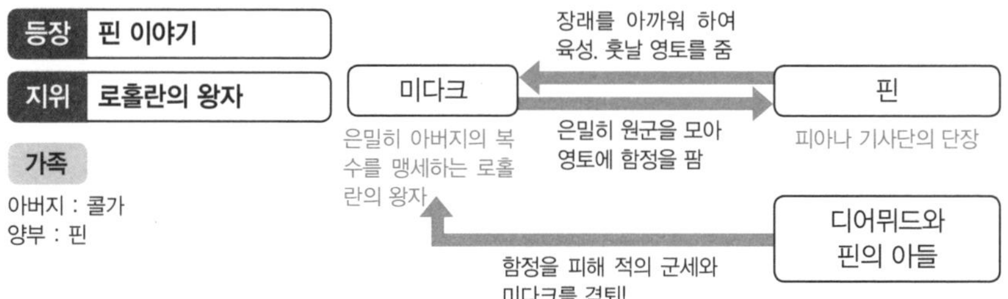


### ●신시오르 나 가하 / Sinnsior na gCath

| 등장 | 핀 이야기 |
|---|---|
| 지위 | 그리스의 왕 |

**가족**

아들 : 보브

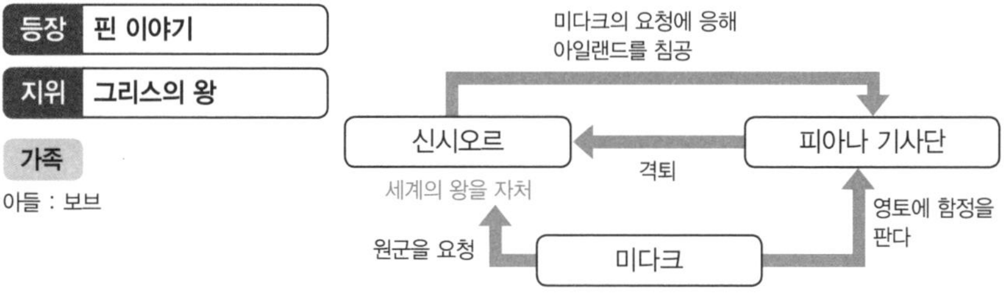


### ●카이르브레 리페하르 / Caribre Lifechar

| 등장 | 핀 이야기 |
|---|---|
| 지위 | 아일랜드 지고왕 |

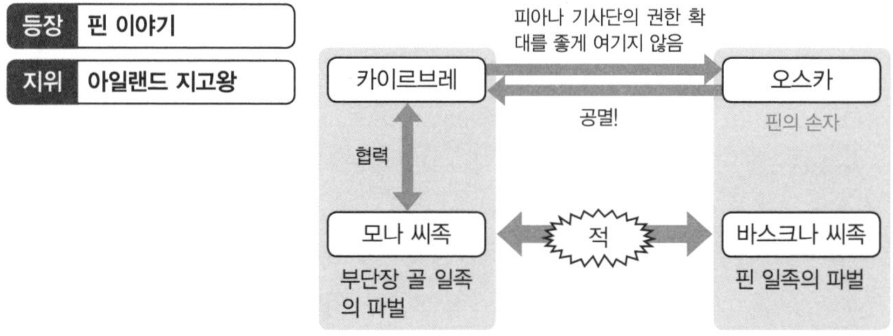


**관련 항목**

피아나 기사단 → No.063
포워르 → No.034

No.071

# 피아나 기사단의 적 2

아직 신과 인간이 밀접하게 교류하던 시대의 영웅들이었던 피아나 기사단은 때때로 이세계의 적과 칼을 나누었다.

## ● 피아나 기사단을 괴롭힌 이세계의 존재들

**피아나 기사단**은 이세계의 존재와 관계를 가지는 경우도 많았다. **누아다**나 **마나난** 등 주요 투아하 데 다난을 시작으로 수많은 이세계의 존재들로부터 환대를 받는 경우도, 또 칼날을 나누는 경우도 있었다.

불꽃의 아레인은 **핀**이 기사단의 단장이 되는 계기가 된 존재이다. 아레인은 11월 사윈제 때마다 아일랜드 지고왕이 사는 타라 왕궁을 습격해 수면의 마법으로 사람들을 잠들게 하고 왕궁을 불태웠다. 핀은 마법의 창과 망토를 이용해 그를 퇴치하고 지고왕에게 인정을 받았다고 한다.

아바르타는 영지를 되찾기 위해 기사단에게 도움을 요청한 투아하 데 다난의 왕이다. 다만 그 방법은 매우 복잡했다고 한다. 우선 그는 길라 다카라는 추한 거인으로 변해 핀에게 1년과 하루를 모시고 싶다고 말했다. 그리고 데리고 온 여윈 말을 날뛰게 해 그 말을 붙잡으려던 14명의 전사들을 추하고 우스꽝스러운 모습으로 바꿔 이계로 데리고 사라진다. 마법의 배로 그를 쫓는 핀, 마법의 우물에서 이세계로 떨어진 디어뮈드는 거기서 처음으로 아바르타의 진의를 알게 된다. 그리하여 영지를 되찾은 그는 사죄의 의미로 우스꽝스러운 모습으로 말에 이끌려 모습을 감춘다.

아르난은 지고왕을 노리는 마녀 3자매 중 하나이다. 피아나 기사단을 마법의 실로 묶지만 반격을 받아 두 명의 언니를 살해당한다. 그녀는 목숨을 구걸해 용서를 받지만 그 틈을 노려 괴물로 변신, 여성을 죽이는 것을 좋아하지 않는 핀을 대신해 부단장 골이 퇴치하고, 그 상으로 핀의 딸과 결혼하게 된다.

투아하 데 다난의 대장장이 클란의 딸 에네, 밀쿠라는 동시에 핀을 사랑하게 된 자매이다. 밀쿠라는 마술로 핀을 언니가 싫어하는 노인으로 바꾸어 그를 독점하려 했다. 하지만 핀의 조카 키르타 일행이 언덕에서 날뛰어, 그를 원래대로 되돌리는 와인을 주게 된다. 그 후 핀은 경계의 의미에서인지 에네를 피하기 위해서인지, 백발만은 그대로 남겼다고 한다.

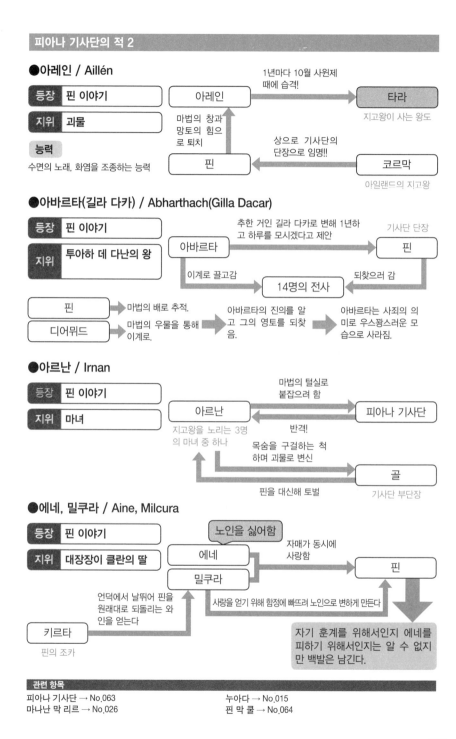

## 피아나 기사단의 적 2

### ●아레인 / Aillén

| 등장 | 핀 이야기 |
|---|---|
| 지위 | 괴물 |

**능력**

수면의 노래, 화염을 조종하는 능력

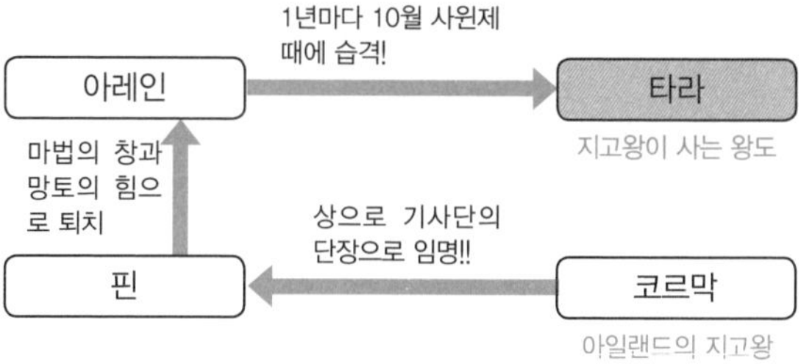

아레인 → (1년마다 10월 사윈제 때에 습격!) → 타라 (지고왕이 사는 왕도)

코르막 (아일랜드의 지고왕) → (상으로 기사단의 단장으로 임명!!) → 핀

핀 → (마법의 창과 망토의 힘으로 퇴치) → 아레인

### ●아바르타(길라 다카) / Abharthach(Gilla Dacar)

| 등장 | 핀 이야기 |
|---|---|
| 지위 | 투아하 데 다난의 왕 |

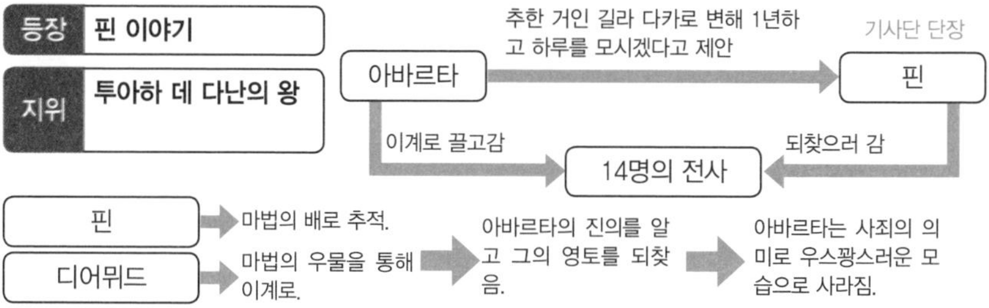

아바르타 → (추한 거인 길라 다카로 변해 1년하고 하루를 모시겠다고 제안) → 핀 (기사단 단장)

아바르타 → (이계로 끌고감) → 14명의 전사

핀 → (되찾으러 감) → 14명의 전사

핀 → 마법의 배로 추적.

디어뮈드 → 마법의 우물을 통해 이계로.

→ 아바르타의 진의를 알고 그의 영토를 되찾음.

→ 아바르타는 사죄의 의미로 우스꽝스러운 모습으로 사라짐.

### ●아르난 / Irnan

| 등장 | 핀 이야기 |
|---|---|
| 지위 | 마녀 |

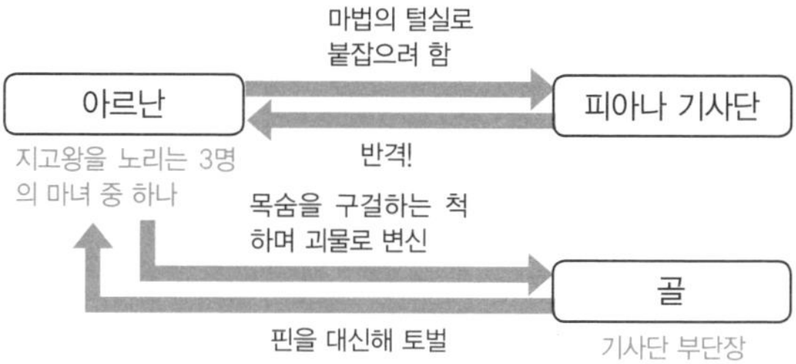

아르난 (지고왕을 노리는 3명의 마녀 중 하나) → (마법의 털실로 붙잡으려 함) → 피아나 기사단

피아나 기사단 → (반격!) → 아르난

아르난 → (목숨을 구걸하는 척하며 괴물로 변신) → 골 (기사단 부단장)

골 → (핀을 대신해 토벌) → 아르난

### ●에네, 밀쿠라 / Aine, Milcura

| 등장 | 핀 이야기 |
|---|---|
| 지위 | 대장장이 클란의 딸 |

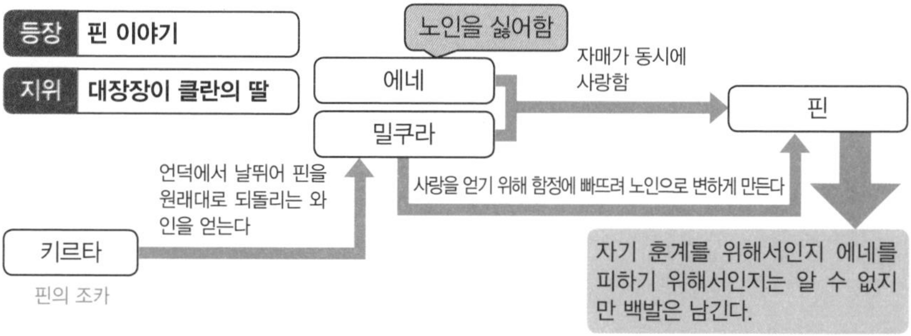

에네 (노인을 싫어함)

에네, 밀쿠라 → (자매가 동시에 사랑함) → 핀

밀쿠라 → (사랑을 얻기 위해 함정에 빠뜨려 노인으로 변하게 만든다) → 핀

키르타 (핀의 조카) → (언덕에서 날뛰어 핀을 원래대로 되돌리는 와인을 얻는다) → 밀쿠라

핀 → 자기 훈계를 위해서인지 에네를 피하기 위해서인지는 알 수 없지만 백발은 남긴다.

**관련 항목**


피아나 기사단 → No.063
마나난 막 리르 → No.026
누아다 → No.015
핀 막 쿨 → No.064

No.072

# 프월과 리안논

Pwyll & Rhiannon

마비노기온 제1장의 중심인물인 프월과 리안논 부부. 그들의 성격과 결혼 의식은 고대의 풍습을 알려 주는 자료이다.

## ● 디버드의 대공과 그의 아내

프월과 리안논은 『마비노기온』 제1장(제1화)의 중심인물이다. 프월은 웨일스 남서부 디버드 지방 주변의 7개 나라를 통치하는 대공이었다. 무위가 뛰어나고 위정자로서도 우수했다. 성실한 성품으로 이세계 안누븐의 왕 **아라운**과 다툼이 있었을 때는 순순히 그의 요구를 받아들인다. 다만 손님이 요구하는 물건을 결혼식 선물로 내놓았을 때, 연적에게 신부를 요구받는 등 부주의한 부분도 있었다. 또 그는 아라운의 요구로 1년간 안누븐을 다스렸고, 그 숙적 하브간을 쓰러뜨렸으며, 귀환 후에도 이세계의 왕이라고 불리게 되었다.

한편 프월의 아내 리안논은 매우 마술적인 여성이었다. 화술이 능숙하고 배포가 두둑한 여성으로 세월이 지나도 아름다움은 쇠하지 않았다. 그 이름은 「위대한 여왕」을 의미하는 「리간트나」에서 유래한다. 알벨스의 노인 헤베이드의 딸로, 마법의 백마나 무진장 물건이 들어가는 주머니, 마음을 치유하는 작은 새 등을 가지고 있었다. 프월과 만났을 때에는 백마에 타고 비단옷을 두르고 있었다. 그녀는 부호 그와울의 구혼을 싫어해 이상적인 남성인 프월의 마음을 자신에게 돌리기 위해 그의 앞에 나타난 것이다. 그와울의 방해를 받으면서도 두 사람은 결혼하는데 행복은 오래 이어지지 않았다. 간신히 태어난 아이가 납치되고, 죄를 물을 것을 두려워 한 시녀들에게 아이를 죽인 죄로 고발당한 것이다. 그래서 리안논은 그 벌로 말 대신 손님을 옮기게 되었다. 그 후 그녀의 누명은 벗겨진다. 그리고 프월의 사후 디버드의 여영주로서 아들 **프리데리**의 친구 **마나위단**의 처가 되었다. 다만 이 결혼생활도 평탄하지 않았고, 그와울의 친구에게 저주를 받아 당나귀가 되고 만다. 이토록 그녀는 말과 관계가 깊어 갈리아의 말의 여신 에포나와 관계를 짓는 연구자도 많다.

## 이계의 왕이라고 불린 명군과 그의 신비한 처

| 등장 | 웨일스 전승 |
|---|---|
| 지위 | 디버드 대공<br>안누븐의 왕 |
| 소재 | 디버드<br>안누븐<br>알벨스(리안논만) |

**가족**

남편 : 프윌
처 : 리안논
아들 : 프리데리
그 외

**프윌의 성격**

무위가 뛰어난 우수한 위정자. 성실하고 배포가 좋지만 부주의한 부분도.

**리안논의 성격**

화술이 능숙하고 배포가 두둑한 여성.

**리안논의 외견**

백마에 타고 비단옷을 입는다.

**리안논의 소유물**

마법의 백마, 무진장 물건이 들어가는 작은 주머니, 마음을 치유하는 작은 새.

## 프윌과 리안논

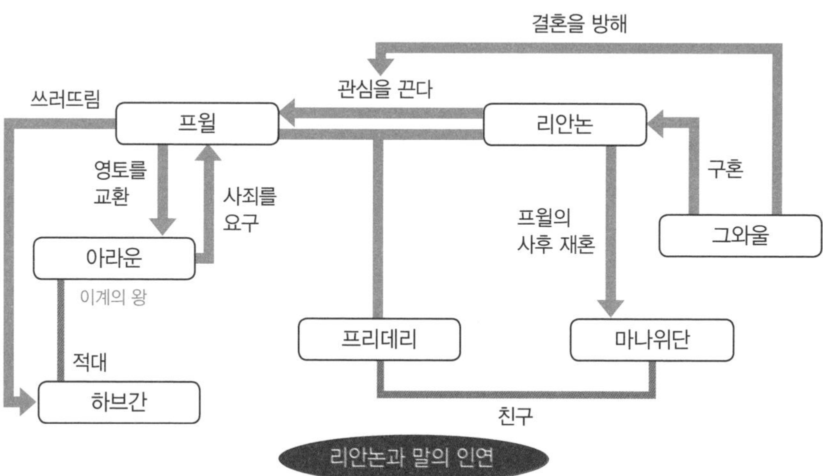


**리안논과 말의 인연**

- 시녀들에게 억울하게 아이 살해의 누명을 받고 말 대신 사람을 옮기는 벌을 받는다.
- 저주로 당나귀가 된다.

→ 말과의 인연이 깊어 말의 여신 에포나와 연관을 짓는 경우도 있다.

**관련 항목**

아라운 → No.073
프리데리 → No.074
마나위단 파브 리르 → No.076

No.073

# 아라운

Arawn

불가사의한 요정견들을 이끈 사냥꾼의 모습을 한 왕 아라운. 그는 고결한 통치자이며 영웅 프윌과 두터운 우정으로 맺어져 있었다.

## ● 이세계를 통치하는 고심 많은 왕

아라운은『마비노기온』제1장『디버드의 대공 프윌』에 등장하는 이세계 안누븐의 왕이다. 우수한 통치자였으며 그가 웨일스 남서부 디버드를 다스릴 때에는 귀족들도 민중도 만족했다고 한다. 사냥터에서는 회색 외투와 뿔피리를 단 모습을 하고 있지만 안누븐에서는 황금으로 장식된 비단옷을 입고 있다. 디버드의 대공 **프윌**과 깊은 우정으로 엮여 있으며 서로 귀중한 물건을 선물하는 사이였다고 전해진다. 하지만 그들의 만남은 매우 험악했다.

어느 날 사냥에 나갔던 프윌은 희게 빛나는 몸에 붉게 빛나는 귀를 가진 엽견이 커다란 숫사슴을 잡는 광경을 보게 된다. 주변에 주인으로 보이는 인물이 없었기 때문에 프윌은 그 엽견을 쫓아 사슴을 자신의 것으로 삼는다. 거기서 등장한 것이 사냥꾼 복장을 입고 회색의 커다란 말을 탄 아라운이다. 그는 프윌에게 사냥감을 가로챈 것에 대한 사죄를 요구했고, 순순히 사죄한 프윌에게 기묘한 제안을 한다. 1년 동안 서로의 영토를 교환하고, 마지막에 자신의 적을 쓰러뜨려주길 바란다는 내용이었다. 사실 아라운에게는 안누븐의 통치를 두고 다투는 하브간이라는 라이벌이 있었으며 그 대처에 매우 고심하고 있었다. 하브간은 특수한 힘을 가져서 일격에 쓰러뜨리지 않는 한 더욱 힘을 불려서 부활했기 때문이었다. 프윌은 아라운의 제안을 받아 모습을 바꾸고 서로의 영지를 1년 동안 통치했다. 그리고 하브간을 일격에 쓰러뜨리고 안누븐을 통일한다. 아라운은 프윌의 활약을 기뻐했지만 그 이상 그를 기쁘게 한 것이 프윌이 1년 동안 아라운의 아내와 관계를 가지지 않았던 것이었다. 그 이후 그들은 깊은 우정으로 엮이게 되었다.

또한 아라운이 프윌에게 보낸 선물 중 하나에 돼지가 있다. 하지만 이 돼지가 프윌의 아이 **프리데리**의 목숨을 빼앗는 계기가 된다.

## 인간의 영주와 친구가 된 이세계의 왕

| | |
|---|---|
| 등장 | 웨일스 전승 |
| 지위 | 안누븐의 왕 |
| 소재 | 안누븐<br>디버드 외 |

**가족**

처, 수많은 가신 외

**외견**

회색의 외투에 뿔피리를 맨 사냥꾼 모습. 안누븐에서는 황금으로 장식된 비단옷.

**소유물**

하얗게 빛나는 몸에 붉게 빛나는 귀를 가진 엽견, 회색의 말.

**능력**

변화의 마술 외.

## 아라운과 프윌의 영지 교환

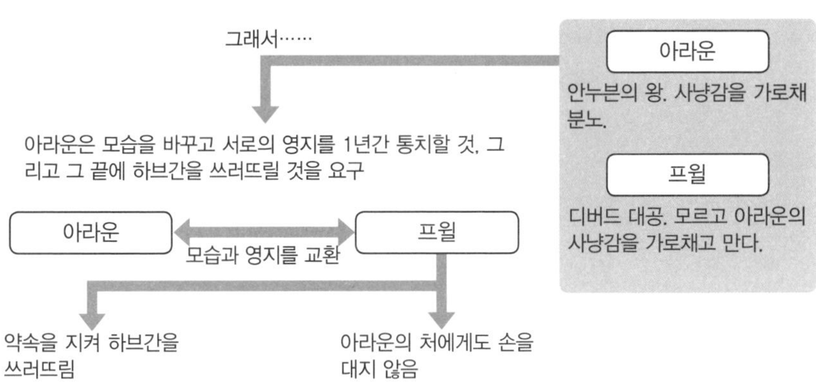
아라운
안누븐의 왕. 사냥감을 가로채 분노.
프윌
디버드 대공. 모르고 아라운의 사냥감을 가로채고 만다.
그래서……
아라운은 모습을 바꾸고 서로의 영지를 1년간 통치할 것, 그리고 그 끝에 하브간을 쓰러뜨릴 것을 요구
아라운
프윌
모습과 영지를 교환
약속을 지켜 하브간을 쓰러뜨림
아라운의 처에게도 손을 대지 않음

이 사건으로 두 사람은 두터운 우정으로 엮여 서로 선물을 주고받게 된다

하지만 안누븐에서 보내준 돼지는 훗날 프윌의 자식 프리데리가 목숨을 잃는 원인이 되는데……

**관련 항목**

프윌과 리안논 → No.072
프리데리 → No.074

No.074

# 프리데리

Pryderi

웨일스의 고명한 산문서사시『마비노기온』. 프리데리는 그 서사시의 주인공이지만 그의 생애는 고뇌와 재액으로 첨철되어 있었다.

## ●『마비노기온』의 주인공

프리데리는『마비노기』라고도 불리는『마비노기온』첫 4장의 주역이다. 웨일스 서남부 디버드의 대공 **프윌**과 그의 처 **리안논**의 자식이었지만, 태어난 직후 괴물에게 납치되고, 그 괴물을 격퇴한 그웬트 이스 코드의 영주 티르논에게 보호받는다.

그는 그 금발 때문에「금발의」그와우르라고 이름이 붙고 4년 동안 소중하게 길러진다. 그 성장은 놀라울 정도로 빨라 주변을 경악시켰다. 마침 그때 디버드에서 리안논이 자신의 아들을 잡아먹었다는 죄를 받게 되었다는 이야기가 티르논의 귀에 들어온다. 티르논은 프윌과 매우 닮은 이 그와우르야말로 프윌과 리안논의 자식임이 틀림없다고 여겨 그를 디버드로 보낸다.「프리데리」라는 이름은 그때 리안논이 자신도 모르게 내뱉은,「걱정」에서 해방되었다는 말에서 딴 것이다.

그 후 프리데리는 펜다란 다비드에게 교육을 받으며, 아버지의 사후에는 디버드를 이어받아 다스린다. 그리고 고귀한 혈족의 키그바라는 처를 맞이하고 주변 지역을 평정, 세이시루우크 7령의 영주로 민중에게 사랑을 받았다고 한다.

하지만 운명은 그에게 평온한 인생을 주지 않았다. 프리다인의 왕 **벤디게이드 브란**의 가신으로 아일랜드 침공에 참가했지만, 브란은 전사. 훗날 친구가 되는 브란의 동생 **마나위단**이나 시인 **탈리에신** 등 7명의 생존자와 함께 브란의 목을 들고 긴 귀환의 여행을 떠나게 된다. 또 귀환한 후에도 리안논을 원망하는 자의 저주에 괴로워하며 한때는 영토 전부를 황폐하게 만들고 그 자신도 마법에 사로잡힌다. 그 후는 케레디아운의 관으로 옮기는데, 이번에는 웨일스 북방 귀네드의 마술사 귀디온의 계략이 그를 덮친다. 이계의 왕 **아라운**의 돼지를 둘러싸고 귀네드의 왕 마스와 전쟁상태에 돌입한 그는 귀디온에게 살해당하고 만다.

## 운명에 희롱당해 너무나 쉽게 죽음을 맞이한 젊은이

| 등장 | 웨일스 전승 |
| --- | --- |
| 지위 | 디버드 대공<br>세이시루우크<br>7령의 영주 |
| 소재 | 디버드<br>케레디아운 |

**가족**

아버지 : 프월
어머니 : 리안논
처 : 키그바
어머니의 새 남편 : 마나위단

**외견**

매우 성장이 빠른 금발의 소년. 아버지 프월과 매우 닮았다.

**소유물**

이세계의 왕 아라운이 보낸 돼지.

## 프리데리의 생애

리안논의 프리데리(걱정)에서 해방되었다는 말에서 프리데리라 이름이 지어진다.

- 리안논 → 그와우르: 모자
- 티르논 → 그와우르: 보호하여 육성
- 티르논 → 리안논: 그와우르를 보냄
- 티르논 → 수수께끼의 괴물: 격퇴
- 수수께끼의 괴물 → 그와우르: 유괴

**그 후의 프리데리의 생애**

1. 펜다란 다비드에게 맡겨져 훌륭한 청년으로 성장.
2. 처 키그바를 얻고 세이시루우크 7령의 영주로 민중에게 사랑받는다.
3. 프리다인의 왕 벤디게이드 브란과 아일랜드 원정을 갔으나 패배.
4. 어머니 리안논을 원망하는 자가 영지를 저주해 마법으로 사로잡힌다.
5. 마술사 귀디온의 계략으로 귀네드의 왕 마스와 교전하여 목숨을 잃는다.

**관련 항목**

프월과 리안논 → No.072
마나위단 파브 리르 → No.076
아라운 → No.073
벤디게이드 브란 → No.075
탈리에신 → No.085

No.075

# 벤디게이드 브란

Bendigeid-fran

웨일스의 전설적인 거인왕 벤디게이드 브란. 총명하고 육친에 대한 애정으로 넘치는 현왕이었지만, 그것이 그에게 파멸을 초래한다.

## ● 브리튼의 위대한 왕

프리다인(브리튼)의 왕 벤디게이드 브란은『마비노기온』제2장의 중심인물이다. 에린 침략 신화의 해신 리르와 대비되는 루르의 자식으로, 이름에서「벤디게이드」는「축복받은」을,「브란」은「큰 까마귀」를 의미한다고 한다. 지붕이 있는 건물에서 산 적이 없었다는 거인이며, 말은 못 하게 되지만 죽은 자를 되살리는 마법의 큰 솥을 가지고 있었다. 또 그 목은 베인 뒤에도 7년 동안 친구들과 연회를 즐기고, 그들을 이세계에서 80년 동안 지내게 할 정도로 신에 가까운 존재였다. 주된 가족으로는 동생 **마나위단**, 여동생 브란웬, 이부(異父)동생 니니엔과 에브니시엔 등이 있다.

브란웬은 훗날 이웰존(아일랜드)의 왕 마소루흐에게 시집을 가는데, 이 결혼은 양국에 파멸적인 결말을 불러오게 된다. 원인이 된 것은 에브니시엔의 폭거이다. 여동생의 결혼이 마음에 들지 않았던 그는 마소루흐의 말을 다치게 해 그의 명예를 더럽힌다. 이 일은 브란의 마법의 큰 솥을 마소루흐에게 양도하는 것으로 일단락되었지만, 이웰존 민중은 이 사건을 용서하지 않았고 브란웬은 매일 부엌일을 하며 심지어 요리사에게 뺨을 맞는 굴욕까지 당했다. 동생의 궁지를 안 브란은 국내의 전사들과 함께 이웰존 침공을 개시. 바다를 건너는 어마어마한 군세의 배들이 단 돛은 숲과 같았고, 브란의 눈은 호수, 코는 높은 산등성이, 그리고 그 모습은 산과 같았다고 한다. 이웰존 측은 휴전을 원했지만 이것도 에브니시엔의 폭주로 파담. 싸움 끝에 양국은 수많은 전사자를 내게 되었다. 브란도 예외가 아니라 다리에 독창을 받아 전사한다. 브란의 목은 디버드 주변 대영주 **프리데리**나 동생 마나위단, 시인 **탈리에신** 등 살아남은 전사들의 손으로 룬다인(현재의 런던)에 옮겨져 수호신으로 매장되었다. 현재 그 땅에는 런던탑이 세워져 있다.

## 런던에 잠든 거인왕

| 등장 | 웨일스 전승 |
|---|---|
| 지위 | 프리다인의 왕 |
| 소재 | 룬다인 |

### 가족

아버지 : 리르
여동생 : 브란웬
남동생 : 마나위단
이부(異父)동생 : 니니엔, 에브니시엔
그 외

### 외견

지붕이 있는 건물에서 산 적이 없었다는 거인. 코는 높은 산등성이, 몸은 산에 비유된다.

### 소유물

말은 못 하게 되지만 죽은 자를 되살릴 수 있는 큰 솥.

### 능력

목만 남아도 100년 가까이 살아남는 신과 같은 능력.

## 브란의 이웰존 침공과 죽음

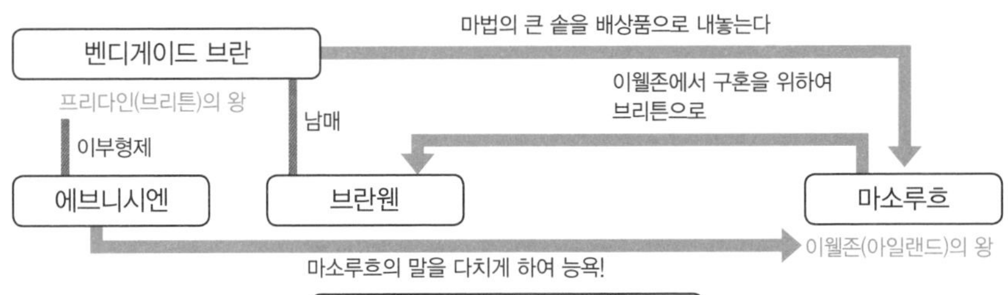


**브란웬의 결혼 후는……**

이웰존인이 브란웬을 학대.
↓
브란웬, 브란에게 구원을 요청.
↓
브란 출진. 이웰존은 화평을 제의.
↓
에브니시엔의 폭주로 화평은 파담.
↓
프리다인군 패배, 브란은 독창을 맞고 전사.
↓
살아남은 전사들이 브란의 목을 룬다인(런던)에 가지고 돌아가 매장.

**관련 항목**

마나위단 파브 리르 → No.076
프리데리 → No.074
탈리에신 → No.085

No.076

# 마나위단 파브 리르

Manawydan fab Llŷr

브리튼의 왕 벤디게이드 브란의 동생 마나위단은 고귀함뿐만이 아니라 우수한 기술을 가진 직공이기도 하였다.

## ● 손재주가 뛰어난 브리튼 왕의 동생

마나위단 파브 리르는『마비노기온』제3장의 주인공이다. 프리다인(브리튼)의 왕 **벤디게이드 브란**의 동생으로, 그의 부하로서 동생 브란웬을 구하기 위해 이웰존(아일랜드)에 침공. 패전 후에는 브란의 목을 고향 룬다인(런던)으로 들고 돌아갔다. 또 에린 침략 신화의 해신 **마나난**과 대비되는 경우도 많다.

마나위단은 프리다인의 지배권을 사촌형제 카스와사원에게 빼앗겨서 친구 **프리데리**의 추천으로 그의 어머니 **리안논**을 아내로 맞아 디버드 7주를 다스리는 대공이 된다. 매우 손재주가 뛰어났으며 직공에게도 뒤지지 않는 솜씨로 수많은 기술을 발휘할 수 있었다.『브리튼 섬 3제가』에서는 3인의 신발 직인의 한 명으로도 전해진다. 성격은 온후하고 사려가 깊은 반면, 매우 완고한 면도 있었다. 다만 그 완고함이 디버드를 덮친 저주를 물리치게 된다.

마나위단 부부가 디버드에서 사냥을 즐기고 있을 때, 그들은 갑자기 낀 안개로 길을 잃는다. 안개가 걷히자 디버드는 무인의 황야로 변해 있었고, 그들은 어쩔 수 없이 소이겔에서 직공으로 살아가게 되었다. 하지만 다른 직공들의 질투로 목숨이 위험했기 때문에 그들은 디버드로 돌아간다. 그 귀로에서, 프리데리와 리안논이 마법의 성에 사로잡히게 된다. 마나위단은 낙담하는 프리데리의 처 키그바를 위로하고 밀을 만들어 식량을 얻으려 했지만 이번에는 쥐가 밀을 전부 먹어치운다. 마나위단은 도망치는 것이 늦은 한 마리의 쥐를 잡아 마치 인간에게 하듯이 교수형에 처하려 했다. 실은 이 쥐는 이번 이변의 원흉인 마술사의 처였다. 그는 처를 구하기 위해 사제로 변해 나타난 마술사 상대로 완고하게 쥐의 구명을 거부. 결국 전부를 원래대로 되돌리고 앞으로 그들을 저주하지 않도록 단단히 일러둔다. 또 마술사는 예전 리안논에게 차인 그 와울의 친구였다고 한다.

## 손재주가 뛰어나고 인내심 깊은 거인왕의 동생

| | |
|---|---|
| 등장 | 웨일스 전승 |
| 지위 | 프리다인 왕의 동생<br>디버드 대공 |
| 소재 | 룬다인<br>디버드 외 |

**성격**

온후하고 사려가 싶은 반면, 매우 고집스러움.

**가족**

아버지 : 리르
형 : 벤디게이드 브란
동생 : 브란웬
처 : 리안논
그 외

## 마나위단과 디버드의 저주

**마나위단** — 프리다인(브리튼)의 왕 벤디게이드 브란의 동생. 매우 손재주가 뛰어나 뭐든지 해낸다.

프리다인의 지배권을 사촌에게 빼앗긴다.

리안논[★1]을 얻고 디버드 대공이 된다.

디버드가 마술사에게 저주을 받아 무인의 황야로!

소이겔에서 직공이 되지만 쫓겨난다.

프리데리, 리안논이 마법의 성에 붙잡힌다.

밀 재배를 시작하지만 쥐에게 습격당해 전부 먹힌다.

마술사[★2]의 처가 변한 쥐를 붙잡아, 사제로 변해 나타난 마술사와 교섭. 디버드를 저주에서 해방한다.

★1 리안논
마나위단의 친구 프리데리의 어머니

★2 마술사
리안논에게 차인 그와울의 친구

**관련 항목**

벤디게이드 브란 → No.075
프리데리 → No.074
마나난 막 리르 → No.026
프윌과 리안논 → No.072

No.077

# 마스와 귀디온

Math & Gwydyon

『마비노기온』 제4장을 장식하는 두 명의 마술사. 그들이 마술을 이용한 것은 서로 친족이나 사랑하는 자를 위해서였다.

## ● 귀네드의 왕과 그를 모시는 마술사

마스와 귀디온은 『마비노기온』 제4장의 중심인물이다. 마스는 웨일스 북서쪽에 있는 귀네드의 왕으로, 귀디온은 그의 조카에 해당한다.

아버지 마소누이에게서 귀네드를 물려받은 마스는 전장 이외에서는 처녀의 무릎에 발을 올리지 않으면 살아가지 못하는 체질의 소유자였다. 강력한 마술사로 꽃에서 미녀를 만들고 **드루이드의 가지**로 사람을 짐승으로 바꿀 수 있었다. 시인 **탈리에신**을 마술로 만들어냈다는 전승도 있다. 계략으로 자신을 속이고 마음에 들어 했던 처녀 고윈을 능욕한 귀디온과 그의 동생 기르바드를 1년마다 사슴, 멧돼지, 늑대의 사자(使者)로 바꾸어 아이를 낳게 하고, 그들의 동생 아리안로드에게 처녀 시험으로 수치를 입히는 등 삐뚤어진 부분이 있다. 그런 반면, 귀디온의 계략으로 전쟁에 말려든 **프리데리**가 이끄는 웨일스 남부군의 포로를 해방하고 고윈을 처로 맞이하며, 사죄를 마친 귀디온을 왕궁에서 후대하는 등 왕으로서의 도량을 보여주기도 하는 인물이었다.

귀디온은 아일랜드의 여신 다나와 동일시되는 돈의 아이로, 역시 강력한 마술사였다. 화술이나 시예, 세공에 정통했으며 일대일 대결로 프리데리를 격파하는 등 무용도 뛰어났다. 마스를 전장에 내보내기 위해 부린 계략에서는, 황금의 마구를 단 12마리의 군마, 황금의 목띠와 끈을 단 검은 엽견, 그리고 12장의 황금 방패의 환술을 이용한 사기로 프리데리에게서 돼지를 빼앗아 양국을 교전상태로 몰아넣었다고 한다. 성격은 주의 깊고 친족에게도 계략을 이용해 접근하는 경우가 많은 한편, 사랑하는 육친에게는 어떠한 희생도 주저하지 않는 면도 가졌다. 실제로 처녀 고윈을 사랑한 동생 기르바드를 위해 주군인 마스를 속이는가 하면, 마스와 협력해 조카 **로이 라우 귀페즈**를 구하기 위해 노력한 적도 있다.

## 기묘한 체질을 가진 마술사와 음모가인 조카

### ●마스 / Math

**등장** 웨일스 전승

**지위** 귀네드의 왕

**가족**

처 : 고윈
조카 : 귀디온
그 외

**소유물**

드루이드의 지팡이 외.

**능력**

강력한 마술.

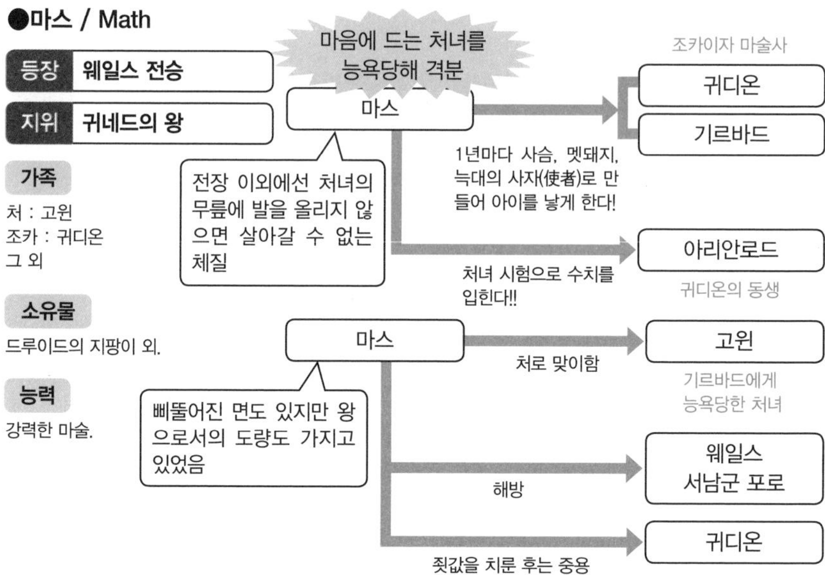


### ●귀디온 / Gwydyon

**등장** 웨일스 전승

**지위** 귀네드의 마술사

**가족**

남동생 : 기르바드
여동생 : 아리안로드
숙부 : 마스 조카 : 로이

**성격**

육친에게조차 계략을 가지고 대하지만 사랑하는 육친에게는 어떠한 희생도 마다하지 않는다.

**소유물**

드루이드의 지팡이.

**능력**

강력한 마술, 화술, 시계, 세공 실력, 무력 외.

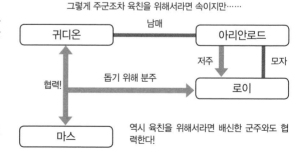

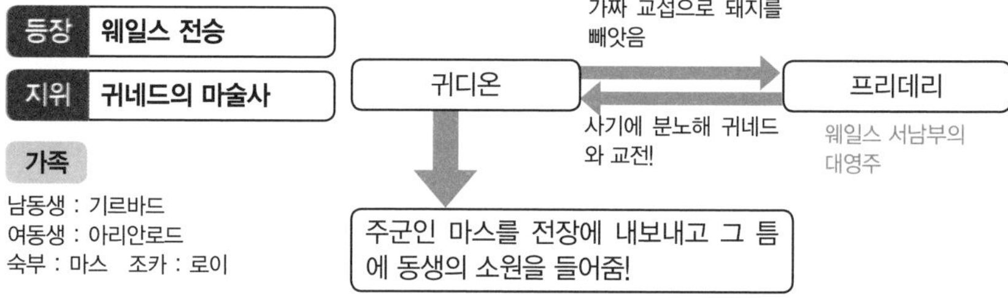


그렇게 주군조차 육친을 위해서라면 속이지만……

남매

귀디온 — 아리안로드

저주 / 모자

돕기 위해 분주 → 로이

협력!

마스

역시 육친을 위해서라면 배신한 군주와도 협력한다!

**관련 항목**

드루이드의 지팡이 → No.099
탈리에신 → No.085
프리데리 → No.074
로이 라우 귀페즈 → No.079

No.078

# 아리안로드

Arianrhod

웨일스의 시인들이 노래하는 은 바퀴의 여신. 하지만 그 신성은 역사 안에서 잃어버리고 남은 것은 자신의 아이를 원망하는 과격하고 삐뚤어진 모성이었다.

## ● 모성을 부정하는 별의 여신

아리안로드는 『마비노기온』 제4장의 등장인물이다. 아일랜드의 여신 다나와 대응하는 웨일스의 돈과 페빈의 딸이라고 하며, 이름은 「은으로 만든 마차바퀴」를 의미한다. 웨일스의 시인이 노래한 카엘 아리안로드(아리안로드의 성채)는 북쪽왕관자리를 위미하는데, 그녀를 웨일스의 별의 여신이라고 여기는 연구자도 많다. 『마비노기온』에서는 귀네드의 왕 **마스**의 조카로, 그를 모시는 마술사 **귀디온**의 동생, 카엘 아리안로드의 여영주(女領主)로 등장한다.

아리안로드는 오빠들이 더럽힌 처녀 고윈 대신 마스의 발을 무릎에 올리는 처녀로서 그에게 바쳐진다. 그녀의 외견에 관한 기록은 없지만 훗날 그녀가 낳은 아이가 풍부한 금발의 소유자였다는 점에서 그녀 자신도 금발이었다고 여겨진다. 아리안로드는 마스가 내린 마법의 지팡이에 걸터앉는 처녀 시험에 실패하고 쌍둥이 남자아이를 낳는다. 일설로는 그녀가 오빠들과 이미 성적 관계를 가지고 있었다고도, 오빠들에게 더럽혀진 고윈이 아리안로드 자신이었다는 설도 있다.

어쨌든 자신의 처녀성을 부정하는 이 쌍둥이를 그녀는 매우 미워했다. 그래서 첫 번째 아이는 낳자마자 바로 바다로 내던지고 만다. 하지만 이 아이는 능숙한 헤엄으로 살아남아 파도의 아이를 뜻하는 딜란이라는 이름을 받고 마스의 곁에서 양육되게 된다. 한편 숙부 귀디온에게 보호받은 아이는 어머니 자신이 이름을 지을 때까지 이름을 받을 수 없다는 저주에 걸리고 만다. 그 후 그는 귀디온의 노력으로 **로이 라우 귀페즈**라는 이름을 얻는다. 하지만 아리안로드의 원한은 가실 줄 몰랐고, 자신이 인정할 때까지 무장을 할 수 없다(성인이 될 수 없다), 인간의 처를 맞이할 수 없다 등의 저주를 받아 결국 화해하는 일은 없었다.

## 처녀성을 지키기 위해 자기 자식을 버린 모친

| 등장 | 웨일스 전승 |
|---|---|
| 지위 | 별의 여신?<br>여영주(女領主) |
| 소재 | 카엘 아리안로드 |

**가족**

아버지 : 페빈
어머니 : 돈
숙부 : 마스
오빠 : 귀디온 / 기르바드
자식 : 딜란 / 로이 라우 귀페즈

**외견**

불명. 아들의 머리카락 색으로 보건대 금발의 소유자일지도?

## 아리안로드와 아들들

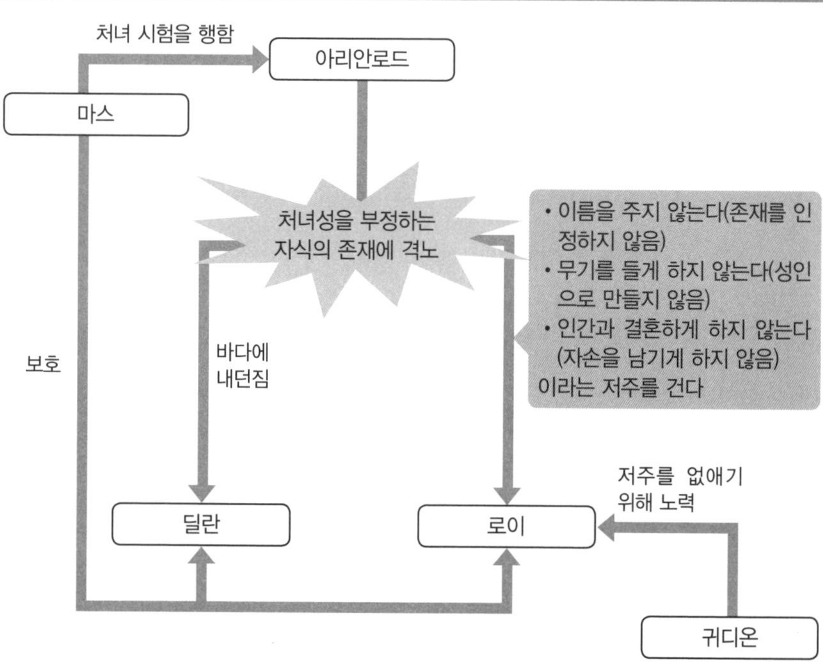
처녀 시험을 행함
아리안로드
마스
처녀성을 부정하는 자식의 존재에 격노
• 이름을 주지 않는다(존재를 인정하지 않음)
• 무기를 들게 하지 않는다(성인으로 만들지 않음)
• 인간과 결혼하게 하지 않는다(자손을 남기게 하지 않음)
이라는 저주를 건다
보호
바다에 내던짐
저주를 없애기 위해 노력
딜란
로이
귀디온

**관련 항목**
마스와 귀디온 → No.077
로이 라우 귀페즈 → No.79

No.079

# 로이 라우 귀페즈

Lleu Llaw Gyffes

어머니에게 자신의 존재를 부정당한 불쌍한 아이. 하지만 그는 만능의 기술과 숙부의 조력으로 자신의 아이덴티티를 확립해갔다.

## ● 웨일스의 광명의 신 루

로이 라우 귀페즈는『마비노기온』 제4장 후반의 중심인물이다. 귀네드의 왕 **마스**의 조카 **아리안로드**가 숙부 마스에게 처녀임을 시험 당했을 때 낳은 쌍둥이 아들 중 하나로, 아일랜드 신화의 광명의 신 **루**와 동일시하는 연구자도 많다.

로이의 이름은「손재주가 뛰어난 금발의 누군가」라는 의미로, 굴뚝새를 재주 좋게 쏘아 맞춘 것을 아리안로드가 칭찬한 것에서 붙은 이름이다. 실은 그녀에게 로이는 자신의 처녀성을 부정하는 본의 아닌 존재였다. 그래서 그에게 이름을 붙이지 않는다는 저주를 걸어 존재를 부정하였다. 그를 가엾게 여긴 숙부이자 마술사인 **귀디온**은 꾀를 내어 로이와 함께 신발 장인으로 변해 아리안로드에게 접근. 그녀에게서 칭찬의 말을 받아 로이의 이름으로 삼았다. 계속해서 로이는 무구를 장비할 수 없다, 인간과 결혼할 수 없다는 저주를 받지만, 귀디온과 양부 중 하나인 마스의 협력으로 헤쳐나온다. 다만 이것이 최악의 사태를 불러일으키고 만다.

귀디온과 마스는 로이의 신부로 정숙을 표하는 가시나무, 아름다움을 표하는 양골담초, 다정함을 표하는 필리펜둘라의 꽃에서 미녀 브로디웨드를 만들어낸다. 하지만 그녀는 엄청난 악녀로, 미르 카스티스의 관을 방문한 옆나라의 영주 그로누와 불륜 끝에 로이 살해를 계획한다. 그녀는 불사에 가까운 로이에게서「한쪽 발을 강 위에 만든 욕조, 다른 한쪽을 숫산양에게 걸친 상태에서 일요일만 작업을 해 1년에 걸쳐 단련한 창으로 찔리면 치명상을 입는다」라는 약점을 알아내 그로누에게 실행하도록 제안. 로이는 매로 모습을 바꾸어 도망쳤고 귀디온의 조력으로 목숨을 건진다. 그 후 회복한 로이는 그로누를 쓰러뜨리고 귀네드 전토의 영주가 되었다고 한다. 또 브로디웨드는 저주로 올빼미가 되어 밤의 어둠으로 추방되었다.

## 기구한 운명을 물리치고 행복을 거머쥔 젊은이

| 등장 | 웨일스 전승 |
|---|---|
| 지위 | 귀네드 영주 |
| 소재 | 미르 카스티스 |

**가족**

어머니 : 아리안로드
숙부 : 귀디온
양부 : 마스
처 : 브로디웨드

**외견**

금발의 청년.

**능력**

불사에 가까운 능력, 변신 능력.

**그 외**

아일랜드의 광명의 신 루와 동일시하는 연구자도 있다.

## 로이와 브로디웨드

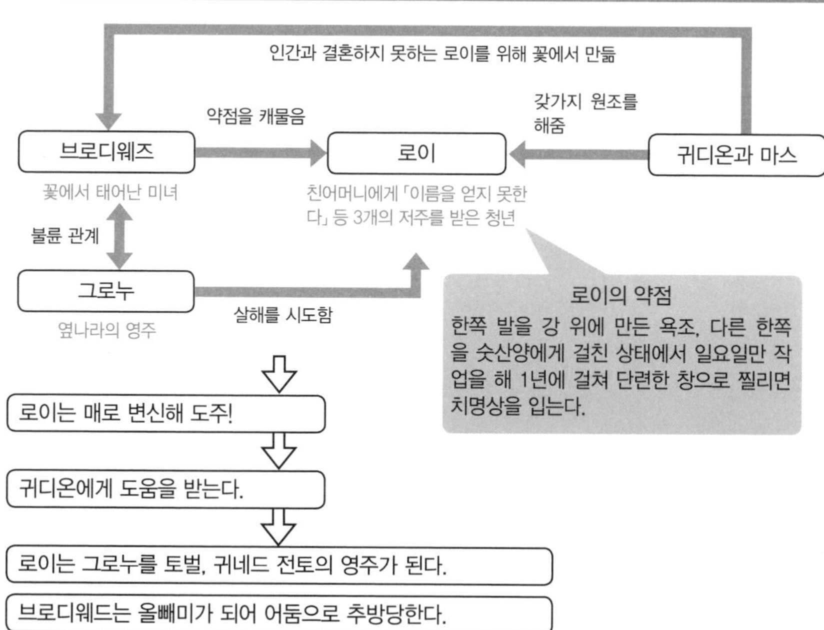
인간과 결혼하지 못하는 로이를 위해 꽃에서 만듦
약점을 캐물음
갖가지 원조를 해줌
브로디웨즈
꽃에서 태어난 미녀
로이
친어머니에게 「이름을 얻지 못한다」 등 3개의 저주를 받은 청년
귀디온과 마스
불륜 관계
그로누
옆나라의 영주
살해를 시도함
로이의 약점
한쪽 발을 강 위에 만든 욕조, 다른 한쪽을 숫산양에게 걸친 상태에서 일요일만 작업을 해 1년에 걸쳐 단련한 창으로 찔리면 치명상을 입는다.
로이는 매로 변신해 도주!
귀디온에게 도움을 받는다.
로이는 그로누를 토벌, 귀네드 전토의 영주가 된다.
브로디웨드는 올빼미가 되어 어둠으로 추방당한다.

**관련 항목**

마스와 귀디온→ No.077
아리안로드→ No.078
루→ No.016

No.080

# 킬흐와 올웬

Culhwch & Olwen

아서 왕의 혈족에 관련된 뛰어난 젊은이 킬흐. 그는 계모의 잔인한 저주로 아직 보지도 못한 미녀 올웬을 찾아 장대한 모험에 도전한다.

## ● 저주로 미녀를 찾아야 하는 아서 왕의 사촌

킬흐와 올웬은 『마비노기온』 제7장 『킬흐와 올웬』에 등장하는 영웅과 히로인이다. 킬흐는 켈리돈 공 키리드와 그의 처 고레이디드의 자식으로, **아서 왕**의 어머니 쪽 사촌에 해당한다. 킬흐의 이름은 「새끼 돼지」를 의미하는데, 그의 어머니가 임신을 하고 곧 정신병을 앓아 돼지우리 바로 옆에서 출산한 것에서 유래한다. 그 후 그녀는 건강이 악화되어 죽고 킬흐는 남에게 맡겨진다. 아버지 키리드가 재혼한 후 킬흐는 계모의 요청으로 다시 돌아온다. 계모는 자신의 딸과 킬흐의 결혼을 바랐지만 킬흐는 나이가 어리다는 것을 이유로 거절했다. 그래서 그녀는 분노하고 거인 **아즈바다덴 벤카우르**의 딸 올웬하고밖에 결혼할 수 없는 저주를 그에게 걸고 만다. 아버지와 상담한 결과 킬흐는 아서 왕의 밑에서 머리카락을 자르고(성년식을 치르고) 그 축하 의식으로 올웬 탐색을 요구하게 된다.

아서 왕의 곁으로 향한 킬흐는 두 자루의 은제 창과 키와 비슷한 길이의 전투 도끼, 황금의 장검, 금실로 사과를 자수한 사각형 보라색 망토, 황금의 박차를 달은 데다 황금색 갑옷과 호화로운 안장을 얹은 4살의 준마에 타고, 하얀 가슴에 붉은 목걸이를 단 두 마리의 그레이하운드를 데리고 갔다. 그 외견은 아서 왕의 궁전 문지기조차 지금까지 본 귀인들에게 뒤지지 않는다고 말할 정도였다.

한편 올웬은 거품이 이는 파도보다 흰 피부와 양골담초의 꽃보다 노란 머리, 장미처럼 붉은 입술(뺨이라고도 함)과 백조보다 흰 가슴에 불꽃처럼 붉은 로브를 두르고, 루비와 진주를 박은 황금의 토르크와 반지를 낀 미녀였다. 그녀는 아버지 아즈바다덴이 올웬의 결혼으로 목숨을 잃을 것이라는 예언으로 한 번은 킬흐의 열렬한 구혼을 거절한다. 하지만 그녀 자신도 킬흐에게 이끌렸으며 결국 그에게 아버지의 허가를 얻을 것을 종용하였다.

## 계모의 저주가 엮은 운명의 연인들

### ●킬흐 / Culhwch

| 등장 | 마비노기온 |
|---|---|
| 지위 | 왕의 사촌 |

**가족**

아버지 : 켈리돈 공 키리드
어머니 : 고레이디드
사촌 : 아서 왕
그 외

**외견**

두 자루의 은제 창과 키와 비슷한 길이의 전투도끼, 황금의 장검, 금실로 사과를 자수한 사각형 보라색 망토, 황금의 박차를 달은 데다 황금색 갑옷과 호화로운 안장을 얹은 4살의 준마에 타고, 하얀 가슴에 붉은 목걸이를 단 두 마리의 그레이하운드를 데리고 있는 젊은이.

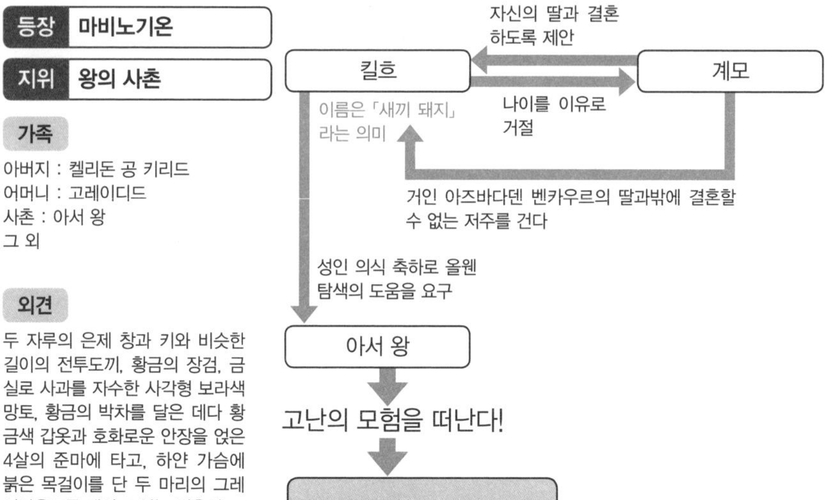


### ●올웬 / Olwen

| 등장 | 마비노기온 |
|---|---|
| 지위 | 거인의 딸 |

**가족**

아버지 : 아즈바다덴 벤카우르

**외견**

파도보다 흰 피부와 양골담초의 꽃보다 노란 머리, 장미처럼 붉은 입술(뺨이라고도 함)과 백조보다 흰 가슴에 불꽃처럼 붉은 로브를 두르고, 루비와 진주를 박은 황금의 토르크와 반지를 끼고 있음.

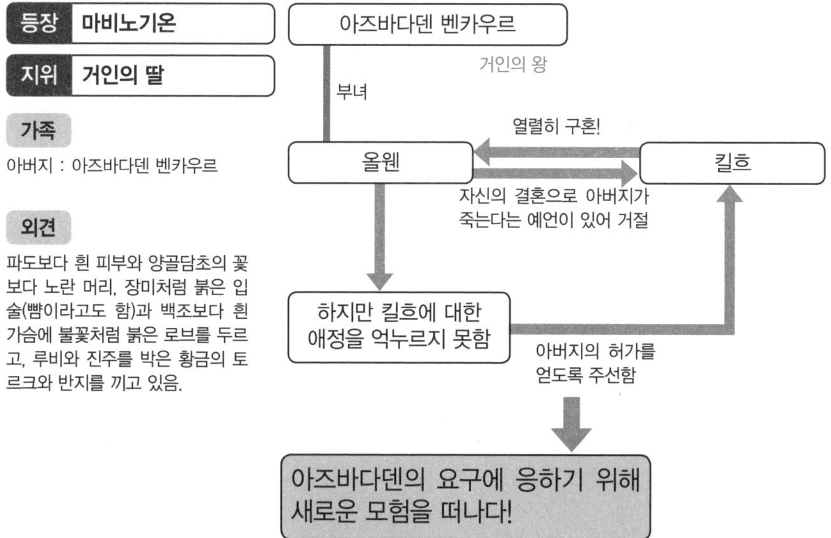


**관련 항목**

아서 왕 → No.082
아즈바다덴 벤카우르 → No.081

No.081

# 아즈바다덴 벤카우르

Ysbaddaden Bencawr

미녀 올웬을 원하는 청년 킬흐의 앞을 가로막은 거인왕. 그 모습은 아일랜드에 전해지는 사안의 마왕 발로르를 떠올리게 한다.

## ● 딸의 결혼을 두려워 한 거인

아즈바다덴 벤카우르는 『마비노기온』 제7장 『킬흐와 올웬』에 등장하는 거인의 왕이다. **아서 왕**의 사촌 **킬흐**가 찾아 헤매던 미녀 **올웬**의 아버지이며, 그녀가 결혼하면 목숨을 잃는다는 예언을 받았다, 그래서인지 세간과는 격리된 벽지의 성에 틀어박혔고 아서 왕의 기사들을 동원해도 찾아내는 것에 2년의 시간이 걸렸다. 그의 외견은 수염을 기른 노인이며, 눈꺼풀은 가신들이 갈고리로 들어 올리지 않으면 안 될 정도로 무겁게 닫혀 있었다. 독을 칠한 돌창(화살이라고도 함)을 무기로 삼으며 딸을 찾아온 킬흐와 아서 왕 일행에게 세 번을 던졌지만 세 번 모두 튕겨 돌아와 큰 부상을 입는다. 딸의 결혼으로 목숨을 잃는 것과 무거운 눈꺼풀에서 아일랜드의 에린 침략 신화에 등장하는 사안의 마왕 발로르와의 유사점을 지적하는 연구자도 많다.

킬흐와 아서 왕 일행에게 무력으로는 당해내지 못한다고 생각한 아즈바다덴은 결혼을 미루기 위해 황당무계한 난제를 요구한다. 성 앞에 펼쳐진 토지의 개간, 신부의 흰 베일, 연회에 낼 마실 것을 만들기 위한 벌꿀과 잔, 연회의 식량을 들일 큰 바구니, 술그릇, 혼자서 연주할 수 있는 하프, 마음을 치유하는 작은 새, 고기를 익힐 큰 솥, 아즈바다덴의 머리를 정리할 빗과 가위, 수염을 깎기 위한 마녀의 피와 멧돼지의 어금니 등이다. 이것들은 입수를 위해 총 40번에 이르는 모험을 해야만 얻을 수 있는 물건이었다. 탐색은 난항을 겪었고 아서 왕은 이 탐색을 위해 수많은 인재를 잃게 된다.

그렇게 물건을 받게 된 아즈바다덴은 조용히 운명을 받아들였다. 그의 신변 정리는 동생 카스텐힌의 아들이자 그를 원망하는 고레이(킬흐의 사촌동생이기도 하다)가 담당했고, 수염과 함께 턱의 살을 깎고 머리카락과 함께 목을 날려 예언을 성취시킨다. 아즈바다덴의 영지는 그 후 고레이의 것이 되었다고 한다.

## 죽음의 예언을 겁내 딸을 숨긴 거인

| | |
|---|---|
| 등장 | 웨일스 전승 |
| 지위 | 거인의 왕 |
| 소재 | 이세계의 거인의 성 |

**가족**

딸 : 올웬
동생 : 카스텐힌
조카 : 고레이

**외견**

눈꺼풀이 무겁게 내려오고 수염을 기른 노인.

**소유물**

독을 바른 돌창(혹은 화살).

**그 외**

에린 침략 신화의 사안의 마왕 발로르와의 유사점이 지적된다.

## 아즈바다덴과 올웬의 결혼

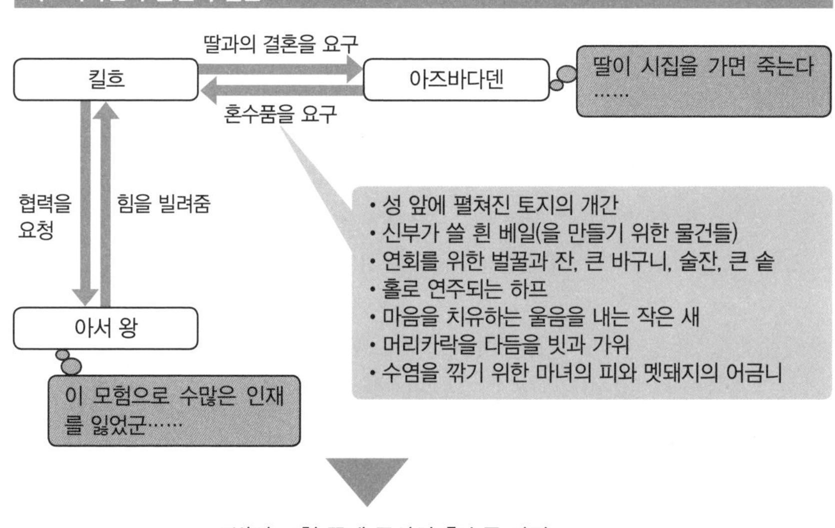
딸과의 결혼을 요구
킬흐
아즈바다덴
딸이 시집을 가면 죽는다……
혼수품을 요구
협력을 요청
힘을 빌려줌
아서 왕
이 모험으로 수많은 인재를 잃었군……
• 성 앞에 펼쳐진 토지의 개간
• 신부가 쓸 흰 베일(을 만들기 위한 물건들)
• 연회를 위한 벌꿀과 잔, 큰 바구니, 술잔, 큰 솥
• 홀로 연주되는 하프
• 마음을 치유하는 울음을 내는 작은 새
• 머리카락을 다듬을 빗과 가위
• 수염을 깎기 위한 마녀의 피와 멧돼지의 어금니

40번의 모험 끝에 무사히 혼수를 마련.

아즈바다덴은 조카 고레이의 손에 살해당하고, 영지는 그의 것이 된다.

**관련 항목**

아서 왕 → No.082
킬흐와 올웬 → No.080

No.082

# 아서 왕

Arthur

전 세계에 유명한 전설의 왕 아서. 그의 전승은 실존하는 인물을 모델로 여러 시대의 이상이나 바람이 담겨져 태어났다.

## ● 각 시대의 이상형을 짊어진 전설의 왕

아서 왕은 웨일스, 브리튼의 전승에 등장하는 전설적인 왕이다. 아서라는 이름은 라틴어 이름인 아르토리우스에서 온 것으로, 본래는 「곰 같은 사람」을 의미했다고 한다. 6세기경 색슨족 침공에 대항한 실존하는 브리튼인 전투지휘관이 모델이라고 여겨지는데, 웨일스 연대기집 『캠브리아 연대기』에서 「캄란 전투에서 죽은 왕」, 『브리튼인의 역사』에서 「12번의 전쟁에서 승리한 왕」이라는 역할을 부여받은 것에서 그 시대의 이상적인 왕의 그릇으로 기능하였다는 것을 알 수 있다.

현존하는 가장 오래된 아서 왕 이야기 『킬흐와 올웬』, 웨일스의 고대시 『안누븐의 약탈』, 『문지기는 누구인가』, 『고도딘』에서 아서 왕은 켈트인의 이상적인 왕으로 나온다. 거주지는 확실하지 않지만 전사에게는 배포 좋은 후원자이며 자기 자신도 호기심 왕성한 모험가이다. 마법의 검 칼레트불흐와 마법의 창 롱고미니아드와 온고미니아드, 마법의 방패 비넵 그루스베헤르, 마법의 단검 카른웨한, 마법의 배 브리드웬, 그리고 그웬이라는 마법의 망토를 가진 전사이기도 했다.

12세기에 들어서면 아서 왕은 몬머스의 제프리가 지은 『브리타니아 열왕사』에서 중세 기사도의 이상형을 맡게 된다. 아버지 우서 펜드래건, 처 기네비어(그웬후바르), 아들 모드레드와 같은 인간관계는 이 시대부터 생겨난 것이다. 또한 프랑스의 크레티앵 드 트루아의 손으로 아서 왕과 카멜롯 원탁의 기사 이야기가 완성되어, 유럽 전토에 이상적인 군주상으로 전파되게 된다.

캄란 전투 이후의 아서 왕에 대해서는 갖가지 설이 있어 일정하지 않다. 「사과의 섬」을 의미하는 이세계 아발론 섬에서 잠이 들었다고도, 12세기에 글래스톤베리의 수도원에서 묘가 발견되었다고도 한다.

## 기사도 이야기에 등장하는 영웅의 위대한 원형

| | |
|---|---|
| 등장 | 웨일스 전승 |
| 지위 | 브리튼의 왕 |
| 소재 | 캐멜롯?<br>아발론 |

### 가족

아버지 : 우서
처 : 기네비어
아들 : 모드레드
사촌 : 킬흐
그 외

### 성격

기사들의 좋은 후원자이자 자기 자신도 호기심 왕성한 모험가.

### 소유물

칼레트불흐(검), 롱고미니아드, 온고미니아드(창), 카른웨한(단검), 비넵 그루스베헤르(방패), 브리드웬(배), 그웬(망토).



## 아서 왕 전설의 변천과 죽음

아서 왕 전설의 기원은 6세기에 시작된다

6세기

실존 브리튼인 전투지휘관으로서 이름이 존재.

캄란 전투에서 전사, 12번의 전투에서 승리했다는 기술이 등장.
『캠브리아 연대기』,
『브리튼인의 역사』

10세기

켈트인의 이상적인 왕으로.
『킬흐와 올웬』,
『안누븐의 약탈』,
『문지기는 누구인가』,
『고도딘』

유럽의 이상적인 군주상으로!!
『브리타이나 열왕기』
그 외 아서 왕 궁정 로망스

12세기

그리고 캄란 전투 후 아서 왕은……

- 아발론 섬에 잠이 들었다?
- 글래스톤베리 수도원에 묻혔다?

No.083

# 마비노기온의 그 외의 등장인물 1

샬롯 게스트가 모은 웨일스 전승. 그 안에는 수많은 매력을 가진 사람들이 등장한다.

## ● 웨일스에 전해지는 전승의 주인공들

『컴리(웨일스)에 전해지는 4가지 이야기』에는 『킬흐와 올웬』의 주인공 킬흐에게도 뒤지지 않는 개성적인 주인공들이 등장한다. 『막센 황제의 꿈』의 주인공 막센 울레딕은 루바인(로마)의 황제이다. 그는 꿈속에 나타난 미녀에게 반해 그녀를 찾기 위해 각지로 사자를 보낸다. 그리고 그 미녀가 프리다인(브리튼)의 여왕 엘렌이라는 것을 알자 구혼하기 위해 그녀를 찾아가 7년을 지낸다. 하지만 그동안 루바인에서는 새로운 황제가 즉위하고 말았다. 새 황제의 도발에 병사를 일으킨 막센은 엘렌의 두 형제인 에난, 가디온의 협력으로 루바인을 되찾았다고 한다. 또 막센은 로마 황제 막센티우스나 장군 마그누스 막시무스가 모델이 되었다고 여겨진다.

『루드와 레펠리스의 이야기』는 프리다인의 왕 베리의 자식 루드와 프랑크에서 왕이 된 막내동생 레펠리스의 이야기이다. 그들 형제의 사이는 매우 좋았지만, 프리다인은 3가지의 재액에 고심하고 있었다. 예리한 청력으로 인간의 비밀을 폭로하는 콜라니아인, 5월 제전 벨타네가 되면 온 나라의 난로에서 들리는 절규, 루다인의 왕궁 식량을 없애는 괴물이었다. 총명한 레펠리스에게 해결책을 배운 루드는 프리다인에 평화를 되찾는다.

로나부는 『로나부의 꿈』의 주인공이다. 웨일스 북방 포위스의 영주 마다크를 모시는 병사 중 한 명으로, 마다크가 동생 이오르웨르스를 토벌하기 위해 보낸 토벌군에 참가하고 있었다. 로나부는 어떤 숙소에서 신기한 노란색 소가죽 위에 눕고는 사흘 밤낮을 깊은 잠에 들었는데, **아서 왕**과 그 가신들에 관한 색채 풍부한 꿈을 꾼다. 하지만 그 내용은 분기가 다양하였고 책의 기록에 의지하지 않으면 누구 하나 정확하게 말할 수는 없었다고 한다.

## 마비노기온의 그 외의 등장인물 1

### ●막센 울레딕 / Maxen Wledic

| 등장 | 웨일스 전승 |
|---|---|
| 지위 | 루바인(로마) 황제 |

**가족**

처 : 엘렌
의형제 : 에난 / 가디온
그 외

막센 → (꿈에서 본 그녀를 찾아 구혼!) → 엘렌 (프리다인의 왕녀)

7년을 프리다인에서 지내는 동안 루바인에는 새로운 황제가!

새 황제 → (도발!) → 막센
막센 → (병사를 일으켜 공격) → 새 황제
에난, 가디온 (엘렌의 형제들) → (협력) → 막센

### ●루드 / Llud

| 등장 | 웨일스 전승 |
|---|---|
| 지위 | 프리다인(브리튼)의 왕 |
| 소재 | 룬다인 |

**가족**

아버지 : 베리
막내동생 : 레펠리스
그 외

레펠리스 (막내동생이자 프랑크의 왕) → (재액의 해결책을 가르친다) → 루드 (베리의 장남)

루드 → (해결하고 국가에 평화를 되찾음) → 프리다인을 덮친 3가지 재액

프리다인을 덮친 3가지 재액
- 예리한 청력으로 비밀을 폭로하는 콜라니아인
- 5월제 중 전국의 난로에서 들리는 소리
- 룬다인 왕궁의 식량을 없애는 괴물

### ●로나부 / Ronabwy

| 등장 | 웨일스 전승 |
|---|---|
| 지위 | 마다크군의 병사 |

로나부 → (병사 중 한 명으로 종군) → 마다크 (포위스 영주)

마다크 → (토벌군을 편성!) → 이오르웨르스 (마다크의 동생)

로나부는 어느 숙소에서 노란색 소가죽 위에서 잠이 드는데……

로나부 → (꿈을 꿈) → 아서 왕, 가신들

**관련 항목**

아서 왕 → No.082

No.084

# 마비노기온의 그 외의 등장인물 2

훗날 아서 왕의 궁정 로망스의 원형이 된 3개의 이야기. 그 주인공들은 더욱 신화 시대에 가까운 성격을 가지고 있었다.

## ● 아서 왕 궁정에 모이는 전사들

『아서 궁정의 3가지 로망스』에서는 프랑스의 크레티앵 드 트루아의 왕정 로망스에도 등장하는 수많은 인물이 등장한다.

이베인이라는 이름으로도 알려져 있는 우리엔의 아들 오웨인은『샘의 귀부인』의 주인공이다. 조부에게서 물려받은 100자루의 검과 300마리의 까마귀의 군세를 이끌었고,『샘의 귀부인』에서는 여행 도중에 구한 흰 사자와 함께 행동했다. 오웨인은 궁정에서 소문으로 자자한 샘의 기사에게 도전해 그를 쓰러뜨린다. 그리고 그의 처, 샘의 귀부인에게 반해 시녀의 도움으로 하나가 된다. 한 번은 그녀의 사랑을 잃지만 그 후의 모험으로 그녀의 사랑을 되찾고 함께 아서의 궁정으로 돌아왔다고 한다.

페레두르는『에브라크의 아들 페레두르』의 주인공이다. 아버지와 6명의 형이 전사했기 때문에 어머니와 숲 안쪽에서 싸움과는 인연이 먼 생활을 했지만, 페레두르는 **아서 왕**의 기사와 만나게 된 후 운명의 톱니바퀴가 돌기 시작한다. 결국 기사를 동경한 페레두르는 아서 왕의 궁정으로 향한다. 다만 기사 생활과는 전무한 환경에서 컸기 때문에 그의 행동은 엉망진창. 하지만 모험 도중에 다양한 사람들과 만나며 차츰 기사로서 성장한다. 카엘 로이우의 마녀 밑에서 기사 수행을 마친 페르두르는 얄궂게도 마녀들이야말로 숙부를 죽인 적임을 알고 그녀들을 토벌하게 된다. 또 그는 훗날 전승에서 성배의 기사 퍼시발로 알려지게 된다.

에렉으로도 알려진 게레인트는『엘빈의 자식 게레인트』의 주인공이다. 아서의 비와 자신을 모욕한 기사를 쫓게 되는데 귀족의 딸 이니드와 만나 그녀와 이어진다. 그 후 아버지의 영토를 물려받아 이름을 떨쳤지만 차츰 처와의 정사에 빠지게 된다. 이것으로 그의 명성은 한 번 바닥으로 떨어진다. 그래서 게레인트는 오명을 씻기 위해 처와 함께 괴로운 모험에 나섰고, 그 후 이전보다 더욱 큰 명성을 얻어 귀환한다.

## 마비노기온의 그 외의 등장인물 2

### ●오웨인 / Owein

**등장** 웨일스 전승

**지위** 아서 왕의 기사

**가족**

아버지 : 우리엔
처 : 샘의 귀부인
그 외

**소유물**

조부의 100자루의 검과 300마리의 까마귀의 군세, 모험 도중에 만난 흰 사자 외.

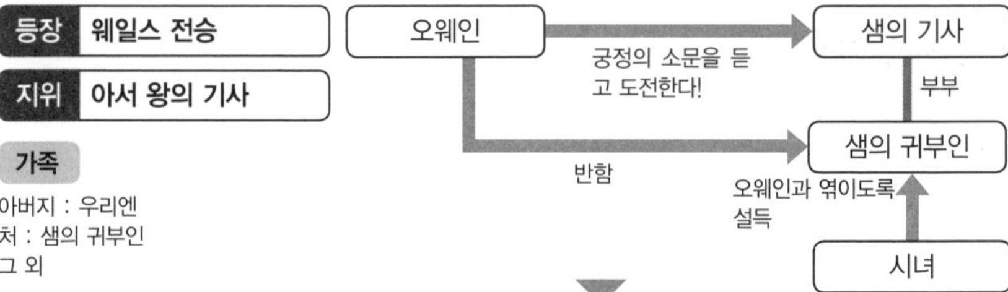

오웨인
궁정의 소문을 듣고 도전한다!
샘의 기사
부부
샘의 귀부인
반함
오웨인과 엮이도록 설득
시녀
한 번은 샘의 귀부인의 사랑을 잃지만……
모험 끝에 다시 사랑을 되찾아 함께 아서 왕의 궁정으로 돌아옴

### ●페레두르 / Peredur

**등장** 웨일스 전승

**지위** 아서 왕의 기사

**가족**

아버지 : 에브라크
어머니 : 6명의 형, 숙부
그 외

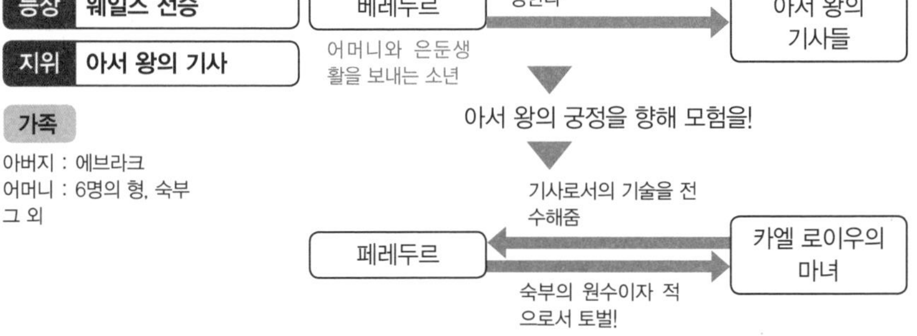

숲에서 만난 그들을 동경한다
베레두르
아서 왕의 기사들
어머니와 은둔생활을 보내는 소년
아서 왕의 궁정을 향해 모험을!
기사로서의 기술을 전수해줌
페레두르
카엘 로이우의 마녀
숙부의 원수이자 적으로서 토벌!

### ●게레인트 / Gereint

**등장** 웨일스 전승

**지위** 아서 왕의 기사

**가족**

아버지 : 엘빈
처 : 이니드
그 외

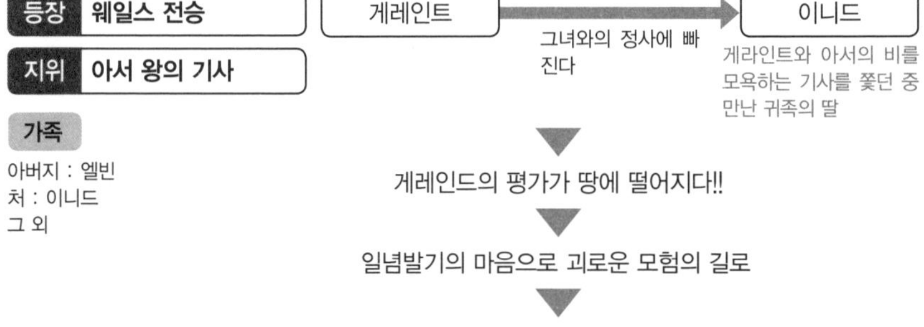

게레인트
그녀와의 정사에 빠진다
이니드
게라인트와 아서의 비를 모욕하는 기사를 쫓던 중 만난 귀족의 딸
게레인드의 평가가 땅에 떨어지다!!
일념발기의 마음으로 괴로운 모험의 길로
이전보다 더욱 명성을 얻어 귀환한다!

**관련 항목**

아서 왕 → No.082

No.085

# 탈리에신

Taliesin

웨일스에서 유명한 전설적인 음유시인 탈리에신. 그의 시는 폭풍을 부르고 적에게는 반론을 허락하지 않을 정도였다.

## ● 수많은 영웅을 모신 전설의 음유시인

탈리에신은 웨일스에 이름이 남아 있는 전설적인 음유시인이다. 6세기경의 실존 인물이라고 여겨지며 그 서명이 남아 있는 시도 많다. 『마비노기온』 제2장에서는 브리튼의 왕 **벤디게이드 브란**을 모시는 전사, 제4장에서는 **아서 왕**의 궁정시인으로 등장하기 때문에, 탈리에신은 여러 명의 시인을 가리키는 호칭이라고 추측하는 연구자도 있다.

『탈리에신 이야기』에서 원래 탈리에신은 마녀 케리드윈을 모시는 귀온 바하라는 난장이 머슴이었다. 어느 날 케리드윈은 아들을 적어도 지식만큼은 지니도록 하기 위해 마법의 비약을 만들기 시작한다. 비약은 1년과 하루를 끓일 필요가 있었기 때문에 그녀는 그 작업을 귀온에게 맡겼다. 그런데 그 과정에서 뜨거운 국물 세 방울이 그의 손가락에 튀고 만다. 자신도 모르게 그 손가락을 입에 넣은 귀온은 삼라만상, 모든 지식을 손에 넣었다. 실은 그 세 방울이야말로 비약이었던 것이다. 이 일에 격노한 케리드윈은 그를 죽이려 했지만, 이미 지식을 얻은 귀온은 토끼, 물고기, 새, 밀 등 차례차례 모습을 바꾸어 추적에서 도망쳤다. 하지만 밀이 되었을 때 케리드윈에게 먹혀 그녀의 아이로 다시 태어나게 된다. 태어난 갓난아기의 아름다움에 죽일 마음을 잃은 그녀는 그 아이를 가죽 주머니에 담아 바다에 버린다. 가죽 주머니는 귀디노 왕의 운 없는 왕자 엘핀에게 거두어진다. 엘핀은 가죽 주머니에서 나온 아이의 빛나는 이마를 보고는, 「빛나는 이마」를 의미하는 탈리에신이라고 이름을 붙이고 데리고 돌아간다. 그 후 운이 생기기 시작한 엘핀이었지만, 귀네드 왕의 궁정에서 처와 탈리에신을 자랑하는 바람에 그만 유폐되고 만다. 이것을 안 탈리에신은 우선 재치로 엘핀의 처에게 닥친 위기를 막고는, 다음은 귀네드 궁전에 쳐들어가 폭풍을 일으키고 궁정 사람들에게서 말을 빼앗은 뒤 엘핀을 해방했다고 한다.

## 마녀의 비약으로 태어난 전설의 시인

| 등장 | 웨일스 전승 |
| --- | --- |
| 지위 | 케리드윈의 머슴<br>전설적 시인<br>브리튼의 전사 |

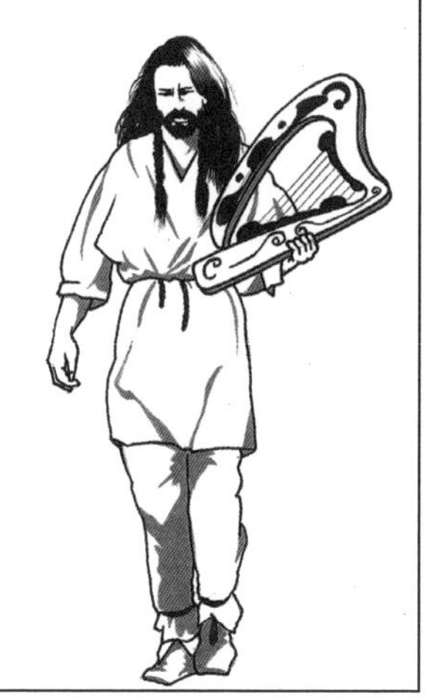

**외견**

원래는 난장이. 후에 붉게 빛나는 이마를 가진 미남으로.

**능력**

삼라만상의 모든 지식, 마술적인 효과를 가진 시예.

## 탈리에신 탄생

케리드윈★1이 아들을 위해 난장이 귀온에게 만들게 하던 비약이 우연히 귀온의 입에 들어간다.

★1 케리드윈
아들에게 지식을 주려 했던 마녀

화를 내는 케리드윈에게서 토끼, 물고기, 새, 밀로 변해 도망치지만 결국 먹혀버리고 그녀의 자식으로 다시 태어난다.

강에 버려진 갓난아기를 주운 운 없는 왕자 엘핀★2은 갓난아기에게 「빛나는 이마」 탈리에신이라고 이름을 붙인다.

★2 엘핀
귀디노 왕의 아들. 운이 없다

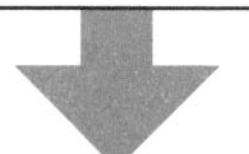

처와 탈리에신을 자랑하다 귀네드 왕에게 붙잡힌 엘핀을 구하기 위해 탈리에신은 지식과 시예로 대활약!

브리튼 왕의 전사, 아서 왕의 궁정 시인으로 등장하기 때문에 「탈리에신」은 시인의 총칭이라고 여기는 연구자도 있다.

**관련 항목**

벤디게이드 브란 → No.075
아서 왕 → No.082

No.086

# 마일 둔

Máile Dúin

아일랜드에서 가장 저명한 해양 모험담. 그 이야기는 켈트적이면서도 기독교적인 용서를 모티프로 한다.

## 복수의 허무함을 안 영웅

마일 둔은 아일랜드 해양 모험담 임라우의 대표작 중 하나, 『마일 둔의 항해』의 주인공이다. 니노사(아란 섬) 오나하의 족장 알릴 오히르 아가가 아일랜드의 킬데어를 습격했을 때 수도원의 수녀에게서 태어난 아들로, 수녀의 친구(자매라고도 함)인 킬데어 왕비가 거두어 왕의 자식으로서 왕자들과 함께 자란다. 그는 견줄 자가 없는 미남이었으며 성격은 총명, 활발하고, 승마나 체스, 투석 등의 놀이에도 정통하는 등, 다양한 의미에서 빈틈이 없는 청년으로 성장한다.

순탄했던 그의 인생이 일변한 것은 어떤 전사를 실컷 쓰러뜨렸을 때의 일이었다. 전사가 화풀이로 마일 둔의 출신을 폭로한 것이다. 마일 둔은 왕비, 친어머니인 수녀에게서 친아버지에 대해 묻고는 아버지의 고향으로 향한다. 그리고 아버지가 살해당했다는 것을 안 그는 복수를 위해 바다로 나갈 것을 결의한다.

복수를 위한 항해는 고난으로 가득 차 있었다. 그는 항해에 앞서 드루이드에게서 「17명의 종자 외에는 데리고 가서는 안 된다」라는 예언을 받았다. 하지만 출항할 때 젖형제인 3명의 왕자들이 마일 둔을 걱정한 나머지 항해에 억지로 참가하고 만다. 그래서인지 마일 둔 일행은 적이 사는 섬을 눈앞에 두고 태풍에 휘말려 이세계의 바다를 헤매게 된다. 35곳이나 되는 기묘한 섬들을 둘러싼 모험을 거쳐 3명의 젖형제를 잃은 그는 차츰 복수의 허무함을 느끼게 된다. 그리고 섬에서 만난 은자나 기독교도들의 말에 감화를 받아 마일 둔은 아버지의 적을 용서한다는 결론에 다다른다.

이처럼 『마일 둔의 항해』는 매우 기독교적인 부분이 강하다는 점이 다른 해양 모험담과는 크게 구별되는 점이다.

## 가혹한 항해 끝에 복수의 허무함을 깨달은 젊은이

**등장** 해양 모험담

**지위** 킬데어의 왕자

**소재** 킬데어

**외견**

따라갈 자가 없는 미남.

**성격**

총명하고 쾌활. 각종 놀이에도 능통했음.

**가족**

아버지 : 알릴 오히르 아가
어머니 : 수녀
양부 : 킬데어의 왕
양모 : 킬데어의 왕비
젖형제 : 킬데어의 왕자들

## 마일 둔의 모험

**마일 둔**

오하나 족장 알릴이 습격지의 수녀에게 낳게 한 아이. 킬데어의 왕가에서 자람.

출생의 비밀과 친아버지의 죽음을 알고 복수를 결의!

▼

드루이드의 예언을 받아 17명의 종자와 출항.

▼

젖형제 3명이 항해에 참여하는 바람에 이세계로…….

▼

35개의 섬을 헤매며 젖형제 3명이 탈락.

▼

한 섬의 은자에게서 복수의 허무함을 배움.

▼

아버지의 적의 환대를 받고 화해하여 귀향한다.

**젖형제**

다소 막무가내에 사려가 부족. 예언에 없는 그들의 존재로 항해가 대혼란에 빠짐

- 새끼고양이가 지키는 성새의 섬. (젖형제 중 한 명 사망)
- 사람들이 계속해서 울부짖는 자들의 섬. (젖형제 한 명 탈락)
- 웃는 사람들의 섬. (젖형제 한 명 탈락)

등의 섬 외에도,

- 돼지와 황금 사과의 섬.
- 거대한 대장장이의 섬.
- 여인의 섬.

등 다른 항해 모험담에서도 볼 수 있는 섬들도.

**관련 항목**

역사 이야기와 그 외의 역사 분류의 개요 → No.006

No.087

# 브란 막 페빌

Brain maic Febail

신비한 미녀의 인도에 따라 이상향으로 모험을 떠나는 브란. 꿈을 지표로 삼고 가죽배로 떠난 여로는 고향과의 영원한 단절로 끝난다.

## ● 신비한 미녀의 인도로 모험을 떠난 왕자

브란 막 페빌은 아일랜드의 해양 모험담 임라우의 대표작 중 하나 『브란의 항해』의 주인공이다. 에린(아일랜드)의 왕 페빌의 자식으로, 왕자로서 아무런 어려움도 없는 생활을 보냈다. 그런 그를 모험의 여행으로 이끈 것은 이세계의 「여인의 섬」에 사는 미녀였다.

궁정에서 연회가 열린 그 날, 왕궁에 아무도 모르는 미녀가 나타나 은으로 만들어진 작은 가지를 울리며 브란을 「여인의 나라」로 초대했다. 그녀의 50개로 이루어진 4행시의 아름다움에 마음이 움직인 브란은 귀족의 자제들과 가죽제 배 3척을 준비하여 한 척에 9명씩 타고 모험의 길을 떠났다.

항해에 나온 지 2일 후, 파도에 흔들리는 그들 앞에 파도 사이를 달리는 2마리의 말이 끄는 전차에 탄 남자가 나타났다. 그는 자신이 해신 **마나난 막 리르**라는 것과 후에 자신의 아들이 에린에 태어난다는 것, 「여인의 나라」로 향하는 항로 등을 30개의 4행시로 브란에게 전하고 그대로 모습을 감추었다.

브란은 그 후에도 항해를 계속하여, 사람들이 그저 마냥 웃을 뿐인 기괴한 「기쁨의 나라」에 상륙한 승조원을 잃으면서도 「여인의 나라」에 다다른다. 먼젓번의 경험을 상기하고 브란은 「여인의 나라」에 상륙하는 것을 주저한다. 그러자 그를 항해로 이끈 여자가 나타나 마법의 털실로 그들을 묶어 강제로 상륙시켰다.

그 여자—「여인의 나라」의 우두머리와 딸들의 대접은 매우 훌륭했고, 브란 일행은 1년을 그곳에서 지냈다. 하지만 동료 중 하나인 네프탄이 고향을 그리워하여 돌아가기로 한다. 그때 우두머리인 여자가 그들에게 결코 상륙하지 않도록 충고했다. 항해 끝에 고향 에린에 다다른 일행은 우두머리의 충고대로 상륙하지 않았다. 하지만 네프탄만은 참지 못하고 헤엄을 쳐서 에린에 올라갔고, 그대로 재가 되어 사라지고 말았다. 그것을 본 브란 일행은 모인 사람들에게 자신들의 몸에 일어난 일을 전하고 모습을 감추었다고 한다.

## 수 백 년의 시간을 초월해 바다의 저편으로 사라진 왕자

| | |
|---|---|
| 등장 | 얼스터 이야기 |
| 지위 | 아일랜드의 왕자 |
| 소재 | 아일랜드<br>여인의 나라 |

**가족**

아버지 : 페빌

## 브란의 항해

50개의 4행시로 여인의 나라로 유혹함

여인의 나라의 우두머리 → 브란

귀족의 자제들과 함께 3척의 가죽배를 준비. 1척에 9명씩 태우고 출항!

▼

해신 마나난★1과 조우. 여러 정보를 30개의 4행시로 듣는다.

▼

사람들이 그저 웃을 뿐인 「기쁨의 나라」에 상륙한 선원을 잃는다.

▼

「여인의 나라」에 도착! 상륙을 주저하자 마법의 털실로 붙잡힌다.

▼

1년이 지나자 고향을 그리워하는 동료 네프탄을 위해 귀향을 결의.

▼

우두머리는 에린에 상륙하지 말 것을 충고. 충고를 어긴 네프탄은 재로.

▼

모여든 사람들에게 자신들에게 일어난 일을 밝힌 브란 일행은 그대로 사라진다.

★1 마나난
투아하 데 다난의 해신

**관련 항목**

마나난 막 리르 → No.026

역사 이야기와 그 외의 역사 분류의 개요 → No.006

No.088

# 코르막 막 아르트

Cormac mac Airt

이세계 모험담의 주인공으로 알려진 지고왕 코르막. 그는 해신 마나난의 권유로 가족을 건 여행에 나선다.

## ● 수많은 전설로 장식된 아일랜드의 지고왕

코르막 막 아르트는 3세기에 살았다고 여겨지는 아일랜드의 지고왕이다. 전설적인 왕 콘 케드하타하의 손자에 해당하는데 그 출생에 관해서는 명확하지 않다. 타라의 관습법을 만든 자라고 하며, 비교할 상대 없는 입법자, 이상적인 통치자로 이름이 높은 반면, 욕심이 많고 횡포를 부렸으며 인정 없는 인물이라고도 전해진다. 핀 이야기에서는 **피아나 기사단**의 후원자로 등장하고, 미녀 **그라냐**의 아버지로도 알려져 있다.

코르막은 수많은 전설에 참여한 인물이며, 그도 여러 이야기의 주인공이다. 개중에서도 유명한 것이『코르막의 이세계행』이라고 불리는 이야기다. 어느 날 코르막은 초원에서 신비한 젊은이와 만난다. 그는 9개의 열매가 열린 은색 사과나무 가지를 가지고 있었다. 그 가지는 한 번 흔들면 묘한 음악을 연주하고, 사람들의 근심을 없애주며, 깊은 잠으로 이끄는 물건이었다. 코르막이 젊은이에게 그 가지를 팔아달라고 부탁하자, 그는「바라는 것을 준다면」하고 대답한다. 코르막이 약속하자 젊은이는 코르막의 처, 아들, 딸을 요구했고, 그들을 데리고 모습을 감춘다. 코르막은 사과나무 가지로 자신과 가족, 국민의 슬픔을 달랬지만 결국 참을 수 없게 되어 가족을 찾는 여행을 떠난다. 안개로 감싸인 신비한 세계를 여행한 그는 거대한 궁전에 다다라 그곳에서 잠자리를 청했다. 그 궁전에는 주인과 그의 처, 그리고 돼지를 데리고 있는 남자가 있었고, 그에게 스스로 돼지를 구워 먹도록 요구했다. 그 돼지는 진실을 하나 말할 때마다 4분의 1이 구워지는 마법의 돼지였다. 돼지를 모두 구운 코르막에게 궁전의 주인은 자신이 해신 **마나난 막 리르**임을 밝힌다. 그리고 진실을 밝히는 황금의 잔, 원하는 요리를 만드는 테이블보, 사과나무를 건네고 가족을 돌려받는다……. 여기서 코르막은 눈을 뜬다. 모든 것은 꿈이었다. 하지만 그의 손에는 3가지의 물건이 남아 있었다고 한다.

## 꿈인지도 모르는 모험 끝에 가족을 되찾은 왕

| | |
|---|---|
| 등장 | 핀 이야기<br>이세계 모험담 |
| 지위 | 아일랜드의 왕 |
| 소재 | 타라 |

**가족**

조부 : 콘
아버지 : 아르트
아들 : 카이르브레
딸 : 그라냐
그 외

**성격**

최고의 입법자, 이상적인 통치자로서 유명한 반면, 욕심이 많고 오만하며 인정사정없는 인물이기도.

**소유물**

묘한 음악을 연주하여 사람들의 근심을 없애고 깊은 잠에 빠지게 하는 은제 사과나무 가지, 진실을 구분하는 황금의 잔, 원하는 요리를 만드는 테이블보.

## 『코르막의 이세계행』

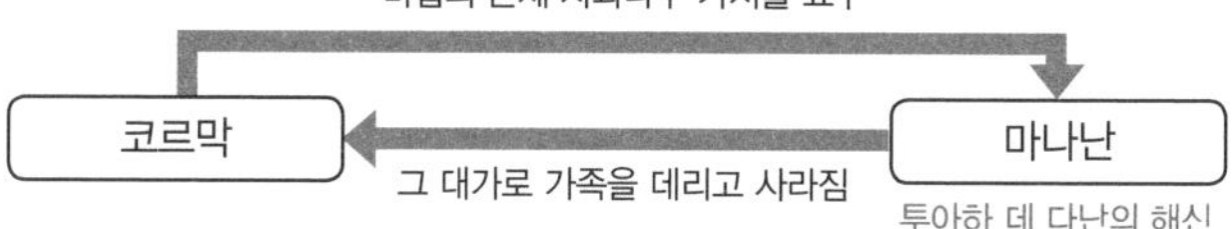


가족을 잃은 슬픔을 참지 못하고 그들을 찾는 여행에 나섬!!

도착한 수수께끼의 관에서 진실을 4개 밝히면 불타오르는 돼지를 구울 것을 요구받음.

무사히 시련을 해결한 코르막에게 마나난은 자신들의 정체를 밝히고 마법 물품을 건네며 가족을 돌려주지만…….

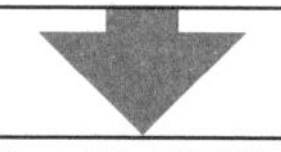

꿈에서 깨어난 코르막의 손에는 마법 물품들이!

**관련 항목**

피아나 기사단 → No.063
마나난 막 리르 → No.026
그라냐 → No.068

## 얼스터 이야기에 등장하는 그 외의 무기나 방어구

본편에서는 언급하지 않았지만 얼스터 이야기에는 갖가지 무기나 방어구가 등장한다. 예를 들어『콘코바의 이야기』에서 얼스터의 전사들은 각자 유명한 방패를 가지고 있었다. 우선 들 수 있는 것이 콘코바의 오한(Ochoin)이다. 금으로 장식된 네 개의 귀를 가진 이 방패는『쿨리네의 황소 사냥』에서 페르구스가 휘두른 혼신의 일격으로부터 콘코바를 구했다. 콘코바의 방패는 위기를 맞이하면 비명을 지른다고도 한다. 뒤이어 들 수 있는 것이 쿠 훌린의 후반(Fubán), 그리고 코날 케르나하의 람사파드(Lámthapad), 페르구스의 로헤인(Leochain) 등으로, 필레데스의 오흐네(Ochnech), 플베티의 오르테리(Órderg), 카스크라드의 코스크라하(Coscrach), 아르모긴의 에흐타하(Echtach), 코드레의 이르(Ir), 누아다의 칸딜(Caindel), 두브타하의 우아자하(Uathach), 에르게의 레타하(Lettach), 메소드의 브라타하(Brattach), 노이시의 루시흐(Luithech), 로이가레의 니하(Nithach), 코르막의 크로다(Cróda), 센나헤즈의 쉬키타르글란(Sciatharglan), 켈트하르의 콤라하헤(Comla Chatha) 등 총 18장이나 되는 방패가 있다. 이들 방패는 붉은 가지의 관의 3개의 방 중 하나에 있는 무기고에 들어 있었다. 또 남은 방은 전사들이 모이는 홀과 적의 목 등의 전리품을 관리하는 방이다.

이런 무기나 방어구, 보물의 나열은 아일랜드 문학에서 많이 볼 수 있는 특징이다. 원래는 문장으로 즐기는 것이 아니라 구전으로 즐기는 내용이라서 음악적인 즐거움을 중시했기 때문이라고 한다. 그래서인지 리듬을 무너뜨릴 만한 개개의 물품에 관한 상세한 설명은 없다. 쿠 훌린이 가진 투창, 혹은 화살인 텔 프리스도 그런 무기 중 하나이다. 적을 피투성이의 원숭이처럼 만들어 주겠다고 쿠 훌린이 소리친다. 하지만 그 형태는 전혀 전해지지 않는다. 이름은「묘기를 보이는 화살」혹은「재빠른 기술의 지팡이」를 의미한다고 한다. 콘코바가 가진 검 고므 그라스도 상세한 정보를 알 수 없는 무기 중 하나이다.『우슈네의 아들들의 유랑』을 그레고리 부인이 당시 시대에 맞게 리메이크한『데어드리』에 등장하는 이 검의 이름은「청록(青綠)」을 의미한다고 한다. 리메이크 이후 콘코바의 검으로 해외 사전 등에도 소개되어 있지만, 실제로는 잘 알려지지 않은 것이 실정이다. 콘코바의 무기와 방어구에 관해서는 맨 섬의 전승에 재미있는 이야기가 남아 있다. 왕이 되는 것을 바란 젊은 콘코바는 맨 섬에 있다는 전설의 대장장이에게 멋진 무기와 방어구의 제작을 의뢰한다. 그것들이 완성될 때까지 맨 섬에서 지내던 콘코바는 인어 공주와 만나 슬픈 사랑 끝에 그녀의 조언에 따라 방패에 그녀의 모습을 새겼다고 한다. 이것이 오한과 같은 방패인지 아닌지는 알 수 없지만, 혹시 같다고 한다면 그녀의 마음이 콘코바를 지킨 셈이리라.

# 제 3 장

# 신화를 장식하는 신비한 도구와 동물들

No.089

# 투아하 데 다난의 4가지 비보

신적인 종족이었던 투아하 데 다난은 그 출신지인 도시에서 수많은 마술적인 보구를 아일랜드로 가지고 왔다.

## 아일랜드로 가져온 4가지 비보

**피르 보르**나 **포워르**와 같은 강적을 물리치고 아일랜드에 군림한 **투아하 데 다난**은 아일랜드에 상륙할 때 4개의 섬에서 4개의 비보를 가지고 왔다.

첫 번째 비보는 리아 팔(팔의 돌)이다. 필리아스 섬에서 왕도 타라로 가져온 이 돌은 아일랜드의 왕이 될 인물이 올라가면 소리를 지른다고 한다. 옛날에는 평평한 돌이라고 여겨졌지만 훗날 남근의 모양을 띤 돌이라고 생각하게 되었다. 스코틀랜드의 왕권을 나타내는 스콘의 돌과 동일시되는 경우도 있다.

골리아스 섬에서 가져온 것은 제2의 비보 **루**의 빛나는 창이다. 이 창을 가지고 있으면 싸움에 지는 일은 없었다고 한다. 또한 이 창을 가진 자에게는 싸움이 지속되는 일이 없었다고 하는 자료도 있다.

제3의 비보, 신들의 왕 **누아다**가 가진 빛나는 검은 핀디아스 섬에서 가져왔다. 싸움에서, 한 번 칼집에서 뽑혀져 나오면 아무도 도망칠 수도 저항할 수도 없었다고 한다. 아일랜드의 전승에 나오는 빛의 검 클리브 솔리시와 동일시되는 경우도 있지만, 『침략의 서』, 『모이투라 2차 전쟁』에서는 그 이름을 볼 수 없다. 누아다의 검과 루의 창에 관해서는 자료에 따라서 상당히 혼란스럽고, 「골리아스에서 가져온 루의 손으로 선정한 검, 아득한 바다 저 멀리 핀디아스에서 가져온 루의 무서운 창」이라는 내용도 있다.

무리아스에서 가져온 것은 제4의 비보, **다아다**의 빛나는 큰 솥이다. 그 누구도 만족하지 못한 자가 없다고 전해지며, 풍요의 상징으로 생각하는 연구자도 많다. 식량을 무진장 만들어내는 큰 솥이라고 여기는 한편, 모든 소망을 이루어주는 그릇이라고 여기는 주장도 있다.

## 투아하 데 다난의 네 가지 비보

### ●리아 팔(팔의 돌) / Lia Fáil

**등장** 에린 침략 신화

**종별** 그 외

**그 외**

필리아스에서 가져옴.

**돌의 능력**

아일랜드의 왕이 될 인물이 올라가면 소리를 지른다.

평평한 돌? 남근형의 돌?

### ●루의 창 / Sleg boi ac Lug

**등장** 에린 침략 신화

**종별** 무기

**그 외**

골리아스에서 가져옴.

**창의 능력**

이 창을 들면 싸움에서 지지 않는다. 싸움이 지속되는 일은 없다.

### ●누아다의 검 / Claidiub Nuadot

**등장** 에린 침략 신화

**종별** 무기

**그 외**

핀디아스에서 가져옴.

**검의 능력**

싸움에서, 한 번 칼집에서 나오면 누구도 피할 수도 저항할 수도 없다.

빛의 검 클리브 솔리시?
실은 루의 물건?

### ●다아다의 큰 솥 / Coiri an Dagdai

**등장** 에린 침략 신화

**종별** 식기

**그 외**

무리아스에서 가져옴.

**큰 솥의 능력**

그 누구도 만족시키지 못한 적이 없다. (무진장한 식량을 만든다? 소원을 들어준다?)

**관련 항목**

피르 보르 → No.038
투아하 데 다난 → No.014
누아다 → No.015
포워르 → No.034
루 → No.016
다아다 → No.018

No.090

# 마나난의 소유물

맨 섬에 자리를 잡고 독자적인 지배권을 확립한 해신 마나난. 수많은 보물을 소유한 그는 그것들을 지인이나 동맹자에게 빌려주며 그들을 도왔다.

## ● 신들의 후원자가 가진 수많은 마법의 도구들

**투아하 데 다난**의 해신 **마나난 막 리르**는 신들의 후원자라고 할 수 있는 존재였다. 시대가 내려갈수록 그 경향은 짙어지는데, 다른 신들의 소유품 대다수가 그의 것이 되는 일도 있다.

프라가라흐, 혹은 앤서러로 알려진 검도 그중 하나다. 『투렌의 아들들의 최후』를 어레인지한 유진 오커리와 P · W · 죠이스의 이야기에 따르면, 그 검은 마나난이 광명의 신 **루**에게 준 것으로, 이 검으로 당한 상처는 낫는 일이 없어서, 이 검 앞에 선 자는 겁을 먹고 힘을 잃으며 빈사 상태의 여성보다 더 연약해졌다고 한다.

「길게 나부끼는 갈기」 혹은 마나난의 엔바르라는 숫말도 루에게 준 것 중 하나이다. 이 말은 청명하고 시원한 봄바람처럼 빠르고 바다 위를 육지처럼 달릴 수 있었다. 『브란의 항해』에서는 마나난이 같은 종의 말이 끄는 전차에 타고 등장한다.

마법의 배 스가바 투네(웨이브 스위퍼)도 루에게 준 것이다. 돛도 노도 필요로 하지 않고 목적지까지 자동적으로 항행하며, 배에 탄 인원수나 짐의 양에 따라 크기가 변하는 우수한 물건으로, 투렌 3형제는 루에게서 이 배를 빌려 모험을 떠난다.

『두 잔의 관의 양자』에서 **밀레시안**에게 밀려 지상에서 쫓겨난 투아하 데 다난에게 마나난은 3개의 선물을 건넨다. 개중에서도 그들에게 큰 은혜가 된 것이 보이지 않는 안개 페트 피아다였다. 마나난 자신도 같은 능력을 가진 무지갯빛으로 빛나는 망토를 가지고 있었고, 『쿠 훌린의 병』 등에서는 이것으로 처를 영웅 **쿠 훌린**에게서 숨겼다고 한다. 남은 두 가지는 영원한 젊음을 유지하는 **고이뉴**의 연회와 먹어도 줄어들지 않는 마법의 돼지로, 둘 다 그들의 생활을 지탱하는 것에 도움이 되었다.

## 마나난의 물건

### ●프라가라흐(앤서러) / Fragarach(Answerer)

| 등장 | 에린 침략 신화 |
|---|---|
| 종별 | 검 |
| 소유자 | 마나난<br>루 |

**프라가라흐의 능력**

- 입힌 상처가 낫지 않는다.
- 칼끝을 향한 상대는 겁을 먹고 힘을 잃어 빈사 상태의 여인보다도 연약해진다.

해신 마나난이 광명의 신 루에게 준 검.

### ●엔바르 / Aonbarr

| 등장 | 에린 침략 신화 |
|---|---|
| 종별 | 말 |
| 소유자 | 마나난<br>루 |

**엔바르의 능력**

- 청명한 봄바람처럼 빨리 달린다.
- 바다 위를 육지와 똑같이 달린다.

마나난이 광명의 신 루에게 보낸 숫말. 『브란의 항해』에는 같은 종의 말이 끄는 전차가 등장.

### ●스가바 투네(웨이브 스위퍼) / Sguaba Tuinne(Wave sweeper)

| 등장 | 에린 침략 신화 |
|---|---|
| 종별 | 배 |
| 소유자 | 마나난<br>루 |

**스가바 투네의 능력**

- 돛도 노도 필요로 하지 않음.
- 목적지까지 자동적으로 항해.
- 인원 수, 화물에 맞춰 크기가 변화.

마나난이 광명의 신 루에게 준 배. 투렌의 3형제에게도 빌려주었다.

### ●페트 피아다 / Féth fíada

| 등장 | 에린 침략 신화 |
|---|---|
| 종별 | 안개? |
| 소유자 | 마나난<br>투아하 데 다난<br>일족 |

**페트 피아다의 능력**

- 사람들의 눈에서 모습을 감춘다.

마나난이 투아하 데 다난에게 준 3가지 선물 중 하나. 나머지는 젊음을 유지하는 고이뉴의 연회, 먹어도 줄지 않는 돼지.

**관련 항목**

투아하 데 다난 → No.014
루 → No.016
쿠 훌린 → No.045
마나난 막 리르 → No.026
밀레시안 → No.040
고이뉴, 루흐타, 크루냐 → No.029

No.091

# 다우르 다 발라오(코어 케사르하르)

Daur Da Blao(Coir Cetharchair)

최고신 다그다가 가진 거대한 하프 다우르 다 발라오. 그 음색은 슬픔, 기쁨, 수면을 불렀다.

## ● 감정을 조종하는 최고신의 하프

다우르 다 발라오는 에린 침략 신화에 등장하는 **투아하 데 다난**의 최고신 **다아다**가 가진 마법의 하프이다. 『모이투라 2차 전쟁』에서 이 하프는 슬픔, 기쁨, 수면을 일으키는 3줄의 현이 있고 매우 크고 무거운 하프였다. 보통은 위스네라는 다아다 직속 하프 연주자가 가지고 있으며 이것이 대사건으로 이어지게 된다.

모이투라에서 벌어진 투아하 데 다난과 **포워르**의 싸움은 이미 투아하 데 다난의 승리로 기울고 있었다. 그런 가운데 하프 연주자인 위스네가 다우르 다 발라오와 함께 끌려가고 만다. 유괴된 사실을 안 다아다는 곧바로 광명의 신 **루**, 웅변과 문학의 신 **오그마**를 데리고 하프의 탐색에 나선다. 하프를 강탈한 것은 투아하 데 다난의 왕좌에서 쫓겨난 포워르의 혼혈아이자 폭군 **브레스**, 그리고 그의 아버지 엘라하와 그들의 부하인 포워르들이다.

다아다 일행이 포워르를 찾아냈을 때, 그들은 사냥감인 하프를 내던진 채 술자리를 즐기고 있었다. 거기서 다아다는 하프에 다음과 같이 말을 건다. 「오너라, 다우르 다 발라오(달콤한 사과 같은 속삭임)여. 오너라, 코어 케사르하르(뿔을 가진 조화의 문틀)여. 오너라, 여름이여. 오너라, 겨울이여. 하프와 바그 파이프의 입이여!」 이것은 하프를 부르기 위한 주문이었다. 9명의 포워르를 깔아 죽이고 돌아온 하프를 안은 다아다는, 그들을 향해 슬픔의 곡, 기쁨의 곡, 수면의 곡을 연주한다. 그러자 우선 포워르의 여인들이 눈물을 흘리고, 다음으로 포워르의 여인과 아이들이 웃음을 터뜨리고, 마지막으로는 모든 포워르들이 깊게 잠이 든다. 이렇게 다아다 일행은 하프를 되찾고 유유히 그곳을 떠났다고 한다. 그러나 하프 연주자인 위스네의 소식에 대해서는 언급하지 않는다.

## 다우르 다 발라오

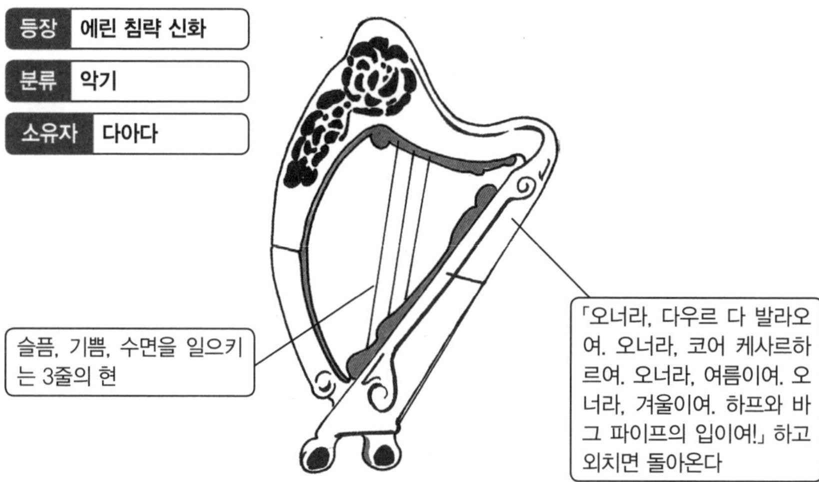
등장 에린 침략 신화
분류 악기
소유자 다아다
슬픔, 기쁨, 수면을 일으키는 3줄의 현
「오너라, 다우르 다 발라오여. 오너라, 코어 케사르하르여. 오너라, 여름이여. 오너라, 겨울이여. 하프와 바그 파이프의 입이여!」 하고 외치면 돌아온다

## 하프 강탈 사건

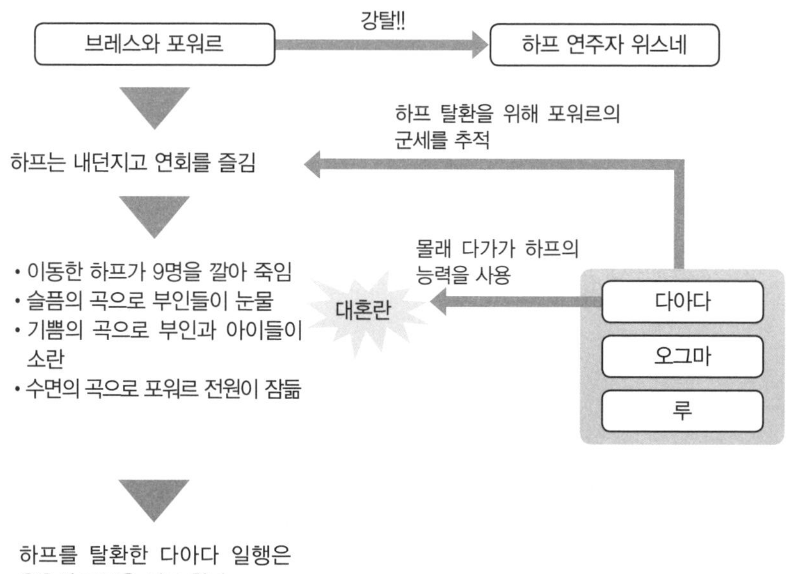
브레스와 포워르
강탈!!
하프 연주자 위스네
하프 탈환을 위해 포워르의 군세를 추적
하프는 내던지고 연회를 즐김
몰래 다가가 하프의 능력을 사용
• 이동한 하프가 9명을 깔아 죽임
• 슬픔의 곡으로 부인들이 눈물
• 기쁨의 곡으로 부인과 아이들이 소란
• 수면의 곡으로 포워르 전원이 잠듦
대혼란
다아다
오그마
루
하프를 탈환한 다아다 일행은 유유히 그곳을 뒤로 한다……

**관련 항목**

투아하 데 다난 → No.014
포워르 → No.034
오그마 → No.031
다아다 → No.018
루 → No.016
브레스 → No.036

No.092

# 투렌 3형제의 보상품

보상을 위해 루가 요청한 물품들. 모두 우수한 마력을 가지고 있지만 그것을 손에 넣는다는 것은 위험이 동반된다는 것을 의미했다.

## ● 죄를 갚기 위한 8종류의 보물

헤스페리데스의 황금 사과를 시작으로 하는 8종류의 보물은『투렌의 아들들의 최후』에서 **브리안**을 비롯한 투렌 3형제가 광명의 신 **루**의 아버지 키안 살해의 죄를 갚기 위해 모은 물건들이다.

동방 헤스페리데스의 정원에서 자라는 황금 사과는 생후 2개월의 갓난아기의 머리보다 크고, 맛은 꿀보다 달며, 먹으면 어떠한 상처도 낫는 물건이었다. 또 던지면 무기로도 쓸 수 있어 페르시아의 왕 페자르의 머리를 깨부수었다. 그리스 왕이 가진 마법의 돼지가죽도 치유의 힘을 가지고 있었다. 이 가죽을 뒤집어쓰면 모든 병이나 상처를 낫게 할 수 있었다. 또 황금 기둥의 아사르라고 불리는 왕이 기르는 7마리의 돼지도 치유의 힘을 가지고 있었다. 이 돼지는 죽여서 먹어도 다음 날에는 부활했고, 이 고기를 먹은 자의 병을 순식간에 낫게 하는 효과가 있었다.

페르시아의 왕 페자르의 독창은 그 이름대로 맹독을 가진 창이었다. 거리를 불사를 정도의 고열을 발하기 때문에 평소는 약초와 물(얼음이라고도 함)로 가득 채운 항아리에 담궈 잠들게 해야 하는 위험한 물건이었다. 또 죽음과 전장을 찾아 날아다니기 때문에「도살자」라고 불렸다는 기술도 있다.

시실리 왕 도바르가 소유한 두 마리의 말(게인과 레아라고도 한다)은 따라올 자가 없는 속도로 바다 위를 자유롭게 달릴 수 있었다. 이 두 마리의 말이 끄는 전차는 평소에 엄중하게 보관되는 특별제로, 튼튼하면서도 호화로운 물건이다.

이로다 왕의 엽견의 강아지들은 언뜻 보면 별난 항목이다. 놀랍게도 한여름의 태양처럼 빛나며 모든 동물을 무릎 꿇릴 수 있었다고 한다.

마지막 보물은 탐색에 따른 역경을 중시한 보물이었다. 핀카라 섬의 여성 요정이 부엌에서 이용하는 황금의 꼬챙이인데, 이 핀카라 섬이 해저에 있다는 것을 알 때까지 3형제는 고난에 가득 찬 탐색을 강요당하였다.

## 투렌 3형제의 보상품

### ●헤스페리데스의 사과

사과의 능력

- 꿀보다 달고 먹으면 상처가 낫는다.
- 던지면 무기로 사용 가능.

동방 헤스페리데스에서 자란 생후 2개월의 아이의 머리 크기만 한 황금의 사과.

### ●그리스 왕의 마법의 돼지가죽

돼지가죽의 능력

- 뒤집어 쓰면 모든 병이나 상처를 낫게 할 수 있다

그리스 왕이 소지한 마법의 돼지가죽

### ●아사르의 마법의 돼지

돼지의 능력

- 먹어도 다음날 되살아난다.
- 먹으면 순식간에 병이 낫는다.

황금의 아사르라고 불리는 왕이 소지한 7마리의 돼지.

### ●페자르의 독창

독창의 능력

- 맹독을 가졌다.
- 고열을 내며 전장을 날아다닌다.

페르시아의 왕 페자르의 창. 보통은 약초와 물을 채운 항아리에 담아 잠들게 한다.

### ●도바르의 마법의 말

말의 능력

- 그 누구보다 빠른 속도로 바다 위를 자유롭게 달릴 수 있다.

시실리의 왕 도바르가 소지한 두 마리의 말.

### ●도바르의 전차

전차의 능력

- 튼튼하고 호화로운 완성도의 전차.

시실리의 왕 도바르가 마법의 말에게 끌게 하기 위해 준비한 전차. 평소 엄중하게 보관.

### ●이로다 왕의 강아지

강아지의 능력

- 한여름의 태양처럼 빛난다.
- 모든 동물이 무릎을 꿇게 한다.

이로다 왕이 소지한 엽견의 강아지.

### ●핀카라 섬의 꼬챙이

꼬챙이의 능력

- 딱히 없다.
- 찾는 것에 의미가 있는 보물.

바다 속에 있는 핀카라 섬의 여성 요정들이 부엌 일에 쓰는 꼬챙이.

**관련 항목**

브리안, 유하르, 유하르바 → No.024
루 → No.016

No.093

# 에린 침략 신화에 등장하는 그 외의 물건들

에린 침략 신화에서 유일하게 신이라고 불린 투아하 데 다난. 그들은 무수한 신적인 도구를 소유하고 그 힘으로 에린의 땅에 패도를 소리 높였다.

## ● 신화 세계에 등장하는 여러 물품들

에린 침략 신화에는 4개의 섬에서 가져온 **투아하 데 다난**의 비보와 해신 **마나난 막 리르**가 신에게 준 마법의 물품 외에도 여러 물건이 등장한다.

**다아다**의 곤봉은 투아하 데 다난의 최고신 다아다가 가진 거대한 곤봉으로, 남근의 상징이라고도 일컬어진다. 오크 나무로 만들어진 이 곤봉은 땅에 끌면 깊은 골이 생길 정도로 무거웠고, 옮기기 위해서는 수레에 싣지 않으면 안 되었다. 신비한 힘을 가진 곤봉이기도 하여 한쪽 면으로 치면 상대에게 죽음을 안기고, 다른 면으로 치면 상대를 되살릴 수 있었다고 한다.

오르나는 포워르의 왕 테트라의 물건이다. 어떠한 이유로 전장에 놓여 있었던 것을 투아하 데 다난의 웅변과 문학의 신 **오그마**가 발견하여 정화하였다. 이 검은 검집에서 뽑으면 자신의 공적을 떠들기 시작했다고 한다. 일설로는 테트라는 자신의 검으로 오그마의 손에 살해되었다고 전해진다.

루아하타, 아나가트, 아하드, 피오헤이아, 피어, 골라, 포사드, 크리브, 카르바트는 투아하 데 다난의 광명의 신 **루**가 **포워르**와의 전쟁에 이용한 9대의 전차이다. 『모이투라 2차 전쟁』에서는, 어떠한 힘을 가지고 있는지에 대해서는 이야기하지 않는다.

투아하 데 다난의 대장장이 신 **고이뉴**가 포워르의 혼열아 브레스의 아들 루아단을 위해 만든 창도 마법의 물품이다. 아일랜드에서는 이 창을 기리는 의미에서 베틀의 굵은 손잡이가 게 뫄슬리(여자의 친족의 창)라고 불리게 되었다고 한다. 루아단은 이 창을 받음과 동시에 고이뉴에게 달려들었지만 반격을 당해 얄궂게도 이 창으로 목숨을 잃게 된다.

## 에린 침략 신화에 등장하는 그 외의 물품

### ●다아다의 곤봉 / Loirge an Dagdai

| 등장 | 에린 침략 신화 |
|---|---|
| 종별 | 곤봉 |
| 소유자 | 다아다 |

**다아다의 곤봉의 능력**

- 한쪽 면으로 때리면 목숨을 빼앗는다.
- 다른 면으로 때리면 되살린다.

오크 나무로 만든 거대한 곤봉. 땅에 대고 끌면 거대한 골이 생기기 때문에 수레에 싣고 운반했다. 남근의 상징이라고도 한다.

### ●오르나 / Orna

| 등장 | 에린 침략 신화 |
|---|---|
| 종별 | 검 |
| 소유자 | 테트라 |

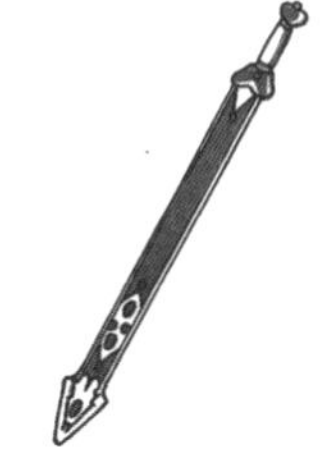

**오르나의 능력**

- 검집에서 나오면 그 공적을 떠들기 시작한다.

포워르의 바다의 왕 테트라의 검. 훗날 오그마가 발견.

### ●9대의 전차

| 등장 | 에린 침략 신화 |
|---|---|
| 종별 | 전차 |
| 소유자 | 루 |

포워르와의 싸움에 대비하여 준비했다. 어떠한 힘을 가지고 있었는지는 불명

9대의 전차
루아하타 / Luachta, 아나가트 / Anagat, 아하드 / Achad, 피오헤이아 / Feochair, 피어 / Fer, 골라 / Golla, 포사드 / Fosad, 크리브 / Craeb, 카르바트 / Carpat

### ●게 뫄슬리 / Gaí máthri

| 등장 | 에린 침략 신화 |
|---|---|
| 종별 | 창 |
| 소유자 | 루아단? |

**그 외**

이 창을 기리는 의미에서 베틀의 손잡이를 「여인의 친족의 창」이라고 부른다.

폭군 브레스의 아들 루아단을 위해 만들어진 창. 루아단이 고이뉴를 죽이려고 사용했지만 반격을 당했다.


**관련 항목**

투아하 데 다난 → No.014
오그마 → No.031
포워르 → No.034
다아다 → No.018
루 → No.016
고이뉴, 루흐타, 크루냐 → No.029

No.094

# 게 불그

Gáe Bulg

얼스터의 영웅 쿠 훌린의 대명사라고도 할 수 있는 마창 게 불그. 하지만 그 필살의 창날은 좀처럼 빛나는 일이 없었다.

## ● 그림자 나라의 여왕이 가진 비장의 무기

게 불그(게 볼가)는 얼스터 이야기에 등장하는 영웅 **쿠 훌린**이 가진 마창(魔槍)이다. 바다 괴물의 뼈로 만들었다고 전해지며, 창끝이 적의 체내에 들어가면 무려 50개나 되는 역방향의 가시가 우산처럼 펼쳐졌다고 한다. 게는 고대 게일어로 「창」, 불그는 「죽음」이나 「격통」을 의미한다.

『에바르에게 구혼』이나 『쿨리네의 황소 사냥』에서 게 불그는 본래 그림자 나라 알바(스코틀랜드)의 여왕 **스카자하**의 비장의 무기였다. 하지만 제자가 된 쿠 훌린의 능력에 반한 스카자하는 그에게 이 마창을 물려주었다고 한다. 다만 게 불그가 그 진가를 발휘하기 위해서는 보통은 생각할 수 없는 특수한 기술을 이용해야만 했다. 무려 발가락을 끼워, 발로 차듯이 적에게 던지는 방법이다. 이 일격으로 적의 몸에 들어간 마창의 칼날은 폭발적으로 넓어져 적의 체내를 갈기갈기 찢어버린다. 또 역방향으로 난 가시는 근육에 단단히 박히기 때문에 게 불그를 빼내기 위해서는 적의 몸을 베어 벌릴 수밖에 없었다.

이렇게 쓰기가 매우 까다롭기 때문인지 쿠 훌린이 게 불그를 사용한 건 함께 알바에서 수행한 친구인 코노트의 전사 **페르디아**, 스카자하의 자매 **에페**에게 낳게 한 자신의 아들 **콘라** 등 매우 소수의 우수한 전사들을 상대할 때뿐이었다. 보통은 쿠 훌린의 전차를 모는 마부이자 친구이기도 한 레그가 보관하고 쿠 훌린이 신호하면 던져서 건네는 식이었다. 하지만 그 위력은 무시무시하여 게 불그의 일격을 받은 전사들은 이미 자신이 살아날 수 없다는 것을 깨달을 정도였다.

또한 게 불그는 대부분의 경우 물가 주변에서 일어난 싸움에서 이용했기 때문에 물속에서만 쓸 수 있다고 보는 연구자도 있다.

## 게 불그

| 등장 | 얼스터 이야기 |
|---|---|
| 종별 | 무기 |
| 소유자 | 스카자하<br>쿠 훌린 |

바다의 괴물의 뼈로 만들어진 알바의 여왕 스카자하 비장의 무기.

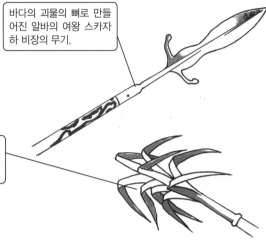

적의 체내에서 50개나 되는 역방향 가시가 우산처럼 펼쳐진다.

## 게 불그의 사용 방법

게 불그의 진가를 발휘하기 위해서는……

· 발가락에 끼우고 발로 차듯이 던져야만 한다.

· 역방향 가시를 펼치기 때문에 적의 몸을 째지 않으면 빠지지 않았고 연속 사용은 불가능.

그렇기 때문인지……

· 평소에는 레그[★1]에게 맡기고 있으며, 쿠 훌린의 신호로 던져서 건넨다.

· 강적이나 고명한 전사 이외에는 어지간해서는 쓰지 않는다. (물 주변에서밖에 쓸 수 없다는 설도 있다)

★1 레그
쿠 훌린이 전차를 모는 마부이자 친구

**관련 항목**

쿠 훌린 → No.045

페르디아 막 다만 → No.057

스카자하 → No.060

이페와 콘라 → No.048

No.095

# 회색의 마하와 흑색의 센글리우

Liath Macha & Dub Sainglend

얼스터의 영웅 쿠 훌린의 무훈을 도운 명마들. 그와 평생을 함께 한 파트너인 그 말들은 최후의 순간 다른 길을 걷는다.

## ● 쿠 훌린의 전차를 끈, 말 중의 왕

회색(쾌속)의 **마하**와 흑색의 센글리우는 얼스터 이야기에 등장하는 얼스터의 영웅 **쿠 훌린**의 전차를 끄는 말들이다. 쿠 훌린과 같은 때에 태어났다고 하며 그 인연에서 쿠 훌린의 전차를 끄는 말이 되었다. 그 높은 능력 때문에 전쟁의 여신 마하, 혹은 **모리안**이 쿠 훌린에 대한 선물로 린 리아스 늪에서 만들어냈다는 전승도 있다.

회색의 마하, 흑색의 센글리우는 모두 우수한 군마였으며 특히 회색의 마하는『쿠 훌린의 최후』에서「말 중의 왕」이라고 칭송을 받는다. 또 회색의 마하는 예지능력과 같은 힘을 가지고 있었다. 주술에 당해 죽음이 기다리는 전장으로 나아가려는 쿠 훌린을 달래듯이 전차를 끄는 것을 거부한 것이다. 게다가 억지로 전차에 매자 주인의 운명을 나타내듯 새카만 피눈물을 흘리기까지 했다.

그들이 모는 전차는 낫 모양의 칼날이 달린 특별제로, 마부는 쿠 훌린과 함께 자란 레그가 담당했다. 이 전차의 위력은 엄청나서『쿨리네의 황소 사냥』에서는 분노에 눈이 먼 쿠 훌린이 코노트의 군세 주변을 선회하여 엄청난 손해를 입힌다. 전차가 지난 자국은 굴처럼 깊이 파였으며 칼날에 베인 시체는 벽처럼 높이 쌓였다고 한다.

『쿠 훌린의 최후』에서 이 말들의 최후는 양극단적이었다. 회색의 마하는 적의 계략으로 부상을 입어 한때 모습을 감추지만 최종적으로는 쿠 훌린의 곁으로 돌아와 그를 지키기 위해 분투한다. 빈사 상태임에도 발로 50명, 이빨로 30명의 병사를 죽인다. 쿠 훌린의 사후에는 얼스터의 영웅이자 그의 젖형제 **코날 케르나하**를 쿠 훌린의 곁으로 안내하고 숨을 멎는다. 한편 흑색의 센글리우는 회색의 마하가 부상을 입었을 때 모습을 감추고 두 번 다시 돌아오지 않았다고 한다.

## 회색의 마하와 흑색의 센글리우

**등장** 얼스터 이야기

**종별** 군마

**소유자** 쿠 훌린

**유래 1**

전쟁의 여신 마하, 모리안이 준 물건.

**유래 2**

쿠 훌린과 같은 때에 태어난 인연으로 그의 군마가 된다.

## 마하, 센글리우, 그리고 전차

**회색(쾌속)의 마하**

- 말 중의 왕이라는 칭송을 받음.
- 빈사 상태에서도 다리로 50명, 이빨로 30명의 적병을 죽임.
- 쿠 훌린이 저주에 걸려 죽음을 향해 나아가자 피눈물을 흘림.
- 죽어가는 쿠 훌린을 지키고 그의 사후에는 그의 젖형제 코날을 안내.

**흑색의 센글리우**

- 마하가 부상을 입었을 때 도망치고 그대로 돌아오지 않았다. (『쿠 훌린의 최후』)

**쿠 훌린의 전차**

- 낫 모양의 칼날이 달린 특별 사양.
- 쿠 훌린의 소꿉친구 레그가 조종.
- 적군 주변을 선회하자 바닥이 굴처럼 파였으며 시체를 벽처럼 쌓았다.

**관련 항목**

쿠 훌린 → No.045
모리안 → No.027
바이브, 마하, 네반 → No.028
코날 케르나하 → No.050

No.096

# 칼라드볼그

비극의 영웅 페르구스가 휘두른 두 개의 자루를 가진 마검. 그 검의 일섬은 무지개를 부르고 산꼭대기 마저 베어 날려버렸다.

## ● 영웅 페르구스의 마법검

칼라드볼그는 얼스터 이야기에 등장하는 영웅 **페르구스 막 로이**가 가진 마법검이다. 그 이름은「통렬한 일격」을 의미하며, 제프리 오브 몬머스가 쓴『브리타니아 열왕사』의 아서 왕의 마법검 칼리번의 원형이라고 여겨진다.『쿨리네의 황소 사냥』에 따르면, 배의 키처럼 폭이 넓은 두 개의 자루가 달렸으며 휘두르면 그 궤적을 따라 무지개가 생겼다. 그 위력은 페르구스의 힘이 합쳐져 3개의 산 정상을 날려버릴 정도로, 검을 휘두르는 소리는 멀리 떨어진 토지에까지 울려 퍼졌다고 한다.

얄궂게도 이런 칼라드볼그의 일화가 남아 있는 것은 페르구스가 조국 얼스터와 대치한 때의 일이었다. 조카이자 얼스터의 왕인 **콘코바**의 간계에 이용당한 페르구스는 코노트로 망명하여 복수의 기회를 노렸다. 그리고 결국 그 기회가 왔는데, 바로 코노트의 여왕 **메이브**가 소 **돈 쿨리네**를 원하여 개시한 얼스터 침공이었다. 페르구스는 제국연합이나 다른 망명자들과 함께 침공에 참가했지만, 메이브와 정교를 나눈 것이 코노트의 왕 **알릴**의 분노를 사 칼라드볼그를 도둑맞고 알릴의 전차에 숨겨졌다. 형태가 비슷한 목검을 급히 마련한 페르구스였지만, 얼스터군이 집결하여 위기에 몰린 알릴은 칼라드볼그를 그에게 돌려주며 얼스터군의 소탕을 명령했다.

이것이야말로 페르구스가 기다리던 순간이었다. 전장의 혼란을 틈타 콘코바를 찾아낸 페르구스는 100명이 넘는 호위를 단숨에 베어 넘기고 그에게 돌진했다. 하지만 콘코바는 마법의 방패 오한을 가지고 있었고, 페르구스가 3번을 베어도 무사하였다. 옛 동료들의 설득도 있어 페르구스는 산 3개의 정상을 날려버리고는 그곳을 떠난다. 어쩌면 칼라드볼그의 마력이 아니라 그의 풀 곳 없는 분노가 이 일격을 만든 것일지도 모른다.

## 칼라드볼그

| 등장 | 얼스터 이야기 |
|---|---|
| 종별 | 무기 |
| 소유자 | 페르구스 막 로이 |

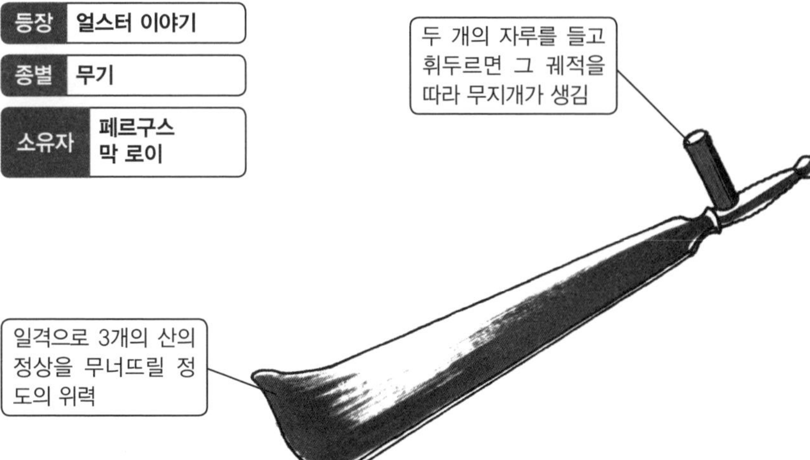
두 개의 자루를 들고 휘두르면 그 궤적을 따라 무지개가 생김
일격으로 3개의 산의 정상을 무너뜨릴 정도의 위력

## 『쿨리네의 황소 사냥』에서 묘사하는 칼라드볼그

페르구스 — 콘코바의 간계에 이용당해 코노트로 망명한 옛 얼스터의 영웅

유명한 소 돈 쿨리네를 원하는 메이브★1가 이끄는 코노트, 제국연합의 얼스터 침공 개시!

알릴★2이 칼라드볼그를 훔쳐 자신의 전차에 숨긴다. 페르구스는 목검으로 대용.

코노트, 제국연합의 패전 기운. 알릴은 페르구스에게 칼라드볼그를 돌려줌.

호위 100명을 단숨에 베었지만 마법의 방패에 막혀 콘코바★3를 죽이지 못함!

↓

페르구스, 예전 동료들의 설득으로 산 3개의 정상을 무너뜨리고는 물러난다…….

★1 메이브
코노트의 여왕. 페르구스를 애인으로 다룸

★2 알릴
코노트의 왕. 메이브와 페르구스의 사이를 질투

★3 콘코바
페르구스의 조카이자 얼스터의 왕

### 관련 항목

페르구스 막 로이 → No.049
메이브 → No.056
알릴 막 마가하 → No.055
콘코바 막 네사 → No.043
돈 쿨리네와 핀베나하 → No.100

No.097

# 룬

Lúin

불꽃을 두르고 으르렁대며 전장을 누빈 마창 룬. 두프타흐의 창으로도 알려진 이 무기는 신들의 유산이었다.

## ● 전장을 찾아 헤매는 마법의 창

룬은 얼스터 이야기에 등장하는 마법의 창이다. **붉은 가지 기사단** 켈트하르 막 우타카르의 무기였지만 일시적으로 붉은 가지 기사단의 두프타흐 등에게 빌려준 경우도 있다. 소유자의 이름에서 켈트하르의 룬, 두프타흐의 창이라고도 불린다. 코노트의 얼스터 침공을 그린『쿨리네의 황소 사냥』에서는 켈트하르가,『다 데르가 관의 붕괴』에서는 두프타흐가 룬을 사용한다.

『다 데르가 관의 붕괴』나『울라드의 전사들의 주정』등에서 룬은 결코 노리는 타겟에서 빗나가는 일은 없지만, 싸움의 징조가 있을 때는 수면초 안에 보관하고 싸우기 전에 창끝을 드루이드와 개와 고양이의 피로 만든 새카만 독을 채운 큰 솥에 담가 창의 자루나 소유자가 불타지 않도록 해야만 했다고 한다. 그러지 않으면 피에 굶주려 으르렁대고 불꽃을 뿜으며 전장으로 날아갔다고 한다. 이 창은 **투아하 데 다난**이 만든 것으로 **포워르**와의 결전 모이투라 2차 전쟁에서 분실된 것이다.

매우 비슷한 묘사는 투아하 데 다난의 전사 투렌의 3형제가 모은 페르시아의 왕 페자르의 독창에서도 볼 수 있고, 광명의 신 루가 가진 마법의 창을 포함한 이들 창이 동일한 것이라고 보는 연구자도 적지 않다. 두프타흐는 켈트하르에게서 빌린 이 창을 가지고 아일랜드의 지고왕 **코나레 모르**를 지키기 위해 분전한다. 하지만 창 하나의 힘으로 전장의 열세를 뒤집을 수는 없었다. 코나레는 살해당하고 두프타흐도 간신히 전장에서 도망친다. 또 얼스터의 왕 **콘코바**의 아들 코르막의 죽음을 그린『다 코가 관』에서 두프타흐는 코노트의 전사 페드리위드가 휘두른 룬에 맞아 살해당한다고 한다.

## 룬

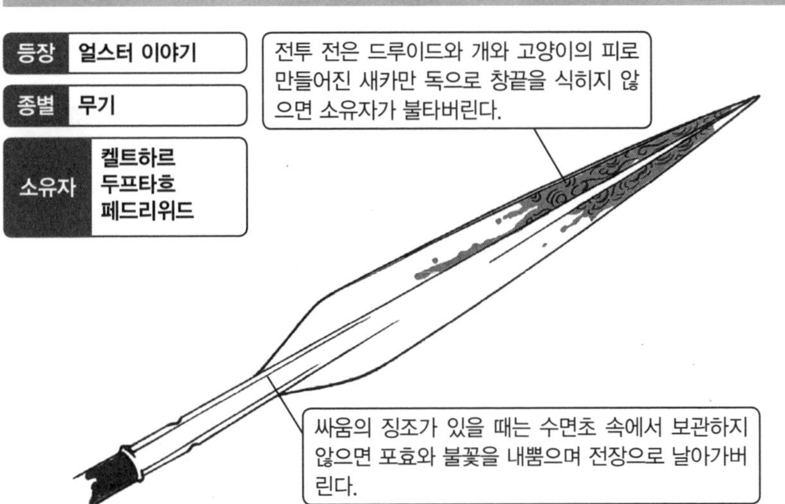
등장 얼스터 이야기
종별 무기
소유자 켈트하르 두프타흐 페드리위드
전투 전은 드루이드와 개와 고양이의 피로 만들어진 새카만 독으로 창끝을 식히지 않으면 소유자가 불타버린다.
싸움의 징조가 있을 때는 수면초 속에서 보관하지 않으면 포효와 불꽃을 내뿜으며 전장으로 날아가버린다.

## 룬의 내력

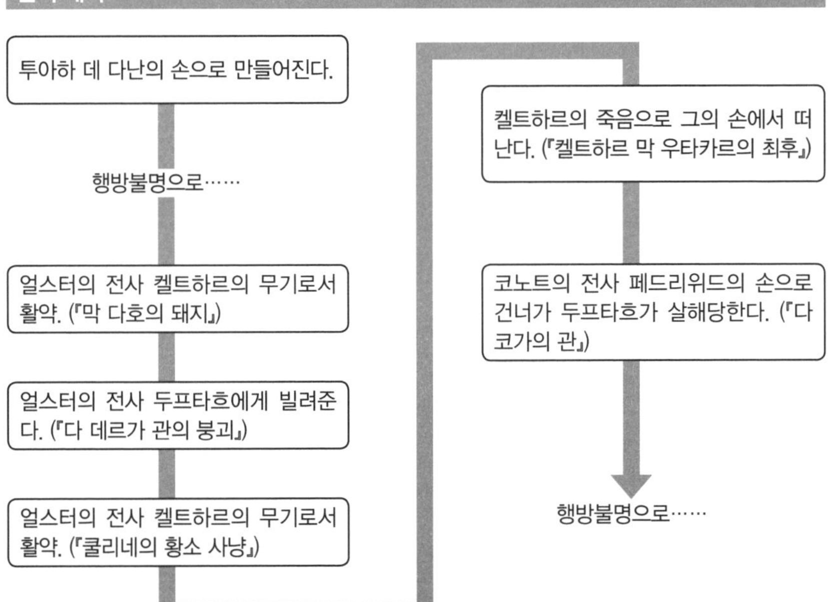
투아하 데 다난의 손으로 만들어진다.
행방불명으로……
얼스터의 전사 켈트하르의 무기로서 활약. (『막 다호의 돼지』)
얼스터의 전사 두프타흐에게 빌려준다. (『다 데르가 관의 붕괴』)
얼스터의 전사 켈트하르의 무기로서 활약. (『쿨리네의 황소 사냥』)
켈트하르의 죽음으로 그의 손에서 떠난다. (『켈트하르 막 우타카르의 최후』)
코노트의 전사 페드리위드의 손으로 건너가 두프타흐가 살해당한다. (『다 코가의 관』)
행방불명으로……

**관련 항목**

붉은 가지 기사단 → No.042
포워르 → No.034
콘코바 막 네사 → No.043
투아하 데 다난 → No.014
코나레 모르 → No.061

No.098

# 핀 막 쿨의 소유물

피아나 기사단의 단장이라는 찬란한 지위에 어울렸던 핀은 수많은 보구를 가지고 있었다. 그것들은 모두 심상치 않은 힘을 가졌다.

## ● 핀 막 쿨의 모험을 도운 마법의 도구

**피아나 기사단** 단장 **핀 막 쿨**은 자신이 가진 신비한 능력에 더해 다양한 마법 물품을 가지고 있었다.

학 가죽으로 만든 주머니, 혹은 피아나 기사단의 보물주머니는 피아나 기사단의 단장이란 증거였다. 빨강과 파랑으로 물들인 이 주머니에는 신비한 힘이 있어 허리에 찰 정도의 크기임에도 여러 무기와 방어구를 안에 넣을 수 있었다. 일설로는 원래 **투아하 데 다난**의 해신 **마나난**이 가진 물건으로, 학으로 모습이 바뀐 그의 연인의 가죽을 사용한 것이라고도 한다.

핀의 애검으로 전해지는 것이 막 아 룬이다. 「창의 아들」이라는 이름을 가진 이 검은 핀과 거인과의 싸움에 이용되었다. 『옛 노인들의 이야기』에는 그 외에 핀의 검으로 크라브글라사하(회색의 지팡이)라는 검이 등장한다. 이것은 에스크라라는 황금의 뿔잔과 함께 피아나 기사단 부단장 골의 아들의 집안에 전해져 훗날 피아나 기사단의 생존자 키르타가 성 패트릭에게 양도하였다. 또 핀의 창으로는 오르라스라하(불타는 금), 뒨데르그(붉은 목)라는 창이 등장한다. 이것은 각각 코노트의 왕자 아르트, 에오간이 받는다.

불꽃의 아레인이라는 마물을 퇴치한 마법의 창 비르가도 역시 핀의 무기 중 하나이다. 이 창은 원래 핀의 아버지에게 은혜를 입은 전사 피아하의 것이었다. 달빛처럼 푸르게 빛나는 강철의 끝을 30개에 이르는 금의 징으로 장식한 아름다운 창이며, 일설에는 투아하 데 다난의 대장장이 레인이 만들었다고 한다. 이 창은 싸움에 임하면 벌의 날갯짓 같은 소리를 내는 독창으로, 칼집에 담아 끝을 이마에 대면 수면의 마술로부터 도망칠 수 있었다. 핀은 이때 녹색 무늬가 있는 붉은 마법의 망토도 이용했다. 이것으로 아레인의 불꽃을 막을 수 있었다고 한다.

## 핀 막 쿨의 소유물

### ●학 가죽 주머니(피아나 기사단의 보물주머니) / Corrbolg

| 분류 | 핀 이야기 |
|---|---|
| 종별 | 마법의 주머니 |

피아나 기사단 단장의 증거. 수많은 무기와 방어구가 들어간다. 본래는 마나난의 물건?

### ●막 아 룬 / Mac an Lúin

| 분류 | 핀 이야기 |
|---|---|
| 종별 | 검 |

핀의 애검으로 여겨지는 마법의 검. 거인과의 싸움에 이용되었다.

### ●비르가 / Birgha, 붉은 망토

| 분류 | 핀 이야기 |
|---|---|
| 종별 | 창과 망토 |

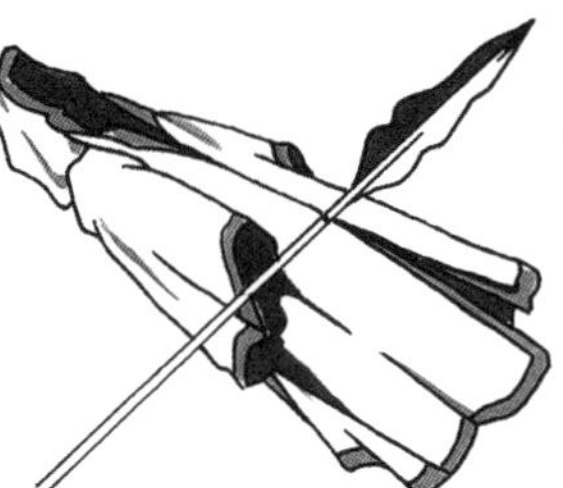

창끝을 이마에 대면 아레인의 수면 마술을 막고, 망토는 불꽃을 막았다.

**●오르라스라하(불타는 황금) / Orlasrach / 창**

**●뮌데르그(붉은 목) / Muinderg / 창**

핀에게서 각각 코노트의 왕자 아르트와 에오간에게 넘어간다.

**●크라브글라사하(회색의 지팡이) / Craebghlasach / 검**

**●에스크라 / Escra / 황금의 뿔잔**

피아나 기사단 부단장인 골의 아들 집안에 전해진다.

피아나 기사단의 생존자 키르타의 손에서 성 패트릭에게 양도.

**관련 항목**

피아나 기사단 → No.063
핀 막 쿨 → No.064
투아하 데 다난 → No.014
마나난 막 리르 → No.026

No.099

# 드루이드의 지팡이

켈트 신화 안에서 큰 역할을 맡은 드루이드의 지팡이. 대부분의 경우는 소박한 형상이지만 그곳에 담긴 힘은 갖가지 효과를 불러왔다.

## ● 드루이드들이 이용한 만능 지팡이

드루이드의 지팡이는 아일랜드나 웨일스 전승에 등장하는 마법의 지팡이이다. 수많은 영웅, 마술사들이 소지하여 드루이드의 비술을 사용할 때 이용하였다. 드루이드의 지팡이의 형태에 관해서 자세한 기술은 없지만 7세기에 쓰인『성 패트릭의 생애』에 따르면, 성 패트릭에 대해「끝이 굽은 지팡이를 가지고, 머리에 구멍이 있는 지팡이를 들고」라며 야유하는 장면이 있어서 적어도 이런 모양의 지팡이는 아니었음을 알 수 있다.

소재는 영적인 식물로 여겨지던 오크, 마가목, 주목, 사과나무, 그리고 시인에게 영감을 주었다고 하는 개암나무 등이 이용되었다.

드루이드의 지팡이에는 여러 힘이 있는데 그중에서도 특징적인 것이 대상의 모습을 바꾸는 힘이다. 이 지팡이로 맞은 자는 본인의 의지와는 상관없이 술자가 바라는 모습으로 바뀌었다. 광명의 신 **루**의 아버지 키안이나 투렌 3형제의 장남 **브리안** 등의 **투아하 데 다난**의 신들은 이 지팡이를 여러 궁지로부터 헤쳐 나오는 것에 이용한다. 다만 이런 변신은 일종의 저주여서 변신시킨 본인이 아니라면 풀지 못하는 경우도 많다.『리르의 아이들의 최후』에서는 투아하 데 다난의 해신 **리르**의 자식들을 계모 에바가 백조로 바꾼다. 또『에단에게 구혼』에서는 미이르의 처 파우나하가 미녀 **에단**을 물웅덩이나 나비로 바꾸고 만다. 그래서인지 이러한 변신을 벌로 이용하는 경우도 있다.『마비노기온』제4장에 등장하는 귀네드의 왕 **마스**는 조카이자 마술사인 **귀디온** 형제를 벌하기 위해 그들을 한 쌍의 동물로 변신시켜 1년을 지내게 했다고 한다. 이 저주는 강력하며 마술사인 귀디온도 자신의 의지로 풀 수 없었다.

## 드루이드의 지팡이

| 등장 | 에린 침략 신화<br>웨일스 전승 |
|---|---|
| 종별 | 지팡이 |

『성 패트릭의 생애』에서 성 패트릭에 대해 「끝이 구부러진 지팡이를 가지고, 머리에 구멍이 난 지팡이를 들고」라며 야유하고 있었기에 적어도 그런 형태가 아니었다는 것을 추측할 수 있지만 상세한 내용은 불명.

## 신화에서 보이는 드루이드의 지팡이

**주요 소재**

영적인 식물, 귀금속 등이 많다

식물의 예
- 오크
- 마가목
- 주목
- 사과
- 개암나무

금속의 예
- 금
- 은
- 동
- 철

**주요 능력**

대상을 원하는 모습으로 바꾼다!

이야기 속에서의 예
- 루의 아버지 키안은 돼지로 변신해 추적자에게서 도망치려 한다. (『투렌의 아들들의 최후』)
- 에바가 전처의 자식들을 백조로 바꾼다. (『리르의 아이들의 최후』)
- 미이르의 처 파우나하가 에단을 물웅덩이나 나비로 바꾼다. (『에단에게 구혼』)
- 브리안은 상황에 맞춰 동생들을 엽견이나 매로 변신시켰다. (『투렌의 아들들의 최후』)

▼

술법을 걸은 본인 이외에는 해제할 수 없다

▼

그래서 형벌 등에 이용되는 경우도 있었다

이야기 속에서의 예
- 귀네드의 왕 마스는 자신을 배신한 조카 귀디온 형제를 벌하기 위해 동물로 변신시킨다. (『마비노기온』 제4화)

**관련 항목**


루 → No.016
투아하 데 다난 → No.014
에단 → No.021
브리안, 유하르, 유하르바 → No.024
리르 → No.025
마스와 귀디온 → No.077

No.100

# 돈 쿨리네와 핀베나하

Donn Cuailnge & Findbennach

얼스터와 코나트 양국을 대표하는 두 마리의 소들. 하지만 그들은 서로를 적대시하는 남자들의 변한 모습이었다.

## ● 전쟁의 방아쇠가 된 2마리의 수소

돈 쿨리네와 핀베나하는 얼스터 이야기에 등장하는 마법의 수소이다. 『두 돼지치기의 탄생에 대하여』에서 이 두 마리는 각각 먼스터의 여정왕 보브, 코노트의 요정왕 오하르를 모시는 돼지치기였다. 마법에 능한 그들은 서로 기술을 경쟁하며 차례차례 모습을 바꾸어 싸웠다. 최종적으로는 구더기(뱀장어, 지렁이라고도 함)가 되어 흐르는 강에 떨어진 것을 수소에게 먹혀, 새끼소로 새로이 태어나게 되었다.

돈 쿨리네는 검은 수소로 매일 50마리의 암소에게 새끼를 낳게 하고 그 등에 30명의 아이를 태울 수 있을 정도로 거대한 소였다. 한편 핀베나하는 하얀 뿔을 가진 붉은 털의 수소로 그 뒤에서 100명의 전사가 쉴 수 있었고, 수소지만 그 젖으로 몇 십 명이나 되는 사람을 먹여 살릴 수 있었다고 한다. 핀베나하는 본래 코노트의 여왕 **메이브**의 소유물이었으나, 성장함에 따라 여성에게 다가가지 않게 되고 그녀의 남편인 코노트의 왕 **알릴**이 기르는 소의 무리에 들어갔다. 이것이 훗날 코노트가 얼스터를 침공하는 계기가 된다. 『쿨리네의 황소 사냥』에서 어느 날 메이브는 알릴과 가진 것의 우열을 경쟁하는 일이 있었다. 좀처럼 승부가 나지 않았지만 가축 비교에서 메이브는 알릴에게 패배한다. 메이브가 소지한 소의 무리에는 핀베나하와 견줄 수소가 없었기 때문이다. 거기서 메이브는 얼스터의 다이러가 기르는 유명한 수소 돈 쿨리네를 손에 넣으려고 하였다. 다만 이 시도는 다이러에게 보낸 사자의 부주의한 한마디로 파담이 된다. 애가 탄 메이브는 얼스터에서 온 망명자 **페르구스 막 로이**의 조언을 받아 얼스터를 침공. 수많은 희생을 치른 끝에 돈 쿨리네 약탈에 성공한다. 하지만 코노트에서 얼굴을 마주한 두 마리의 수소는 격렬하게 싸우기 시작하더니 한쪽은 핏덩이를 토하며 쓰러지고, 한쪽은 폭주해 산에 돌격하여 죽고 말았다.

## 돈 쿨리네와 핀베나하

| 등장 | 얼스터 이야기 |
|---|---|
| 종별 | 수소 |
| 소유자 | 알릴(핀베나하), 다이러(돈 쿨리네) |

**그 외**

본래는 요정왕 보브와 오하르의 돼지치기. 서로 기술을 경쟁하며 전생을 거듭해 최종적으로는 수소가 된다.

**돈 쿨리네**

검은 수소. 하루에 50마리의 새끼를 암소에게 낳게 하고, 등에 30명의 아이를 태울 수 있었다.

**핀베나하**

흰 뿔의 붉은 수소. 그 그림자에 100명의 전사가 쉴 수 있었고, 몇 십 명의 사람들을 젖으로 먹여 살릴 수 있었다.

## 『쿨리네의 황소 사냥』의 전말

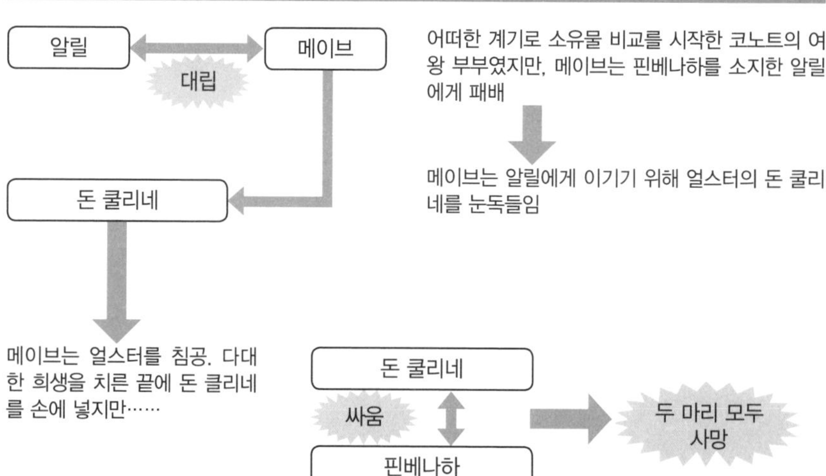
알릴
메이브
대립
어떠한 계기로 소유물 비교를 시작한 코노트의 여왕 부부였지만, 메이브는 핀베나하를 소지한 알릴에게 패배
메이브는 알릴에게 이기기 위해 얼스터의 돈 쿨리네를 눈독들임
돈 쿨리네
메이브는 얼스터를 침공. 다대한 희생을 치른 끝에 돈 클리네를 손에 넣지만……
돈 쿨리네
싸움
핀베나하
두 마리 모두 사망

**관련 항목**

메이브 → No.056
페르구스 막 로이 → No.049
알릴 막 마가하 → No.055

No.101

# 브란과 스콜론

Bran & Skolawn

피아나 기사단의 단장 핀의 엽견 브란과 스콜론. 그들은 인간의 말을 이해하고 마술을 간파하는 지혜를 가진, 그 무엇과도 바꿀 수 없는 핀의 파트너였다.

## ● 핀 막 쿨이 아끼던 엽견들

브란과 스콜론은 핀 이야기에 등장하는 **피아나 기사단** 단장 **핀 막 쿨**이 기르는 엽견이다. 이 두 마리의 엽견은 본래 핀의 사촌동생으로 태어나야 했다. 하지만 운명의 장난으로 그들은 엽견으로 생애를 보내게 된다.

그들의 어머니 튀렌은 핀의 어머니 마나의 동생이었다. 그녀에게는 우란이라는 남편이 있었는데, 어느 날 우란에게 반한 요정이 나타난다. 요정은 브란과 스콜론을 임신했던 튀렌을 마법으로 개로 만든다. 그렇게 태어난 것이 그들인 것이다. 핀은 이 두 마리의 엽견을 매우 사랑하여 어디에든 데리고 다녔다. 핀은 인생에서 단 두 번만 울었다고 하는데, 그 한 번이 브란을 잃었을 때라고 한다.

브란과 스콜론은 원래 인간이었기 때문인지 마법으로 모습을 바꾼 인간을 간파할 수 있었다. 훗날 핀의 처가 되는 미녀 시바는 어둠의 드루이드의 힘으로 작은 사슴이 되었는데, 그들이 보호한 덕분에 사냥감이 되는 것을 피할 수 있었다. 또 그녀의 아이 **오신**을 숲속에서 발견하고 보호한 것도 그들이었다.

다른 전승에서는 브란과 스콜론은 아이를 납치하는 거인이 기르는 암컷 엽견의 자식이라고 한다. 브란은 가슴이 하얀 얼룩 개이고 스콜론은 회색 개였다. 핀은 거인을 퇴치할 때 그들이 마음에 들어서 데리고 돌아왔다고 한다. 또 다른 전승에서는 스콜론은 등장하지 않고 브란만 등장한다. 이 전승에서 핀은「손자에게 나라를 빼앗긴다」라는 예언을 두려워 한 어머니 마나의 부왕에게 목숨이 위태로워진다. 그의 아버지 쪽 조모는 그를 보호하고 은거 생활을 보낸다. 그때 함께 성에서 데리고 온 것이 브란이었다. 이 브란은 인간의 말을 이해하고 핀에게 여러 번 조언을 건넨다.

## 브란과 스콜론

**등장** 핀 이야기

**종별** 엽견

**소유자** 핀

**외견**

브란은 가슴이 흰 얼룩무늬, 스콜론은 회색.

**능력**

인간의 언어를 이해하고 마법으로 모습을 바꾼 사람을 간파하는 힘.

## 브란과 스콜론과 핀의 관계

**일반적인 전승에서는……**

튀렌이 남편을 사랑하던 요정에 의해 엽견으로 변한다.

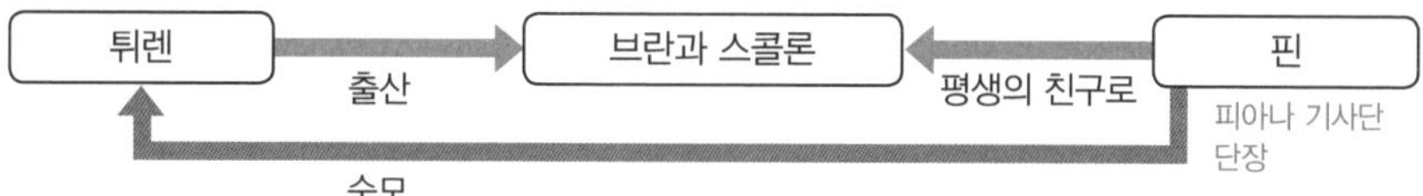


핀은 생애에 걸쳐 단 두 번만 울었는데, 그 한 번은 브란이 죽었을 때!

**그 외의 전승에서는……**

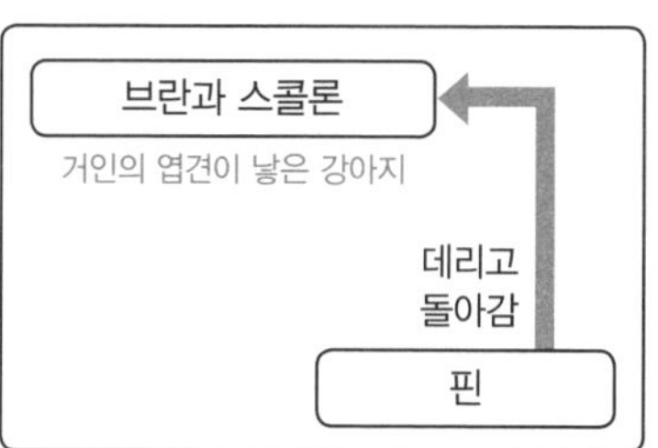


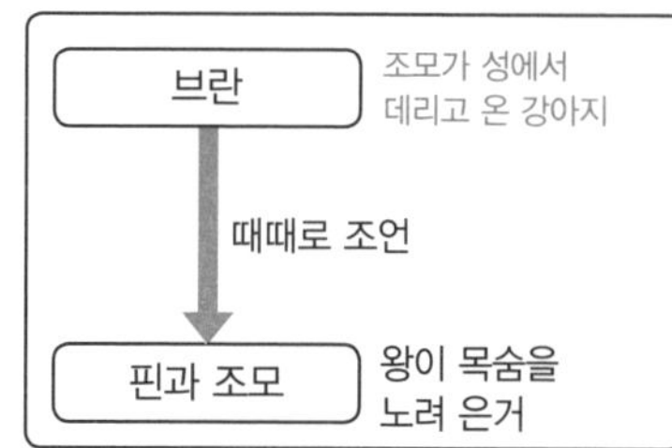


**관련 항목**

피아나 기사단 → No.063
핀 막 쿨 → No.064
오신 → No.065

No.102

# 알베(막 다호의 엽견)

Ailbe(Mac Dathó's Hund)

우수한 엽견을 가지는 것은 켈트 귀족의 필수 교양이었다. 명견 알베는 그 우수함 때문에 우스꽝스럽고도 무익한 분쟁을 불러온다.

## ● 개의 마물에서 태어난 엽견들

알베는 얼스터 이야기에 등장하는 마법의 엽견이다. 『막 다호의 돼지 이야기』에서 **붉은 가지 기사단**의 전사 켈트하르 막 우타카르가 개의 마물을 퇴치했을 때 남겨진 세 마리의 강아지 중 한 마리를 렌스터의 왕 메스로다 막 다호가 키운 것이다. 우수한 번견이자 엽견이었으며, 얼스터의 왕 **콘코바 막 네사**, 코나트의 왕 **알릴**과 여왕 **메이브** 쌍방에서 소유를 원할 정도였다. 막 다호 자신은 그것을 명예롭다고 생각하면서도 중요한 엽견은 한 마리밖에 없었으므로, 거절하거나 어느 한쪽에 알베를 건넸다가는 전쟁이 일어날 것이 불을 보듯 뻔했다. 고민에 빠졌던 막 다호는 처와 함께 계획을 짠다. 얼스터와 코노트 쌍방에 알베를 보낼 것을 약속하여 알아서 엽견의 소유권을 두고 다투도록 만들려고 했던 것이다.

막 다호는 자신이 소유한 또 하나의 보물, 훌륭하게 키운 거대한 돼지를 잡아 연회를 열었다. 당초 연회는 온화하게 진행되었지만 이윽고 돼지를 나누는 명예를 둘러싸고 얼스터와 코노트의 군세가 다투기 시작한다. 쌍방의 싸움은 용사 코날 케르나하의 도발로 더욱 가열되고 결국 처리할 수 없게 된 막 다호는 알베를 풀어 양군을 덮치게 한다. 알베는 무엇이 마음에 들었는지 얼스터의 군세에 가담해 분전했고 알릴이 탄 마차를 맹렬히 공격했다. 견딜 수 없게 된 마부는 어쩔 수 없이 검을 빼 엽견의 목을 자른다. 싸움의 원흉을 잃은 양군은 각각 자신의 나라로 돌아갔다. 막 다호는 나라는 지켰지만 그 후 알베나 돼지에 필적할 만한 보물을 손에 넣는 일은 없었다고 한다. 또 알베의 형제들은 대장장이 크란의 번견과 검은 개의 마물로 성장했다. 크란의 번견은 **쿠훌린**, 개의 마물은 켈트하르에게 각각 살해당한다.

## 알베

| 등장 | 얼스터 이야기 |
|---|---|
| 종별 | 엽견 |
| 소유자 | 막 다호 |

붉은 가지 기사단의 켈트하르가 퇴치한 마견의 3마리의 새끼 중 하나 → 남은 강아지는…… → 쿠 훌린의 이름의 유래가 되는 대장장이 쿨란의 엽견으로 / 켈트하르가 키움

## 『막 다호의 돼지 이야기』

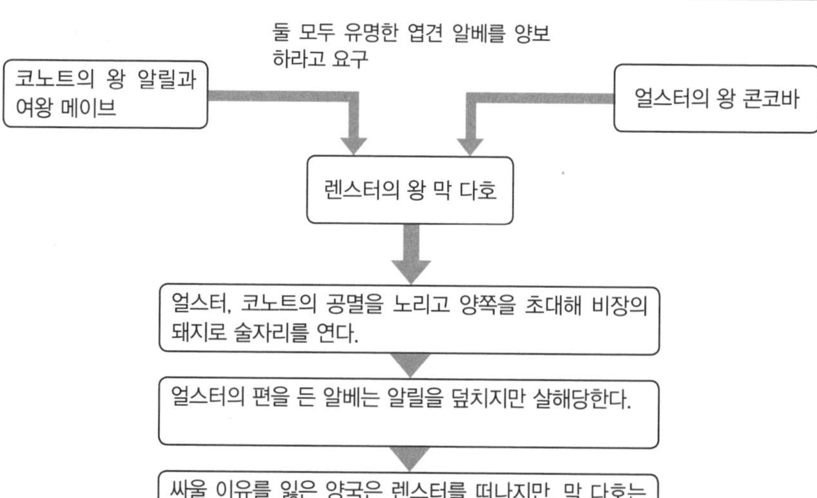
둘 모두 유명한 엽견 알베를 양보하라고 요구
코노트의 왕 알릴과 여왕 메이브
얼스터의 왕 콘코바
렌스터의 왕 막 다호
얼스터, 코노트의 공멸을 노리고 양쪽을 초대해 비장의 돼지로 술자리를 연다.
얼스터의 편을 든 알베는 알릴을 덮치지만 살해당한다.
싸울 이유를 잃은 양국은 렌스터를 떠나지만, 막 다호는 이 싸움으로 두 가지의 보물을 잃고 만다.

### 관련 항목

붉은 가지 기사단 → No.042
알릴 막 마가하 → No.055
쿠 훌린 → No.045
콘코바 막 네사 → No.043
메이브 → No.056

No.103

# 마법의 멧돼지들

멧돼지는 켈트인에게 중요한 식량이자 용맹함의 상징이었다. 이 위험한 사냥의 대상은 수많은 이야기에서 마물로 그려졌다.

## ● 거칠게 날뛰는 야생의 상징

켈트인에게 멧돼지는 매우 중요한 생물이었다. 그 흉포함과 강인함은 멧돼지를 전쟁의 상징으로 만들었고, 고기의 맛은 멧돼지를(그리고 돼지도) 연회의 주역으로 삼았다. 그리고 멧돼지 사냥은 목숨을 건 큰 작업이었다. 그래서인지 아일랜드나 웨일스 전승에는 강력한 힘을 가진 멧돼지가 등장한다.

벤 발벤 숲의 멧돼지는『디어뮈드와 그라냐의 추적』에 등장하는 마법의 멧돼지다. 귀와 꼬리가 없는 거대한 멧돼지로 그 뻣뻣한 털에는 강력한 독이 있었다. 일설에는 벤 발벤은 원래 이 멧돼지의 이름이었다고도 한다. 이 멧돼지는 피아나 기사단의 젊은 전사 **디어뮈드**의 어머니 튀렌이 불륜 끝에 임신한 아이의 시체에서 태어났다고 한다. 부정한 자식을 디어뮈드의 아버지 **돈**은 달가워하지 않았다. 어느 날 번견을 겁내 자신의 다리 밑에 숨는 것을 본 돈은 다리에 힘을 주어 그 아이를 죽이고 만다. 이 일에 놀란 것이 튀렌의 불륜 상대였다. 그는 드루이드의 지팡이로 자식의 시체를 두드렸고, 그러자 멧돼지가 뛰쳐나와 숲으로 도망쳤다고 한다. 이 멧돼지는 디어뮈드를 죽일 것이라는 예언이 있었고, 이것을 이용한 **핀 막 쿨**의 계략으로 디어뮈드는 목숨을 잃게 된다.

트루흐 트뤼스는『킬흐와 올웬』에 등장하는 마법의 멧돼지이다. 은색의 털을 가진 글루긴을 비롯하여 7마리의 자식을 데리고 다녔다. 양 귀 사이에 빗과 가위와 면도칼이 꽂힌 거대한 멧돼지로, 옛날에는 왕이었지만 죄를 지어 신이 그런 모습으로 만들었다고 한다. 거인 **아즈바다덴 벤카우르**가 딸 **올웬**과의 결혼을 바라는 **킬흐**에게 예물로 요구한 것이 이 멧돼지의 귀 사이에 꽂힌 물품들로, 이것을 둘러싸고 트루흐 트뤼스와 아서 왕의 군세가 싸우게 되었다. 이 싸움은 아일랜드 국토의 5분의 1을 황폐화시키고 수많은 전사의 목숨을 앗아갔다고 한다.

## 마법의 멧돼지들

멧돼지

· 그 흉포함과 강인함 때문에 전쟁의 상징으로.
· 고기의 맛이 좋아 연회의 주역으로.
· 하지만 사냥은 목숨을 건 큰 일.

강력한 힘을 가진 마물로 전설에 등장!

### ●벤 발벤의 멧돼지 / Torc Binn Ghulbain

| 등장 | 핀 이야기 |
|---|---|
| 종별 | 멧돼지 |

**가족**

어머니 : 튀렌
의부 : 돈
의붓형제 : 디어뮈드

**외견**

귀와 꼬리가 없는 멧돼지. 강모에는 독이 있다.

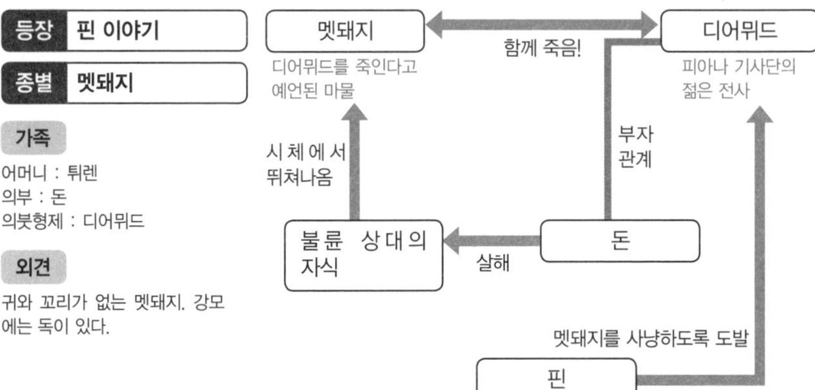


### ●트루후 트뤼스 / Twrch Trwyth

| 등장 | 웨일스 전승 |
|---|---|
| 종별 | 멧돼지 |

**가족**

글루긴을 비롯한 7마리의 자식.

**외견**

두 귀 사이에 빗과 가위, 면도칼을 꽂은 큰 멧돼지.

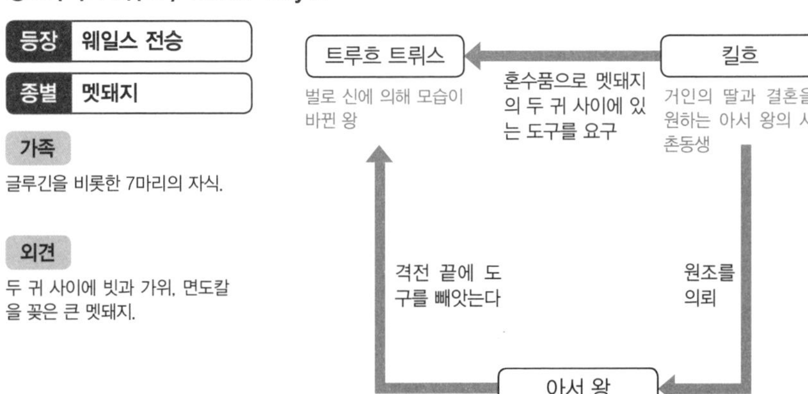


**관련 항목**

디어뮈드 오 디나 → No.067
핀 막 쿨 → No.064
킬흐와 올웬 → No.080
돈 → No.041
아즈바다덴 벤카우르 → No.081

No.104

# 마법의 연어

아일랜드나 웨일스에 사는 켈트인에게 연어는 신성한 물고기였다. 그렇기에 수많은 전승에서 중요한 역할을 맡는다.

## ● 도서 켈트의 지혜의 상징

아일랜드나 웨일스 신화, 전승에서 연어는 지혜나 지식을 상징하는 존재로 등장한다. 연어가 그런 취급을 받게 된 이유에는 반드시 태어난 강으로 돌아온다는 신비한 습성에서, 그 고기가 인간의 근육과 비슷한 색을 띠고 있어서 등의 설이 있으며 명확하지는 않다. 아일랜드의 핀 이야기에 등장하는 마법의 잉어 핀탄은 이런 연어 중에서도 특히 유명하다. 이 연어는 보인 강에서, 우물 옆에 돋아난 9그루의 개암나무 열매를 먹고 살고 있었다. 개암나무는 그 열매에 지혜가 깃들어 있다고 여겨지며 먹을 때마다 연어의 반점이 하나씩 늘어난다고 한다. 그래서 반점이 많은 연어일수록 지혜를 많이 축적하고 있다고 여겼다. 드루이드인 핀네가스는 예언대로 이 연어를 붙잡아 **핀**에게 먹일 것을 계획했다. 당시 그의 밑에는 자신의 본명이 디무나라고 밝히는 핀이 수행을 하러 왔었고, 핀네가스는 핀에게 붙잡힌 잉어를 요리시켰다. 그때 연어의 지방으로 손가락에 화상을 입은 핀은 훌륭한 지식을 얻었다. 그리고 그가 핀이라고 불린다는 것을 안 핀네가스는 그에게 연어를 먹인 것이다.

얼스터 이야기의 『쿠 로이의 최후』에는 인간의 영혼을 가진 마법의 연어가 등장한다. 얼스터의 젊은 영웅 **쿠 훌린**과 처를 두고 다투게 된 쿠 로이는 연어에 혼을 숨겨 죽지 않았다. 하지만 이 비밀이 들킨 그는 쿠 훌린에게 살해당한다.

한편 웨일스의 **『킬흐와 올웬』**에는 린 리우(리우 호수)에 사는 연어가 등장한다. 이 연어는 동물들 중에서도 가장 나이를 먹은 장로격의 존재로, 전설적인 사냥꾼 마본을 찾는 킬흐를 그가 잡혀 있는 감옥까지 안내한다. 사람을 태우고 헤엄칠 수 있을 정도로 거대한 연어로, 예전에는 수많은 매들에게 습격당한 때에도 꿈쩍하지 않았고, 도리어 평화의 사자를 보낼 정도였다.

## 전설에 등장하는 마법의 연어들

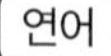

켈트 문화권에서 지혜와 지식의 상징.

연어가 신성시된 것은
- 태어나 강으로 돌아가서?
- 고기의 색이 인간의 근육과 비슷해서?

### ●핀탄 / Fintan

**등장** 핀 이야기

핀의 지식의 원천. 보인 강 근처 우물에 있는 9그루의 지혜의 개암나무 열매를 먹고 지혜와 반점을 늘림.

핀탄 ← 구울 때 엄지에 튄 기름을 핥음 ← 핀

핀네가스 → 지혜를 바라고 간신히 손에 넣는다 → 핀탄

핀네가스 → 예언에 따라 핀에게 먹인다 → 핀

### ●마법의 연어

**등장** 얼스터 이야기

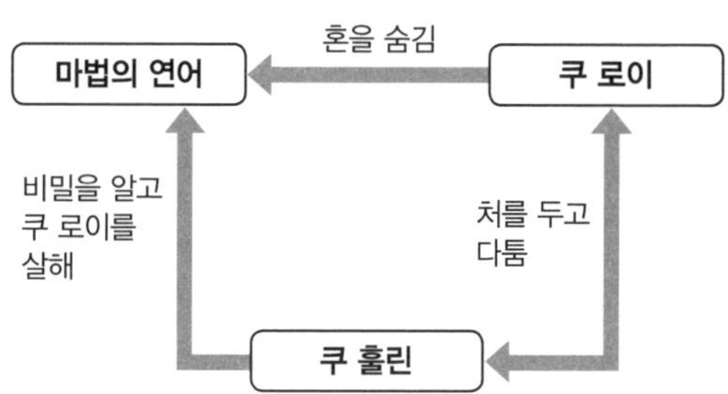


### ●장로의 연어

**등장** 웨일스 전승

린 리우에 사는 가장 오래된 동물. 사람을 태우고 헤엄칠 정도로 크고 지적이며 온후하다.

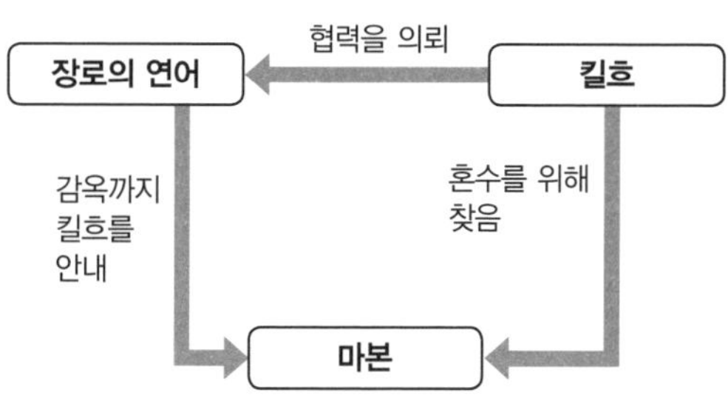


**관련 항목**

핀 막 쿨 → No.064
쿠 훌린 → No.045
킬흐와 올웬 → No.080

No.105

# 마법의 큰 솥

켈트인들에게 중요한 생활 도구였던 큰 솥은 그대로 일상의 양식과 생명을 잇기 위한 신기로서 숭배를 받았다.

## 켈트 세계에서 풍요와 재생의 상징

마법의 큰 솥은 켈트 문화권의 이야기에서 대중적인 모티프 중 하나이다. 켈트 문화권에서 큰 솥은 중요한 도구 중 하나이며 연회에서 고기를 삶기 위해, 벌꿀술이나 와인 같은 음료를 덥히기 위해, 그리고 제사 때의 제기로 이용되었다. 그만큼 친근한 도구였던 것이다. 에린 침략 신화에서는 최고신 **다아다**를 비롯하여 대장장이의 신 **고이뉴**, 해신 **마나난**, 지하의 신 미이르 등의 수많은 신들이 마법의 솥을 가지고 있다. 다아다의 큰 솥을 제외한 신들의 솥은「재생의 큰 솥」이라고 하며 불로불사의 힘을 주고 죽은 자를 재생하는 힘을 가지고 있었다고 여겨졌다.

얼스터 이야기에도 마법의 큰 솥이 등장한다. 얼스터의 젊은 영웅 **쿠 훌린**은 먼스터의 왕 쿠 로이와 함께 30마리 분량의 우유가 든 마법의 솥, 재보, 미녀 블라트나트를 노리고 필 페르가에(맨 섬)를 습격했다. 하지만 분배를 둘러싸고 다투다가 쿠 로이에게 머리털을 깎이고 지면에 파묻히는 굴욕을 맛본다.

웨일스 전승에서도 가장 유명한 것이『리르의 아이 브란웬』에 등장하는 브리튼의 왕 **벤디게이드 브란**이 아일랜드의 지고왕 마소루흐에게 보낸 큰 솥이다. 아일랜드에서 손에 넣었다고 하는 이 큰 솥은 죽은 자를 하룻밤 끓이면 말을 할 수 없게 되긴 하지만 그 이외에는 생전과 똑같이 소생시킬 수 있었다. 아일랜드에서 가지고 왔다는 마법의 큰 솥이라는 모티프는『킬흐와 올웬』에도 등장한다. **아서 왕** 일행은 조카 킬흐의 결혼식 예물로 아일랜드의 왕의 집사가 가진 큰 솥을 격전 끝에 가지고 돌아간다. 아서 왕은『안누븐의 약탈』에서도 마법의 큰 솥을 손에 넣는다. 이것은 9명의 처녀의 숨으로 불을 피워야만 했고, 겁쟁이는 그 큰 솥에서 고기를 꺼낼 수 없었다고 전해진다.

## 마법의 큰 솥

| 등장 | 에린 침략 신화<br>얼스터 이야기<br>웨일스 전승 |
|---|---|
| 종별 | 식기 |

본래는 고기를 끓이거나 와인을 덥히고 축제에서 제기로 이용하기 위한 것.

## 신화에 등장하는 큰 솥

### 에린 침략 신화

**●재생의 큰 솥**
불로불사의 힘을 주고 죽은 자를 되살리는 힘을 가졌다. 고이뉴, 마나난, 미이르 등의 소유물.

### 얼스터 이야기

**●필 페르가에의 큰 솥**
젖소 30마리 분량의 소젖을 넣은 큰 솥. 쿠 훌린은 이 큰 솥을 둘러싼 모험으로 쿠 로이에게 굴욕을 맛보게 된다.

### 웨일스 전승

**●아일랜드의 큰 솥**
벤디게이드 브란이 아일랜드에서 가지고 온 큰 솥. 죽은 자를 하룻밤 삶으면 말을 할 수 없게 되긴 해도 그 이외에는 생전과 똑같이 소생시킨다.

**●안누븐의 큰 솥**
9명의 처녀의 숨으로 불을 내야만 하고, 겁쟁이는 그 솥에서 고기를 꺼낼 수 없다.

관련 항목
다아다 → No.018
고이뉴, 루흐타, 크루냐 → No.029
마나난 막 리르 → No.026
쿠 훌린 → No.045
벤디게이드 브란 → No.075
아서 왕 → No.082

## 켈트인의 매장 의례와 묘지

문자 자료가 남아 있지 않은 켈트 문화권 사람들의 매장 의례와 묘지에 대해서 알기 위해서는 고고학 자료를 기반한 연구에 의존할 수밖에 없는 것이 현재 실상이다. 그렇다고 해도 켈트 문화권이라고 뭉뚱그려 말하기에는, 시대나 지역에 따라 수많은 매장 방법이 이용되었다.

크게 나누면 켈트인의 묘지는 초기의 분구(墳丘)형과 후기의 평총(平塚)식 분묘가 있다. 분구형은 죽은 사람을 매장하는 현실(玄室) 주변에 호를 파고 그 흙을 현실 위에 쌓아 무덤으로 만드는 것으로, 원형과 사각형으로 나뉜다. 유럽 중앙에서 브리튼 동부 요크셔까지 폭넓게 이용되었다. 아일랜드의 뉴그레인지에 있는 부르 나 보냐 등 투아하 데 다난의 신들의 거주지로 알려진 곳 대부분은 사실 이런 고대의 분구이다. 한편 평총식 분묘는 무덤을 만들지 않고 구멍을 파서 직접 유체를 매장하는 형식으로, 일종의 공동묘지였다. 기원전 400년경부터 유럽 중앙, 서부 등에서 이용된 분묘다.

유체 대다수는 제대로 의복 등을 입혀 생전의 모습으로 많은 매장품과 함께 매장되었다. 철기시대의 중앙유럽 묘지에서도 남성이라면 무기나 전차, 말이나 장식품이, 여성이라면 보석이나 장식품 같은, 그들이 생전에 애용했을 수많은 부장품이 발견되고 있다. 또 이런 부장품에는 벌꿀술이 가득 찬 큰 솥이나 식기류, 식품류 등도 포함되어 있는데, 켈트인들이 사후의 생활을 믿고 있었다는 연구자도 있다. 하지만 기원전 700년경부터 차츰 화장 문화가 전파된다. 이 화장 문화는 화장 후에 뼈를 부수고 뼈항아리에 담아 매장했기 때문에 골호(骨壺) 매장 문화라고 불린다. 『갈리아 전기』에서 켈트인들은 죽은 사람이 생전에 애용했던 도구, 나아가서는 동물이나 시중들까지 아낌없이 화장했다고 한다. 실제로 유력자의 것이라고 여겨지는 중앙의 커다란 묘 주변에 순사(殉死)했으리라 여겨지는 사람들의 작은 묘가 만들어져 있는 경우도 많다. 그 외에도 독특한 매장 방법이 몇 가지 있는데, 성대한 연회 후에 묘지에 옮겨졌다고 여겨지는 유체나 매장된 후에 못자리에 구멍을 파고 창을 던져 넣은 유체, 개중에는 조장(鳥葬)을 위해서인지 정성들여 뼈에서 근육을 발라낸 흔적이 있는 유체 등도 발견되었다. 유아 등 어린아이의 유체가 발견되지 않는 점에서 켈트 문화권 일부에서는 어린아이에게는 정식으로 매장될 자격이 없었으리라고 여기는 연구자도 있다.

또한 이런 정식 매장 의례나 묘지는 기원전 150년을 경계로 급속히 자취를 감추기 시작해 기원전 100년 이후의 것은 거의 발견되지 않는다고 한다. 이 시대를 경계로 특별한 형태의 매장이 이루어지지 않았던 것인지, 혹은 현재의 고고학 조사로는 발견할 수 없는 방식으로 바뀌었는지는 연구자 사이에서도 의견이 분분하다.

# 제 4 장

# 켈트 잡학

No.106

# 켈트인이란?

유럽 전토에 존재했다고 여겨지는 켈트인. 하지만 그들은 단일민족이 아니기에, 그 틀은 언어, 문화적 특징으로 나뉜다.

## ● 언어와 문화로 이어진 사람들

켈트인은 고대 유럽 중부와 서부, 그리고 지중해 일부 지방 등에 살았던 사람들의 총칭이다. 켈트인이라는 명칭은 기원전 7세기경 그리스인이 그들을 「켈트이」라고 부른 것에서 유래한다. 「켈트이」는 「켈트어를 말하는 사람들」이라는 의미이며, 그들을 「켈트인」으로 묶고 있는 것은 인도 유럽어에 속하는 켈트어라고 불리는 언어와 장식 등 각종 문화적 특징에 지나지 않는다. 켈트인들은 수많은 부족으로 나뉘어 있으며 그 부족마다 다른 신을 신앙했다. 신체적 특징도 『갈리아 전기』 등에 기록된 금발 곱슬머리에 키가 큰 자도 있거니와 검은 머리에 키가 작은 자도 있는 등 지역마다 크게 다르다.

켈트인은 유라시아 대륙의 대륙 켈트, 브리튼이나 아일랜드 등의 도서 켈트 이렇게 두 가지로 분류한다. 대륙 켈트는 중앙아시아에서 온 민족이라고 여겨지며, 중앙유럽을 중심으로 기원전 7세기부터 3세기에 걸쳐 북이탈리아, 이베리아 반도, 발칸 반도까지 넓은 지역에 분포되어 부족마다 독자적인 지배체제를 확립했다. 하지만 갈리아 키살비나라고 불린 알프스 이남 부족들이 로마의 속주가 된 것을 시작으로 차츰 로마인의 지배하에 들어가게 된다. 최종적으로는 게르만인들의 침공도 받아 로마와 게르만에 동화되어 모습을 감춘다.

한편 도서 켈트는 켈트 문화권이긴 하지만 선주민족인 픽트족, 켈트 이전의 이베리아 반도 민족, 게르만 민족 등의 혼혈이 그 중심으로, 대륙 켈트와의 혈연관계는 옅다고 볼 수 있다. 브리튼 섬 동부는 1세기부터 5세기의 게르만 침공까지 로마에게 점령당해 있었지만 브리튼 섬 서부의 스코틀랜드나 웨일스, 아일랜드는 침략을 면하여 섬나라 특유의 폐쇄적인 환경으로 독자적인 문화 발전을 이루게 된다.

## 켈트인이란?

중앙유럽 이민족을 「켈트이(켈트어를 말하는 사람들)」라고 부름.

켈트어를 말하는 사람들을 총칭하여 「켈트인」이라고 부르게 됨!

그리스인

**현재 켈트인의 정의**

- 인도 · 유럽 어족의 켈트어를 사용.
- 장신구 등의 문화적 특징이 공통적.

즉 단일민족은 아니다.
그래서……

- 신체적 특징이 일정하지 않다.
- 부족마다 신앙하는 신이나 신화 등이 다르다.

켈트인

## 대륙 켈트와 도서 켈트

알프스 이남 갈리아 키살비나가 로마 속주가 된다.

5세기 게르만 침공.

로마, 게르만에 흡수되어 자취를 감춘다…….

선주민인 픽트족과 이베리아 반도에서 온 이민자, 게르만인의 혼혈.
도서 켈트

브리튼 섬 동부가 로마의 속주가 된다.

5세기경 게르만 침공.

브리튼 섬에서 로마군 철수. 섬 특유의 문화가 발전.

**관련 항목**

켈트 신화란? → No.001

No.107

# 켈트인의 의복

독자적인 문화와 마술 양식을 자랑한 켈트 문화권 사람들. 그 복장에도 독특한 취향과 높은 기술력을 찾아볼 수 있다.

## ● 화려하고 다채로운 색상의 켈트 문화권 사람들의 복장

『갈리아 전기』 등 로마인의 기록이나 고고학 자료에 의하면 철기시대 이후의 남성은 긴 소매의 셔츠나 튜닉을 입고 브라카라고 불린 긴 바지를 입었다. 아일랜드에서는 바지는 그다지 이용되지 않았다고 한다. 또 그 위에 사그드라고 불리는 양모제 망토를 두르고 검을 달기 위한 벨트를 맸다. 망토는 안전핀 같은 피불라나 브로치로 고정했다. 한편 여성은 두 장의 천을 옆구리 부근에서 꿰메고 양어깨 부분을 브로치로 여민 원피스 형태의 의복이나 휘감는 스커트 등의 의상을 입었다. 그 위에 두꺼운 케이프나 망토를 입고 장식용 벨트로 고정했다. 일부에서 비단실이 이용된 것 이외는 아마와 양모가 중심으로, 무늬는 타탄체크나 트위드가 주로 이용되었다. 신발은 남녀 모두 가죽제 샌들이나 부츠로, 개중에는 아름다운 금속구로 장식한 호화로운 신발도 있었다.

켈트 문화권 사람들은 장식품도 즐겨 장착했으며, 그 종류도 많다. 재질은 청동제가 많지만 황금제나 유리제도 있다. 특히 중요한 것이 토르크라고 불리는 목걸이로, 권위의 상징으로서 신분이 높은 사람이나 신상(神像)의 목에 장식했다. 그 외에 브레이슬릿이나 앵클릿, 장식용 벨트나 비즈를 꼬아 만든 네클리스 등도 즐겨 사용했다.

남녀 모두 머리는 길고 댕기를 땋거나 물결을 주는 등 정성을 들였다. 전사들은 석탄으로 머리를 고정해 바로 세우고 탈색을 했다고 한다. 다만 단발로 짧게 친 전사상도 남아 있어서 지역에 따른 차이는 있었던 듯하다. 그들은 몸단장에도 신경을 썼으며 귀족 남성은 길게 뻗은 수염을 가지런히 자르고, 그 이외의 남성은 깨끗하게 깎았다. 남녀 모두 화장을 즐겨 했으며, 손톱을 물들이는 경우도 있었다. 린두 모스에서 발견된 산 제물 남성의 손톱에는 염색의 흔적이 남아 있었다고 한다.

## 켈트인의 복장

머리카락은 남녀 모두 길게 기른 형태가 많다. 다만 단발로 친 전사상도 있다. 전사는 석탄으로 머리를 고정하고 염색하는 일도 있었다. 수염은 귀족의 상징.

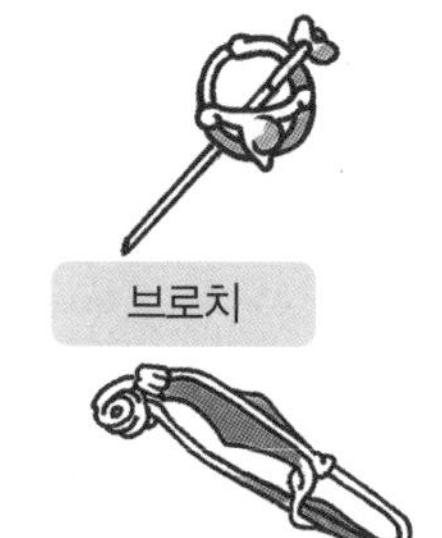


양모제의 망토, 사그드. 브로치나 피불라로 고정했다.

남성은 튜닉, 여성은 원피스나 감는 스커트 위에 망토나 케이프. 일부에서 비단을 즐겨 사용한 것을 제외하면 아마나 양모가 중심. 모양은 트위드나 타탄 체크.

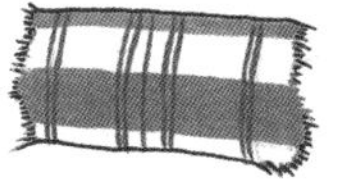

토르크

팔찌

목걸이

켈트 문화권 사람들은 많은 장신구를 걸쳤다. 토르크는 권위의 상징.

남녀 모두 화장을 하였고 손톱을 물들이기도 하였다.

신발은 가죽 샌들이나 부츠. 금속 장식을 넣은 호화로운 것도 있었다.

켈트인이 입은 브라카. 아일랜드에서는 그다지 이용되지 않았다.

### 관련 항목

켈트인의 무기 · 방어구 → No.110

No.108

# 켈트인의 식생활

켈트인의 식사는 동시대 로마 제국과 비교하면 소박했다. 하지만 그 값싼 가격과 풍부함은 반대로 로마인들을 놀라게 했다.

## ● 켈트인을 지탱한 식사

켈트인들의 식생활은 지역에 따라 다소 변화가 있지만 대체적으로 비슷했다. 주식이 된 것은 보리였다. 켈트인은 유목민족과 같은 성격과 농경민족 같은 성격을 둘 다 가지고 있었고, 이모작으로 1년 내내 손에 들어오는 보리나 오래된 품종인 스펠트 밀과 앰머 밀 등을 널리 재배했다고 한다. 한랭지에서는 메귀리 등도 재배했지만 이쪽은 식량이라기보다는 사료로 이용한 경향이 강하다. 이들 곡식은 대두나 렌즈콩, 엔두콩 등과 함께 삶아 폴리지라는 죽으로 만들거나 끈적한 포타주 스프처럼 요리하여 먹었다. 소금이나 벌꿀 같은 조미료는 대부분의 지방에서 귀중품이었기에 간은 소박했다고 한다. 에린 침략 신화의 『모이투라 2차 전쟁』에는 최고신 **다아다**를 막기 위해 300리터의 우유와 라드, 밀가루, 돼지나 산양, 양을 통째로 지면에다 판 구멍에 던져 조리한 호쾌한 죽이 등장한다.

켈트인은 고기나 생선 전반을 모두 먹었지만 가장 즐겨 먹었던 것이 돼지이다. 가축은 그 외에도 있었는데, 양은 먹을 수 있을 정도로만, 소나 산양은 착유용, 말은 승마용이었다. 소나 말은 특별한 의식 등에는 먹는 경우도 있었지만 드문 일이었다. 고기를 해체하는 역할은 남성에게 하나의 자격이었으며 그 명예를 둘러싸고 다투는 모습이 얼스터 이야기 등에 때때로 등장한다.

주류는 맥주나 에일, 와인 등이 있었다. 맥주나 에일은 켈트인이 스스로 양조했지만 와인은 당초 지중해 방면에서 수입해오는 것에 의존했다. 훗날 켈트 문화권에서도 양조하게 되어 귀족부터 서민까지 즐겼다고 한다. 이들 음료는 연회에서는 큰 항아리나 솥에 넣어 때로는 데워서 마시는 경우도 있었다. 또 로마에서는 와인을 물 등에 섞어 마셨지만 켈트인은 그대로 마셨다고 한다.

## 켈트인의 식생활

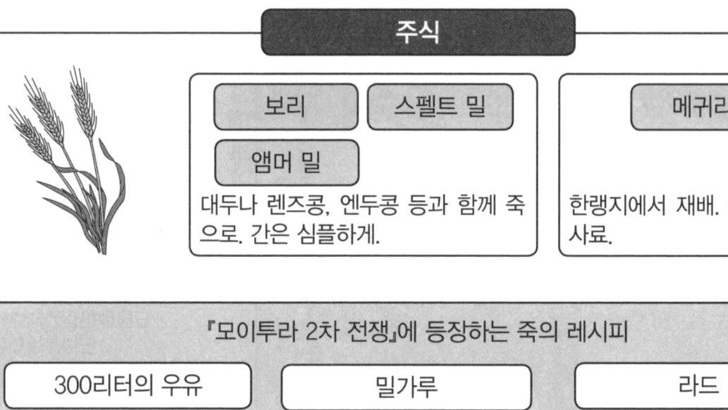

### 주식

보리 / 스펠트 밀 / 앰머 밀

대두나 렌즈콩, 엔두콩 등과 함께 죽으로. 간은 심플하게.

메귀리

한랭지에서 재배. 실은 가축용 사료.

『모이투라 2차 전쟁』에 등장하는 죽의 레시피

| 300리터의 우유 | 밀가루 | 라드 |
|---|---|---|
| 돼지(통째) | 산양(통째) | 양(통째) |

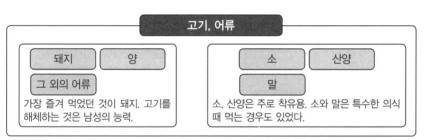

### 고기, 어류

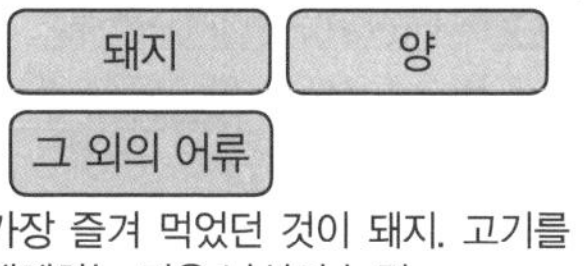

돼지 / 양 / 그 외의 어류

가장 즐겨 먹었던 것이 돼지. 고기를 해체하는 것은 남성의 능력.

소 / 산양 / 말

소, 산양은 주로 착유용. 소와 말은 특수한 의식 때 먹는 경우도 있었다.

### 주류

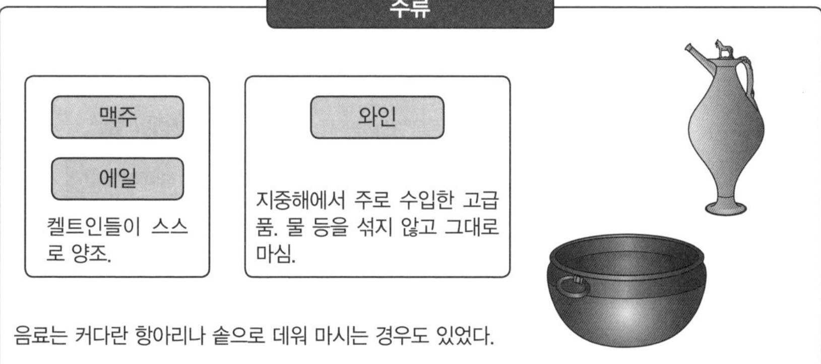

맥주 / 에일

켈트인들이 스스로 양조.

와인

지중해에서 주로 수입한 고급품. 물 등을 섞지 않고 그대로 마심.

음료는 커다란 항아리나 솥으로 데워 마시는 경우도 있었다.

**관련 항목**

다아다 → No.018

No.109

# 켈트인의 오락

향락적으로 삶을 산 켈트인들은 오락에 대해서도 욕심이 많았다. 그런 그들의 즐거움은 오늘날 놀이와 통하는 부분도 적지 않다.

## ● 켈트인이 즐긴 갖가지 오락들

켈트인이 수많은 오락을 즐겼다는 것은 고고학 자료나 외국인의 기록, 훗날의 이야기 등에서 알 수 있다.

인도어 오락의 왕은 뭐니뭐니해도 연회였다. 6세기경 독일 남서부 호흐토르프 묘지에는 벌꿀술을 가득 채운 큰 솥이나 손님에게 그것을 대접하기 위한 뿔잔 등이 다수 발견되었다 로마의 스트라본의 기록에 따르면 연회는 가장 지위가 높은 자를 중심으로 둥글게 둘러앉았으며, 주최자가 그 옆에 앉았다. 손님은 그 누구라 할지라도 대접하고 용건은 연회 후에 들었다고 한다. 또한 연회에서는 가장 우수한 용사에게 크라드미르(용사의 몫)가 주어졌다. 요리의 가장 맛있는 부위로, 선택을 받으면 매우 명예로운 일이었다. 얼스터 이야기에서는 때때로 이 크라드 미르를 둘러싸고 싸움이 일어난다. 연회에서는 시인의 낭독도 환영을 받았다. 중요한 정보원이기도 하며, 그들이 주는 모멸은 사회생활에 치명적인 영향을 끼쳤다고 한다.

아일랜드에서는 핀드헬, 웨일스에서는 귀드비스라고 불린 체스와 비슷한 보드 게임도 폭넓게 즐긴 오락이었다. 에린 침략 신화에서는 타라 궁전을 방문한 광명의 신 **루**가 실력을 시험하기 위한 도전을 받은 적이 있다. 또 웨일스 이야기에서는 상징적인 국면에 이용되는 경우가 많다.

한편 몸을 움직이는 오락의 왕은 수렵이었다. 막대한 시간, 비용이 걸리기 때문에 상류계급의 오락이었으며 일종의 군사훈련도 겸했다. 핀 이야기나 웨일스 이야기에서는 때때로 수렵이 이야기의 도입으로 쓰인다. 현재의 헐링과 비슷한 막대기와 공을 이용한 구기도 인기 있는 오락이었다. 얼스터 이야기에서는 어린 시절의 @쿠 훌린@이 150명의 소년들을 상대로 크게 활약하는 모습이 그려져 있다. 그 외 식후의 모의전이나 돌을 던져 날아간 거리를 경쟁하는 오락도 있었다.

## 켈트인의 실내 오락

연회

가장 고귀한 인물을 중심으로 둥글게 앉음. 주최자는 그 옆에 앉는다.

시인의 시 낭독은 귀중한 정보원.

삶은 고기 등의 가장 맛있는 부위는 크라드 미르(용사의 몫)라고 하며 연회 제일의 용사에게.

보드게임

규칙은 체스와 비슷하다고 여겨진다. 아일랜드에서는 핀드헬, 웨일스에서는 귀드비스.

광명의 신 루가 타라 궁전에서 실력을 시험하기 위한 승부를 도전받은 적도 있다.

## 켈트인의 야외 오락

사냥

막대한 시간과 비용이 드는 상류계급의 오락.

군사훈련도 겸했다.

그 외에는……

모의전투

돌 던지기

구기

현재의 헐링과 비슷한 구기.

어린 날의 쿠 훌린은 150명의 소년을 상대로 활약한 적도 있다.

**관련 항목**

루 → No.016

쿠 훌린 → No.045

No.110

# 켈트인의 무기, 방어구

야만족이라며 두려움을 받았던 켈트인이지만 그들의 기술은 높았기에 수많은 우수한 무구를 가지고 있었다. 특히 미늘갑옷은 켈트가 출처라고 한다.

## ● 신분의 상징이었던 무기, 방어구

켈트인들에게 무기, 방어구는 성인의 증거이자 신분의 상징이었다. 그들이 이용했던 주요 무기로는 검, 창, 투석기, 활 등을 들 수 있다. 켈트인이 사용하는 검은 기원전 5세기경 단계에서는 비교적 짧았다. 그리스인들의 기록으로는 켈트인의 검은 베기에는 적합했지만 곧바로 구부러져 찌르기에는 적합하지 않았다고 한다. 하지만 차츰 기술적으로 발전하여 기원전 2세기경에는 날카로운 끝과 단단한 도신을 가진 장검이 주류가 되었다. 켈트인들은 도신보다 검집을 주술적으로 중요시했는지 훌륭한 장식이 들어간 유물이 현재에도 남아 있다. 창은 백병전 용의 장창과 투척용 단창이 이용되었다. 철제 창끝은 컸으며 상대를 베기 위한 것으로 칼날을 낫 모양으로 만드는 등의 궁리한 흔적이 있다. 그 외 수렵용 목제 투창도 있어 화살보다 빠르고 멀리 날렸다는 기술도 있다. 투석기는 중앙에 돌을 끼우는 받침대가 있는 가죽끈을 휘두르는 것으로, 켈트인의 중요한 무기 중 하나였다. 활은 주목으로 만들어진 것이 있긴 하지만 그다지 중시되지 않았던 듯하다.

켈트인들에게 폭넓게 이용된 방어구는 방패이다. 세로로 길고 뒤에는 등뼈처럼 하나의 막대기가 있었으며 이용할 땐 그 막대기를 잡았다. 본체는 목제가 많고 표면이나 가장자리에는 강화를 위해 금속판이나 가죽, 마포 등이 붙어 있다. 투구는 주로 신분이 높은 사람들이 이용했다. 종교적인 의식에 이용하는 경우도 있어 투구에는 수많은 장식이 되어 있다. 정수리에는 상징적인 동물의 조각이 되어 있는 것도 많다. 철고리를 이어 만든 미늘갑옷도 신분이 높은 사람들이 이용한 방어구이다. 대부분은 상반신만을 덮는 길이였으며 어깨 부근에는 장식이 된 어깨갑옷이 이용되었다. 이것은 방어효과를 높이면서 동시에 몸에 고정하기 위해서이기도 하였다.

## 켈트인의 무기, 방어구

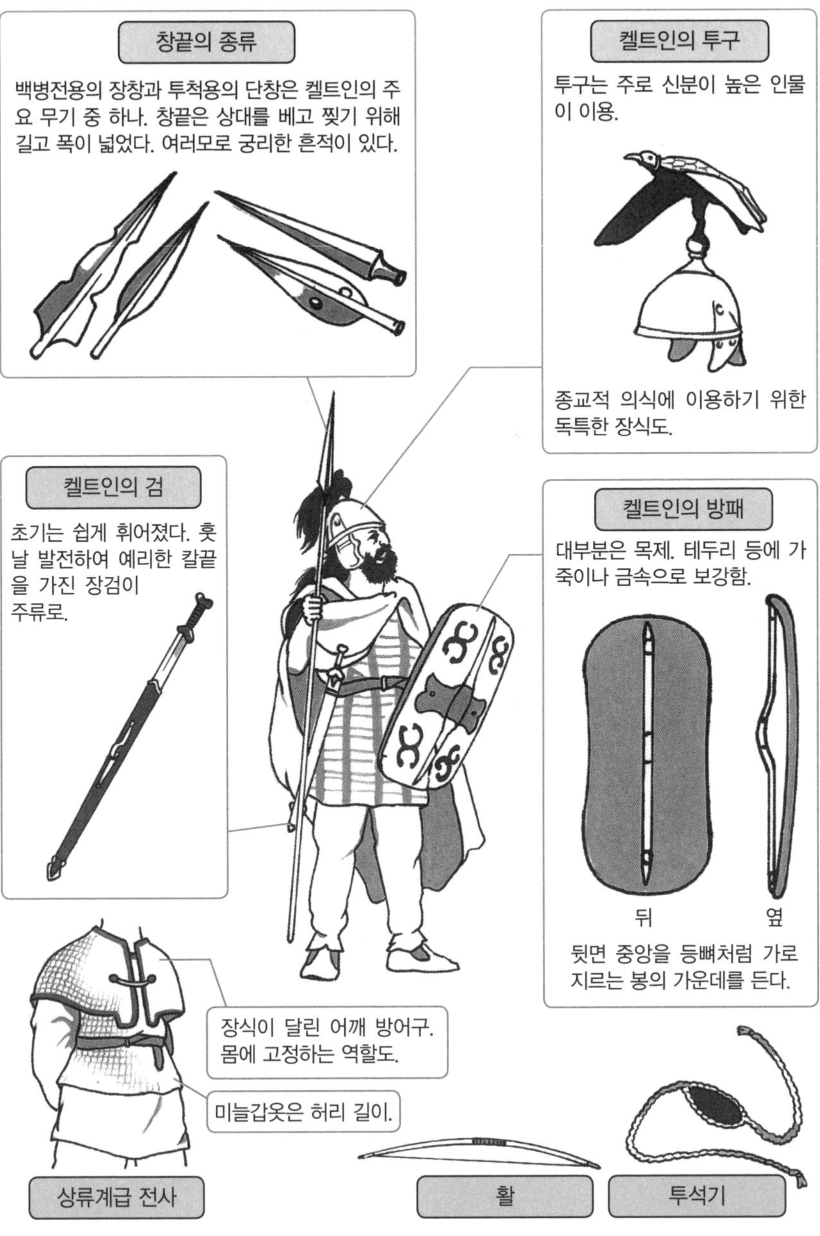

창끝의 종류
백병전용의 장창과 투척용의 단창은 켈트인의 주요 무기 중 하나. 창끝은 상대를 베고 찢기 위해 길고 폭이 넓었다. 여러모로 궁리한 흔적이 있다.
켈트인의 투구
투구는 주로 신분이 높은 인물이 이용.
종교적 의식에 이용하기 위한 독특한 장식도.
켈트인의 검
초기는 쉽게 휘어졌다. 훗날 발전하여 예리한 칼끝을 가진 장검이 주류로.
켈트인의 방패
대부분은 목제. 테두리 등에 가죽이나 금속으로 보강함.
뒤
옆
뒷면 중앙을 등뼈처럼 가로지르는 봉의 가운데를 든다.
장식이 달린 어깨 방어구. 몸에 고정하는 역할도.
미늘갑옷은 허리 길이.
상류계급 전사
활
투석기


**관련 항목**

켈트인의 복장 → No.107
켈트인과 전투 → No.111

No.111

# 켈트인과 전투

용맹한 전사들로 널리 알려진 켈트인들. 로마인이 남긴 기록에는 그들의 야만적이라고도 할 수 있는 싸움법이 남아 있다.

## ● 용맹한 전사들

켈트인은 동시기의 로마군과 같은 집단전은 그다지 행하지 않고 전장에서도 개인의 무위에 기댄 싸움을 했다. 그들의 장검이나 장창이 집단전에 어울리지 않았다는 점도 있다. 전사들은 때로는 나체, 때로는 화려한 복장으로 상대를 위협하며 전장을 뛰어다녔다. 상비군은 존재하지 않았으며 필요에 따라 전사계급이 소집되었다. 유연한 사고로 전술을 변경하는 반면, 통솔력은 낮아 한 번 전선이 흐트러지면 취약했다. 실제로 대륙 켈트의 갈리아군과 로마군과의 싸움에서는 집단전을 흉내 내는 등 로마군 지휘관 카이사르를 매우 놀라게 하였지만, 군대로서는 허술했기 때문에 패배하기 일쑤였다.

켈트인의 전투에서 특히 중요시한 것이 전차였다. 그들은 이른 단계에서 소형 말이 끄는 전차를 이용하였으며, 그 위력은 주변 여러 나라를 두렵게 만들었다고 한다. 초기 전차는 바퀴가 네 개로, 마부 2명에 전사 한 명이라는 3신1체로 싸웠다. 하지만 차츰 세밀하게 움직일 수 있는 2륜 전차가 이용되기 시작하였고, 마부 한 명과 전사 한 명의 페어로 싸웠다. 그들은 우선 전차로 전장에 돌입하여 투창을 적에게 던져 이탈. 그 후 창이 떨어지면 전사는 전차에서 내려 적진으로 뛰어들었다. 다만 시대가 흐름에 따라 전차는 기병으로 바뀌게 되어, 아일랜드 등의 도서 켈트에만 그 모습이 남게 되었다. 또 전장에서는 활과 투석기도 이용되었는데, 활보다도 투석기가 더 활약했다고 한다.

그리스인이나 로마인의 기록을 보면, 켈트인들의 싸움은 매우 시끄러웠다고 한다. 전투에 앞서 우선 싸움의 함성이나 포효를 지르고, 전의고양을 위해 카르닉스라고 불리는 나팔을 불었다. 또 방패를 전차에 부딪쳐 위협음을 내고 전투에는 참가하지 않는 시인이나 여성들이 주문을 외는 소리까지 들렸다고 한다.

## 켈트인의 전투 방법

전장에서 켈트인은……

집단전이 아니라 개인의 무위로 승부.

상비군은 존재하지 않고 전사계급을 필요에 따라 소환.

유연하게 전술을 변경할 수 있는 반면, 통솔력이 약해 군대로서는 취약

로마군의 카이사르를 매우 놀라게 하였지만 갈리아군은 패배…….

## 주요 전투 수순

1. 함성이나 포효, 나팔 등으로 적을 위협!
2. 전차에서 투창을 투척, 이탈을 반복.
3. 전사는 전차에서 내려 적진으로 뛰어든다.

초기 전차는 4륜으로 3인승. 훗날 2륜에 마부와 전사 2인승으로.

하지만

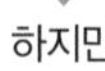

전장의 장거리 무기

**투석기**

켈트인의 전장에서는 주력!

**활**

카이사르의 기술에는 있지만 주력은 아님.

시대가 지남에 따라 전차는 기병으로 바뀌고, 도서 켈트에만 그 모습을 남기게 되었다.

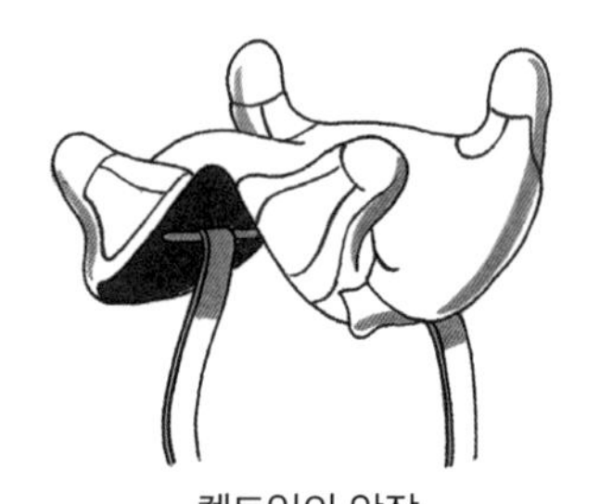

켈트인의 안장

**관련 항목**

켈트인의 무기 · 방어구 → No.110

No.112

# 켈트인의 사회 구조

왕과 드루이드가 이끌었던 켈트인. 하지만 그 권력은 절대적인 것이 아니라 유력자들의 합의제도 받아들이고 있었다.

## ● 신화에도 반영되는 사회구조

켈트인의 사회구조는 장소나 시대마다 차이는 있지만 대개 다음과 같은 구조였다. 부족(투아)이라고 불리는 만족집단을 형성하는 그들은 왕이나 수장, 그리고 그 친족집단(피나)들이 이끈다. 왕 밑에는 귀족인 전사계급, 드루이드, 대장장이나 금속 세공사 등의 직인, 그리고 시인과 같은 특수능력을 가진 공장계급, 그 뒤를 대토지 소유자로서 스스로는 직접 작업에 종사하지 않는 자유평민계급이 잇는다. 자유평민 밑에는 토지 등 재산의 소유권이 없고 노동에 종사하는 노예계급도 있었다. 전사계급과 자유평민 사이에는 비호민(켈시나)이라는 제도가 있었는데, 자유평민이 농작물이나 노동력 등을 제공하고 전사계급이 그들의 권리나 소유권을 지킨다. 왕은 극히 초기를 제외하고는 세습제가 아니라 합의하에 선출되었다. 왕의 권한은 강하지 않았고 부족의 중요한 결정 대부분은 자유평민 이상의 상류계층이 모이는 민회에서 결정되었다. 하지만 병사의 징집이나 다른 부족과의 외교 같은 군사적 권한은 왕이 쥐고 있었다. 한편 켈트인 사회에서 종교의식이나 입법에서 절대적인 권한을 휘두른 것이 드루이드였다. 그들은 특권계급이였으며 병역, 납세와 같은 의무와는 거리가 멀었다. 그만큼 최고위의 드루이다이가 되기 위해서는 20년의 수행, 하위 워테스로도 12년의 수행을 필요로 했다. 시인들은 부족의 역사나 왕들의 빛나는 공적을 기록하는 역할을 맡았다. 드루이드의 최하층이라고도 여겨지며 그 수행에는 7년을 필요로 했다.

켈트인의 가정은 가장이 절대적인 권한을 가졌으며 권리나 의무, 재산은 개인단위가 아니라 가족단위로 해결하였다. 여성의 사회적 권한은 높았고 때로 가장으로서 집안을 맡았다. 결혼은 친족 외에서 행해졌으며 상류계급에서는 타 부족 간의 결혼도 많이 이루어졌다고 한다. 전사계급에서는, 어린아이는 성인이 될 때까지 부모의 곁을 떠나 생활하며 각 가정의 친교를 깊게 하기 위해서도 왕성하게 교환되었다.

## 켈트인의 사회 구조

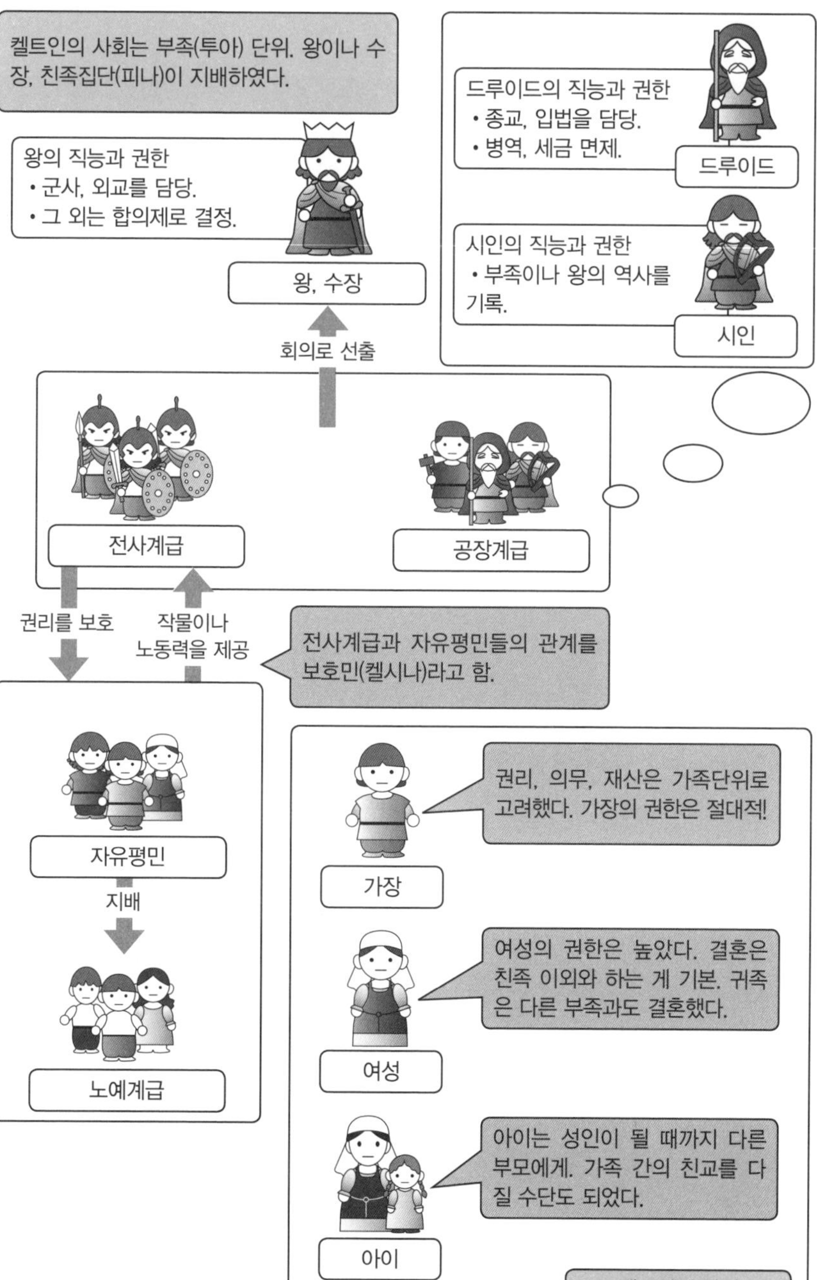

켈트인의 사회는 부족(투아) 단위. 왕이나 수장, 친족집단(피나)이 지배하였다.
왕의 직능과 권한
• 군사, 외교를 담당.
• 그 외는 합의제로 결정.
왕, 수장
회의로 선출
드루이드의 직능과 권한
• 종교, 입법을 담당.
• 병역, 세금 면제.
드루이드
시인의 직능과 권한
• 부족이나 왕의 역사를 기록.
시인
전사계급
공장계급
권리를 보호
작물이나 노동력을 제공
전사계급과 자유평민들의 관계를 보호민(켈시나)라고 함.
자유평민
지배
노예계급
권리, 의무, 재산은 가족단위로 고려했다. 가장의 권한은 절대적!
가장
여성의 권한은 높았다. 결혼은 친족 이외와 하는 게 기본. 귀족은 다른 부족과도 결혼했다.
여성
아이는 성인이 될 때까지 다른 부모에게. 가족 간의 친교를 다질 수단도 되었다.
아이
켈트인의 가정

No.113

# 켈트인의 주술

드루이드가 숲에서 행한 주술은 오늘날에도 켈트 문화의 대표적인 이미지로 전해지고 있다. 하지만 실제로는 말 자체가 중요하였다.

## ● 켈트 문화권에서 행해진 수많은 주술

대륙 켈트 사람들에 대해 전하는 외국인의 기록이나 도서 켈트에 전해지는 신화, 이야기, 또 선교사들의 기록에는 수많은 주술이 등장한다.

겟슈(맹약)는 본래 뛰어난 왕이나 영웅에게 내리는, 운명으로 정해진 금기였다. 하지만 겟슈는 차츰 대상에게 여러 행동을 강요하는 주술로 변화했다. 얼스터의 젊은 영웅 **쿠 훌린**이나 피아나 기사단의 **디어뮈드** 등의 많은 영웅이 겟슈를 어겨 목숨을 잃었다.

히드, 브리히트는 개인이 특정 행동이나 주문으로 행하는 것이다. 『모이투라 2차 전쟁』에서 의료신 **디안 케트**가 치료의 샘에서 행한 주술이 브리히트에 해당한다. 그 외 광명의 신 **루**가 한쪽 눈, 한쪽 팔, 한쪽 다리로 적진 주변을 달리는 주술을 행했다.

시인들의 풍자 아이르도 강력한 주술로서 두려움을 받았다. 불명예임과 동시에 수많은 재액이 내려졌기 때문이다. 그라우 디겐은 그중에서도 최강으로, 적을 살상하기 위한 주술이다. 나라 하나를 멸망시킬 정도의 위력이지만 시인의 심성이 올바르지 않으면 전부 자신에게 되돌아왔다.

예언을 위한 주술도 풍부했다. 「수소의 잠」을 의미하는 타르베쉬는 수소의 고기를 먹인 인간에게 4명의 드루이드가 주문을 외어 잠에 들게 하고, 꿈에 나타난 자를 왕으로 선정하는 주술이었다. 『다 데르가 관의 붕괴』의 **코나레 모르**는 이 방법으로 아일랜드의 지고왕으로 선출되었다. 매우 비슷한 주술로 돼지나 개, 고양이의 고기를 이용한 인바스 포로스네가 있다.

또 로마의 영향을 강하게 받은 대륙 켈트에서는 데피키오라는 주술이 행해졌다. 이것은 구술이나 필기를 이용한 주술로, 필기의 경우는 납판에 바라는 일을 새겼다. 주로 신에게 증오하는 상대를 벌해달라는 바람으로, 각지의 유적에서 수많은 납판이 출토되었다.

## 켈트인의 주술

### 맹약(겟슈) / Geis

본래는 우수한 인물에게 내린 운명적인 금기.

대상에게 여러 행동을 강요하는 주술로 변화.

### 히드(웨일스), 브리히트(아일랜드) / Hud, Bricht

특정 행동이나 주문으로 행하는 주술

의료신 디안 케트나 광명신 루 등 투아하 데 다난의 신들도 이용.

### 풍자(아이르) / Áer

강렬한 풍자. 불명예임과 동시에 갖가지 재액이 내리는 경우도.

그라우 디겐은 나라 하나를 멸망시킬 정도의 위력. 하지만 시인의 심성이 올바르지 않으면 전부 자신에게 되돌아온다.

### 타르베쉬 / Tarbfeis

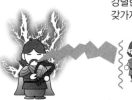

소를 먹은 자를 4명의 드루이드의 노래로 잠들게 해 예언의 꿈을 보게 한다.

### 데피키오 / Defixio

구술이나 필기를 이용한 주술로, 신들에게 미운 상대를 벌하도록 바라는 주술.

#### 관련 항목

쿠 훌린 → No.045
디안 케트 → No.022
코나레 모르 → No.061
디어뮈드 오 디나 → No.067
루 → No.016

No.114

# 켈트어와 오감 문자

영웅이나 신의 이야기를 시인들의 말로 전한 켈트어. 하지만 그 울림은 사라지고 현재는 매우 한정된 토지에 단편적으로 남아 있을 뿐이다.

## ● 켈트인이 사용한 언어

켈트어는 인도 유럽 어족에 속한 언어이다. 기원전 5~1세기에는 현재의 프랑스 주변을 포함한 갈리아 지방을 중심으로 유럽 각지에서 사용되었다. 현재 남아 있는 것은 아일랜드나 브리튼 섬 등에 남은 도서(島嶼) 켈트어라고 불리는 언어이다. 이들은 고이틱어와 브리소닉어로 나뉘는데, 전자는 아일랜드어, 스코틀랜드어, 맨 섬어, 후자는 웨일스어, 브르타뉴어, 콘월어로 분류된다. 고이틱어는 인도 유럽어의 k나 kw의 음이 비교적 가까운 음인 q(훗날의 c)로 발음되기 때문에 Q-켈트어, 브리소닉어는 k나 kw의 음이 p로 교체되기 때문에 P-켈트어라고 불린다.

도서 켈트어의 문법은 동사+주어+목적어, 혹은 동사+주어+보어가 기본으로, 동사 등이 생략되는 경우도 많다. 의문이나 부정, 소유를 나타내는 단어는 없고 의문이나 부정은 동사의 변형으로, 소유는 전치사 등으로 표현된다. 의미나 전후의 맥락으로 같은 의미를 가진 단어라도 스펠링이나 발음이 변화하고, 전치사 등은 목적어가 인칭의 경우 결합된 형태로 표기된다. 또한 켈트어권에서는 10진법이 아니라 20진법이 사용되었다.

켈트어권은 기본적으로 문자 기록이 남아 있지 않지만 비문을 새길 때 오감 문자라는 특수한 문자를 사용하였다. 3~4세기 아일랜드 남부에서 성립되었다고 여겨지며, 웅변과 문학의 신 **오그마**가 발명하였다는 전승도 남아 있다. 실제는 라틴어의 알파벳이 끼친 영향을 바탕으로 만들어진 문자로, 각 문자는 알파벳에 대응한다. 비석 등에 새기는 것을 목적으로 하며 직선에 대해 수직 혹은 경사선이 겹치는 짧고 긴 여러 직선과 점으로 구성되어 있다. 현재 남아 있는 오감 문자의 대부분은 인명이나 부족명이며, 문장은 남아 있지 않다.

## 켈트어와 오감 문자

### 켈트어의 분포

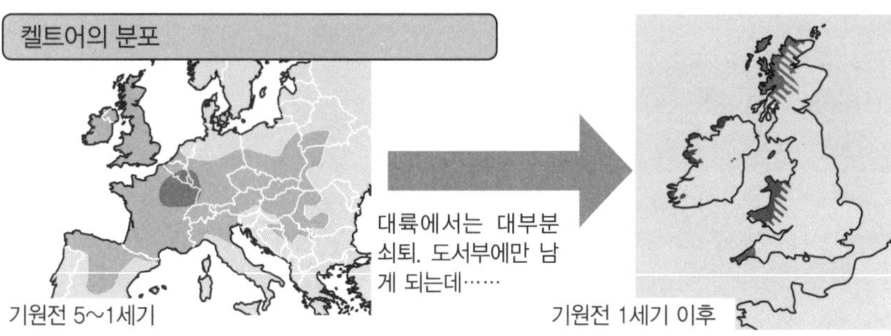

대륙에서는 대부분 쇠퇴. 도서부에만 남게 되는데……
기원전 5~1세기
기원전 1세기 이후


### Q-켈트어와 P-켈트어

Q-켈트어(고이틱어)
- 아일랜드어
- 스코틀랜드어
- 맨 섬어

P-켈트어(브리소닉어)
- 웨일스어
- 브르타뉴어
- 콘월어

Q-켈트어는 K, Kw의 음을 Q(C)로 발음.
P-켈트어는 K, Kw의 음을 P로 발음.

| | Q-켈트어 | P-켈트어 |
|---|---|---|
| 아들 | mac | map |
| 머리 | ceann | pen |
| 큰 솥 | ċoire | pair |

### 도서 켈트어의 문법(아일랜드어의 경우)

※도서 켈트에서는 숫자는 10진법이 아니라 20진법으로 세었다.

| | | | |
|---|---|---|---|
| Tá<br>동사+<br>~ 있습니다 | sé<br>주어+<br>그 | in Éirinn.<br>목적어<br>에린에 | 그는 에린에 있습니다. |
| Tá<br>동사+<br>~ 입니다 | sé<br>주어+<br>그 | Lugh.<br>주격보어<br>루 | 그는 루입니다. |
| Níl<br>동사+<br>~ 입니다 ( 부정형 ) | sé<br>주어+<br>그 | Lugh.<br>주격보어<br>루 | 그는 루가 아닙니다. |
| Tá<br>동사+<br>~ 있습니다 | aige<br>( 전치사 + 대명사 )<br>그에게 | sleá.<br>주격보어<br>창 | 그는 창을 가지고 있습니다. |

### 오감 문자의 알파벳

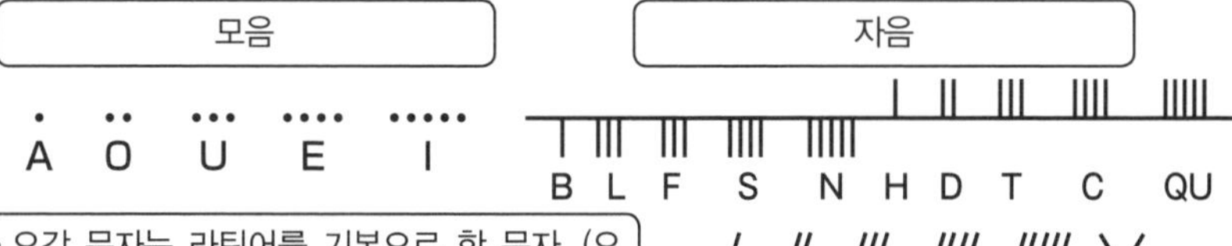


- 오감 문자는 라틴어를 기본으로 한 문자. (오그마의 발명이라고도 전해진다)
- 기본적으로 인명, 부족명으로, 문장은 없다.

**관련 항목**

오그마 → No.031

# 자료 해설

## 아일랜드, 웨일스에 남겨진 사본들

### 적우(赤牛)의 서
Lebor na hUidre

12세기에 만들어진 가장 오래된 아일랜드 문학 전서 사본. 『세계 6시대』, 『브리튼의 서』, 『코름 크레 찬가』, 『투안 막 카릴의 이야기』, 『하늘의 왕국의 슬픈 두 사람』, 『울라드인들의 주정』, 『달티드의 소 사냥』, 『프리디시의 소 사냥』, 『마일 둔의 항해』, 『아담난의 환상』, 『종말의 이야기』, 『부활의 이야기』, 『나트 이의 최후』, 『에오하이 막 말레다의 최후』, 『크마하의 싸움』, 『쿠 훌린의 병』, 『매장지지(埋葬地誌)』, 『아이드 슬라네의 탄생』, 『데시의 추방』, 『쿨리네의 황소 사냥』, 『다 데르가 관의 붕괴』, 『브리크리우의 연회』, 『쿠 훌린의 환상의 전차』, 『카른 니콜의 싸움』, 『로이가레의 개종』, 『콘의 아들 아르트의 예언』, 『콘라의 이세계행』, 『세계의 4지역』, 『브란의 항해』, 『에마에게 구혼』, 『쿠 훌린의 탄생』, 『에단에게 구혼』, 『몬간의 탄생』, 『포타드 알그테흐의 최후』, 『몬간의 이야기』, 『몬간의 광기』, 『울라드인의 목』 등의 이야기와 그 외 이야기의 단편이 포함되어 있다.

### 렌스터의 서
Lebor Laignech

12세기에 만들어진 사본. 『적우의 서』를 뛰어넘는 대작으로 당시 문학의 집대성이라고도 한다. 『침략의 서』 뒤를 잇는 아일랜드 왕의 계보. 『쿨리네의 황소 사냥』, 『울라드인의 쇠약』, 『울라드인들의 주정』, 『콘코바의 이야기』, 『골 막 카르다하의 최후』, 『막 다호의 돼지 이야기』, 『호우스의 포위』, 『아히르네 알게타하 막 펠헤르트네와 브리 레흐의 미이르 이야기』, 『아히르네와 에게트 사하라의 아들 아모르긴의 이야기』, 『아히르네의 대접』, 『켈트하르 막 우타가르의 최후』, 『막 무르티네의 대패』, 『콘코바의 최후』, 『메이브의 최후』, 『데르프 포르길의 최후』, 『우슈네의 아들들의 유랑』, 『프로이히의 소 사냥』, 『에다르의 싸움』 등 얼스터 이야기를 포함한 수많은 영웅 이야기. 『딘센하스(지지학)』나 『반헨하스(아일랜드 여성지)』, 종교 작품, 언어학에 관한 기술, 물품 등 많은 내용을 포함한다. 하지만 핀 이야기는 본서에 실리지 않았다.

### 레칸의 황서(黃書)
Leabhar Buidhe Leacáin

14세기에 만들어진 아일랜드어 사본. 『쿨리네의 황소 사냥』, 『울라드인의 쇠약』, 『다 데르가 관의 붕괴』, 『콘코바의 탄생』, 『페르구스 막 로이의 최후』, 『우슈네의 아들들의 유랑』, 『브리크리우의 연회』, 『쿠 로이의 최후』, 『쿠 훌린의 병』, 『프로이히의 소 사냥』 등 얼스터 이야기의 대부분을 포함하고 있으며, 그 외에도 에린 침략 신화, 『마일 둔의 항해』와 『브란의 항해』의 모험담, 역사 이야기, 핀 이야기의 일부가 포함되어 있다.

### 바리 모트의 서
Leabhar Bhaile an Mhóta

15세기경에 만들어진 아이랜드어 사본. 『시인의 안내』를 비롯한 아일랜드어 시론 외에 『침략의 서』, 『딘센하스』 등의 에린 침략 신화, 『콘코바의 탄생』 등 얼스터 이야기, 『코르막의 이세계행』, 『아일랜드 삼제가』 등도 포함되어 있다.

### 헤르게스트의 적서(赤書)
Llyfr Coch Hergest

14세기 말에 만들어진 웨일스어 사본. 『브리타니아 열왕기』 등의 역사적 기술 외 『게레인트의 시』, 『웨일스 삼제가』, 그리고 샬롯 게스트의 『마비노기온』 중 『탈리시엔 이야기』를 제외한 11개의 이야기가 들어 있다.

### 리라데르흐의 백서(白書)
Llyfr Gwyn Rhydderch

14세기경에 만들어진 웨일스어 사본. 『패트릭의 연옥』 등의 종교적인 문헌이 중심이지만 샬롯 게스트의 『마비노기온』 중 『로나부의 꿈』, 『탈리에신 이야기』를 제외한 10가지 이야기 등이 포함되어 있다.

### 카이르바르딘의 흑서(黑書)
Llyfr Du Caerfyrddin

13 세기에 만들어진 웨일스어 사본. 『마린과 탈리에신의 대화』, 『게레인트의 시』 와 『묘의 시』, 『문지기는 누구인가』 등 시인 탈리에신 전설이나 아서 왕 전설에 관한 이야기를 담았다.

## 에린 침략 신화

투아하 데 다난을 중심으로, 아일랜드 이주의 싸움이나 아일랜드에서 쫓겨나 이세계에 틀어박힌 후의 그들을 그린 이야기들. 일부 자료는 신화를 역사에 끼워 넣은 에우헤메로스적인 수법으로 그려진다.

### 침략의 서
Lebor Gabála Érenn

11세기에 편찬된 아일랜드 역사서. 노아의 딸 케시르, 파르홀론, 네베드, 피르 보르, 투아하 데 다난, 밀레시안 6종족의 이주를 그린 아일랜드 창세 신화, 그리고 11세기까지의 아일랜드 왕족의 계보가 담겨 있다. 신들을 역사상의 인물로 그린 에우헤메로스인 수법으로 쓰여 있으며 왕족은 그 신들의 후예로 묘사한다.

### 투안 막 카릴의 이야기
Scél Tuáin Meic Chairill

노아의 대홍수에서 살아남아 아일랜드에 이주한 투안이 말하는 아일랜드 이민의 역사. 투안은 때때로 궁지에 몰리지만 그때마다 다른 생물로 다시 태어나 아일랜드의 역사를 지켜보았다. 최종적으로 카릴 왕의 아들로 다시 태어난 투안은 나이가 들고 나서 성 피니언에게 자신의 기묘한 운명을 밝힌다.

### 모이투라 2차 전쟁
Cath Maige Tuired

에린 침략 신화에서 가장 중요한 이야기. 피르보르가 지배하는 아일랜드에 이주한 투아하 데 다난. 당초는 동맹을 맺었지만 관계는 악화되어 모이투라 평원에서 격돌한다. 이 전쟁에서 승리한 쪽은 투아하 데 다난. 하지만 왕인 누아다가 오른팔을 잃고 퇴위. 뒤를 이은 포워르의 혼혈아 브레스는 폭군이라 사람들에게서 퇴위를 종용받는다. 브레스는 포워르의 협력을 얻어 다시 아일랜드를 지배하려 하지만 광명의 신 루의 등장으로 형세가 역전, 발로르를 비롯한 유력한 포워르는 쓰러지고 브레스 자신도 붙잡힌다. 초기 이야기에서 브레스는 축산, 농경 기술을 전하는 것으로 살아남지만 훗날의 이야기에서는 살해당한다.

### 아일랜드 지지(地誌)
Topographia Hibernica

12세기 성직자 기랄두스 캄브렌시스가 쓴 아일랜드에 관한 서적. 아일랜드의 이주에 대해 언급한 항목은 『침략의 서』나 『투안 막 카릴의 이야기』 등과 거의 같지만 피르 보르, 투아하 데 다난에 대해서는 언급하지 않고 네베드 다섯 후예의 지배와 그 후의 밀레시안 이주라는 형태로 소개하고 있다.

### 딘센하스(地誌)
Dindsenchas

아일랜드 각지 지명의 유래를 설명하는 설화전승집. 지고왕의 거성 타라에서 시작해 시계방향으로 미드, 렌스터, 먼스터, 코노트, 얼스터 순으로 각지의 지명을 해설한다. 다만 정확한 것은 아니며, 중세에 행해졌던 억지 이론, 어감 맞추기 같은 이야기도 많다. 투아하 데 다난의 신들이 많이 등장한다.

### 투렌의 아들들의 최후
Aided Chlainne Tuirenn

브리안, 유하르, 유하르바 등 투렌의 세 아들들의 모험담. 과거의 원한으로 광명의 신 루의 아버지 키안을 살해한 그들은 사죄를 위해 루가 요구하는 재보와 시련을 찾아 세계 각지를 여행한다. 모험은 순조롭게 진행되었지만 루의 마술로 모험이 끝났다고 착각한 형제는 아일랜드로 귀환. 거기서 마술을 풀어 격렬한 낙담과 함께 최후의 시련으로 향한다. 빈사의 중상을 입으면서도 최후의 시련을 마친 형제였지만 루는 그들을 용서하지 않았고, 형제와 그들의 아버지인 투렌은 목숨을 잃는다. 그들의 위업은 살아남은 여동생의 입으로 후세에 전해진다.

### 에단에게 구혼
Tochmarc Étaíne

미녀 에단과 지하의 왕 미이르의 이야기. 양자인 인우스의 힘을 빌려 미녀 에단을 처로 맞은 미이르였지만, 처 파우나하의 질투로 에단은 보라색 나비가 되어 폭풍에 휘말린다. 인간의 왕녀로 다시 태어난 그녀는 에오하이 왕의 처가 되지만 그녀를 포기하지 못한 미이르는 세 번의 실패 끝에 그녀를 되찾는다. 에오하이는 에단을 되찾으려 하지만 미이르에게 속아 친딸을 데리고 돌아가게 된다.

### 인우스의 꿈
Aislinge Oenguso

사랑의 신 인우스와 미녀 퀘르의 사랑 이야기. 『쿨리네의 황소 사냥』보다 앞선 이야기이기도 하다. 꿈에서 본 처녀를 사랑한 나머지 야윈 인우스는 적모의 보브나 코노트의 왕 알릴과 여왕 메이브의 힘을 빌려 그녀를 찾아낸다. 하지만 그녀는 1년 중 일정 기간을 150명의 시녀들과 백조의 모습으로 살아야만 했다. 인우스는 그녀의 이야기를 듣고 자신도 백조로 모습을 바꾸어 그녀와 함께 지내게 된다. 그리고 인우스는 이 일의 답례로 300명의 병사를 코노트군의 원군으로 보낸다.

### 두 잔의 관의 양자
Altrom Tighi da Meadar

해신 마나난과 그의 양자 에스네의 이야기. 밀레시안과의 싸움에 패배한 투아하 데 다난은 마나난의 조언에 힘입어 이세계를 새로운 거주지로 삼았다. 마나난에게서 페트 피아다 등의 여러 선물을 받은 그들은 아무런 불편함 없는 생활을 구가한다. 그런 어느 날 인우스가 사는 부르나 보냐의 집사에게 에스네라는 딸이 태어났다. 그녀는 마나난의 양자가 되어 아름답게 성장하지만 몇몇 자들이 음탕하고 난잡한 농담으로 희롱했기 때문에 우유밖에 입에 대지 못하게 된다. 그녀는 그 후 투아하 데 다난을 떠나 성 패트릭의 세례를 받는다. 그렇게 기독교도가 되어 죽은 후 천국에 갔다고 한다.

### 리르의 아이들의 최후
Aided Chlainne Lir

해신 마나난의 아버지 리르와 그 아이들의 최후를 그린 근세 민화. 리르는 투아하 데 다난의 왕좌를 두고 적모의 보브와 싸우지만 그 성격 때문에 패배하고 거주지에 틀어박힌다. 투아하 데 다난들은 그의 태도에 화가 나 저택에 불을 지른다. 이 습격으로 처를 잃은 리르에게 보브는 딸을 그의 새로운 처로 보낸다. 네 명의 아이를 낳고 행복하게 사는가 싶었던 리르지만 새로운 아내도 산후 조리가 좋지 않아 죽어버리고 만다. 그래서 보브는 그녀의 동생을 리르의 새로운 처로 보내지만 그녀는 네 명의 아이들에게 질투하여 그들을 저주해 백조로 만들고 만다. 백조가 된 네 명은 한 곳에 정착하지 못하는 저주를 받아 각지를 유랑했고, 이윽고 기독교도인 왕자의 결혼으로 저주를 풀지만 그때에는 이미 노쇠 직전의 노인이 되어 있었다. 그들은 기독교의 세례를 받고 천국으로 갔다고 한다.

### 환영의 예언
Baile in Scáil

아일랜드의 전설적인 왕, 백전의 콘의 이야기. 역사 이야기로 분류된다. 어느 날 그가 타라에 있는 왕을 선정하는 돌 리아 파르를 밟자 그를 모시는 시인과 함께 짙은 안개에 감싸인 황금의 나무가 한 그루 서 있는 들판으로 내던져진다. 그들 앞에 나타난 광명의 신 루는 아일랜드의 화신이라는 수정의 왕좌에 앉은 처녀의 곁으로 그들을 유혹한다. 술잔에 술이 따라지는 동안 처녀의 입에서 흘러나오는 미래의 왕들의 이름을 시인이 받아 적자, 환영은 사라지고 그들은 원래 있던 곳으로 돌아온다.

### 몬간의 탄생과 몬간의 두브 라하에 대한 사랑
Compert Mongáin ocus Serc Duibe Lacha do Mongán

해신 마나난의 자식 몬간의 탄생과 사랑의 이야기. 역사 이야기에 속한다. 아일랜드의 왕 피아하나는 마나난에게 조력을 받은 대가로 자신의 처를 바친다. 이렇게 하여 태어난 몬간은 아버지의 밑에서 변신 기술을 시작으로 수많은 마술을 익힌다. 똑같은 경우에서 태어난 딸 두브 라하를 사랑한 그는 멋지게 그녀의 마음을 사로잡지만 부주의가 원인으로 렌스터의 왕에게 빼앗기고 만다. 그 후 몬간은 자신의 특기인 마술을 구사해 렌스터의 왕으로부터 그녀를 구출해낸다.

### 사나스 호르믹(코르막 어록집)
Sanas Chormaic

9세기경에 작성된 법률 용어나 시, 지명, 인명 해설서. 아나(다나), 브레스, 마나난 등 투아하 데 다난의 신들에 관한 당시의 해설이 쓰여 있다.

## 얼스터 이야기

아일랜드 제일의 영웅 쿠 훌린의 활약을 그린 『쿨리네의 황소 사냥』을 중심으로 한 이야기들이다. 이야기의 대부분은 아일랜드 북부에 위치한 얼스터의 왕 콘코바와 그 밑에 모인 붉은 가지 기사단, 그들의 라이벌이자 아일랜드 서부 코노트의 왕 알릴과 여왕 메이브와 같은 인물을 중심으로 전개된다.

### 쿨리네의 황소 사냥
Táin Bó Cúailnge

얼스터의 젊은 영웅 쿠 훌린과 코노트의 여왕 메이브의 싸움을 그린 이야기. 수소 핀베나하에게

이길 수소를 가지지 않았기 때문에 남편 알릴과의 재보 비교에서 진 메이브는 얼스터의 유명한 소돈 쿨리네를 손에 넣기 위하여 제국연합과 함께 얼스터를 침공한다. 임부 마하의 저주로 쇠약해져 있던 얼스터의 성인남성을 대신해 소년 쿠 훌린은 홀로 연합군을 막아낸다. 쿠 훌린이 메이브를 붙잡아 힘을 되찾은 얼스터군은 연합군을 몰아내지만, 돈 쿨리네는 코노트에게 빼앗긴다. 그 후 돈 쿨리네는 핀베나하와 싸우다 함께 죽는다.

### 우슈네의 아들들의 유랑
Longas mac nUislenn

얼스터의 젊은 전사 노이시와 늙은 얼스터의 왕 콘코바의 약혼자 데어드레의 도피행 이야기. 콘코바는 그들의 안전을 보장하고 얼스터로 불러들이지만 그들을 속여 노이시와 그 형제를 살해. 붙잡힌 데어드레도 콘코바의 괴롭힘을 견디지 못하고 자살한다. 이 사건을 계기로 페르구스를 시작으로 수많은 전사들이 얼스터를 떠나 훗날 『쿨리네의 황소 사냥』으로 이어진다.

### 울라드인의 쇠약
Noínden Ulad

얼스터가 어떻게 하여 저주를 받았는지에 대한 이야기. 얼스터의 부호 크룬흐는 왕의 앞에서 처 마하가 왕의 말보다 빠르게 달릴 수 있다고 자랑한다. 화가 난 왕은 마하가 임부임에도 경주를 강요했고, 마하는 왕의 말보다 빨리 달리지만 골에서 쌍둥이를 낳고 죽는다. 마하는 죽을 때 얼스터의 남자들이 나라가 위기에 처할 때 임부의 괴로움을 맛보도록 저주를 걸었고, 얼스터의 남자들은 9대에 걸쳐 저주를 받게 되었다.

### 울라드인들의 주정
Mesca Ulad

먼스터의 왕 쿠 로이와 쿠 훌린의 싸움에 대한 이야기. 어느 날 심하게 취한 얼스터의 전사들은 쿠 훌린의 관이라 착각하고 쿠 로이의 관을 방문한다. 쿠 로이는 전사들을 관에 가두고 불을 지르지만 서둘러 달려온 쿠 훌린의 활약으로 관은 파괴되고 전사들은 무사히 귀환한다.

### 에베르에게 구혼
Tochmarc Emire

쿠 훌린이 처 에베르와 결혼하기까지의 이야기. 『쿨리네의 황소 사냥』 전편에 해당한다. 쿠 훌린은 에베르에게 구혼하지만 아직 젊고 무명이었기 때문에 거절한다. 그녀의 아버지 포르갈의 꼬드김에 넘어간 쿠 훌린은 그림자 나라의 여왕 스카자하의 밑에서 수행한다. 수행을 마친 쿠 훌린은 포르갈의 성을 공격하여 에베르의 요구에 충분한 무위를 과시한 후 그녀를 데리고 돌아간다.

### 에다르의 싸움
Cath Étair

콘코바가 마음에 들어 했고 욕심이 많았던 시인 아티르네의 이야기. 아티르네가 아일랜드의 나라들에서 고귀한 사람들의 처 150명을 데리고 사라진 사건으로 얼스터의 전사들은 제국연합을 상대로 싸우게 되고, 에다르 성채까지 몰린다. 하지만 코날 케르나하가 렌스터의 왕 메스 게그라와 일대일 승부에서 승리하여 포위군은 후퇴. 전리품으로 메스 게그라의 머리로 만든 뇌구는 훗날 얼스터의 왕 콘코바의 목숨을 빼앗은 흉기로 이용된다.

### 이페의 외동아들의 최후
Aided Óenfhir Aífe

쿠 훌린이 여전사 이페에게 낳게 한 아들 콘라의 이야기. 성장한 콘라는 쿠 훌린이 내린 맹약에 따라 여행에 나선다. 붉은 가지 기사단의 기사들을 쓰러뜨리고 결코 이름을 대지 않는 소년이 자신의 아들임을 깨달으면서도 쿠 훌린은 처 에베르의 제지를 뿌리치고 그와 싸워 살해한다.

### 쿠 훌린의 최후
Aided Chon Culainn

얼스터의 젊은 영웅 쿠 훌린의 최후를 그린 이야기. 코노트의 여왕 메이브는 쿠 훌린에게 원한이 있어 루가이드, 에르크, 그리고 칼라딘의 자식들을 모아 그를 살해하도록 만든다. 칼라딘의 아이들의 저주로 광란에 빠진 쿠 훌린은 쇠약해지고, 맹약을 어겨 반신이 마비된 상태로 루가이드 일행과 싸운다. 그들이 던진, 칼라딘의 아이들이 가져온 「3명의 왕을 죽이는 3자루의 창」은 애마 마하, 마부 레그, 그리고 쿠 훌린의 목숨을 빼앗았다. 죽음에 임한 쿠 훌린은 몸을 씻고 몸을 바위에 묶는다. 쿠 훌린의 죽음을 안 코나르는 루가이드 무리를 맹렬하게 추격하여 멋지게 그들의 목숨을 빼앗았다.

### 쿠 훌린의 소년 시대
Macgnímrada con Culainn

『쿨리네의 황소 사냥』 속의 에피소드 중 하나. 코노트의 왕 알릴과 여왕 메이브에게, 얼스터에서 망명한 페르구스, 코나르(혹은 코르막), 피아하는 각자 쿠 훌린이 150명의 소년을 구기로 압도했다는 것, 대장장이 쿨란의 사나운 번견을 죽이고 그 개를 대신하겠다고 나서 쿠 훌린이라고 불리게 되었다는 것, 7살에 3명의 전사를 쓰러뜨린 흥분으로 날뛰는 그를 여성의 알몸으로 놀라게 하고 물통에 던져 제정신을 차리게 했다는 것 등을 말한다.

### 쿠 훌린의 병
Serglige Con Culainn

쿠 훌린의 이세계행과 이계의 미녀 판과의 사랑 이야기. 쿠 훌린을 사랑하게 된 해신 마나난의 처 판은 강적에게 괴롭힘을 당하는 동생 부부의 도움을 그에게 의뢰, 그 보수로 쿠 훌린과 관계를 가진다. 이 사실을 안 쿠 훌린의 처 에베르는 질투로 그녀를 죽이려고 결의. 이것을 안 판은 자신의 행위를 후회하고 마나난은 그녀를 이 세계로 데리고 돌아가 쿠 훌린의 앞에서 영원히 모습을 나타내지 않는다. 쿠 훌린은 완전히 기력을 상실했고 그녀를 잊기 위해 약을 먹고서야 간신히 제정신을 되찾는다.

### 쿠 훌린의 탄생
Compert Con Culainn

얼스터의 젊은 영웅 쿠 훌린의 탄생 이야기. 얼스터의 왕 콘코바의 동생, 혹은 딸인 데히티레는 신비한 새를 쫓다가 눈보라를 만나 근처에 있던 저택으로 도망친다. 그 저택에서 데히티레는 행방불명이 되었다가 임신하여 돌아왔기 때문에 콘코바가 그 아이의 아버지임을 의심받았다. 당황한 콘코바는 데히티레를 전사 수알탐과 결혼시킨다. 그 후 태어난 아이가 세탄타, 즉 쿠 훌린이라고 한다. 세탄타가 광명의 신 루의 자식이라는 자료와 데히티레가 돌보다가 죽은 루의 자식이 다시 태어난 것이라는 자료가 있다.

### 케트 막 마가하의 최후
Aided Cheit mac Mágach

얼스터의 전사 코나르의 이야기. 강적 케트 막 마가하를 쓰러뜨린 코나르는 자신도 큰 상처를 입는다. 그때 지나가던 남자 베르흐는 그를 집으로 불러들이고 상처가 나으면 싸우겠다고 약속한다. 하지만 베르흐는 코나르를 암살하려고 하였고, 세 명의 아들에게 침소에 들어간 코나르를 공격하도록 명령한다. 이 사실을 안 코나르는 베르흐를 자기 대신 침소에 가두고 세 명의 아들들에게 그를 죽이게 하였다. 그리고 그 아들들마저 물리쳐 그들의 목을 나란히 놓고 의기양양하게 들어올렸다.

### 켈트하르 막 우타카르의 최후
Aided Cheltchair maic Utechair

마창 룬의 소유자인 켈트하르의 이야기. 부호 브라이의 처와 관계를 가진 그를 살해하려 하자, 얼스터를 3개의 재액에서 구하겠다는 보상을 하게 된 켈트하르는 얼스터를 어지럽히는 전사 콘간프네스, 그리고 마견을 쓰러뜨려 두 개까지 보상을 한다. 마견이 낳은 빨강, 반점, 검은색의 강아지 중 검은색의 강아지를 거둔 켈트하르였지만 개가 성장하여 얼스터를 곤경에 빠뜨렸기 때문에 그는 세 번째 보상으로 개와 싸울 것을 강요받는다. 재주 좋게 개는 쓰러뜨렸지만 그 심장에서 흐른 독혈이 창을 타고 그에게 떨어져, 켈트하르는 목숨을 잃는다.

### 콘코바의 최후
Aided Chonchobuir

얼스터의 왕 콘코바의 최후를 그린 이야기. 코노트의 전사 케트는 얼스터에 보관되어 있던 렌스터의 왕 메스 게그라의 뇌구를 훔쳐 콘코바를 공격한다. 다행히 콘코바는 목숨을 부지했지만 이마에는 뇌구가 박힌 채였다. 7년 후 그리스도의 처형을 전해 들은 콘코바는 격노하며 병사를 일으키려 했다. 하지만 흥분 때문에 뇌구가 튀어나와 콘코바는 그대로 목숨을 잃는다.

### 콘코바의 탄생
Compert Chonchobuir

얼스터의 왕 콘코바의 탄생을 그린 이야기. 얼스터의 왕 에오흐의 딸 아사는 12명의 양부를 살해당해 복수를 맹세하고 네사로 불리게 된다. 하지만 카스바드에게 붙잡혀 그의 아이를 낳게 되었다. 지금 아이를 가지면 그 아이는 아일랜드에서 불굴의 명성을 얻을 수 있다는 카스바드의 예언에 따라, 그곳에 다른 남자가 없었기 때문에 그를 받아들였다는 이야기도 있다.

### 다 데르가 관의 붕괴
Togail Bruidne Dá Derga

아일랜드의 지고왕 코나레 모르의 이야기. 아일랜드의 지고왕 에다르슈케르의 처 메스 브아하라는 투아하 데 다난의 섬의 왕 넴그란과 관계를 가지고 코나레를 낳는다. 코나레는 넴그라의 조력도 있어 다음 지고왕으로 선택되는데 젖형제들의 난동을 막지 못하고 나라가 어지러워진다. 또 에다르슈케르에게 원한을 가진 투아하 데 다난이 암약으로 수많은 맹약을 어기고 궁지에 몰린다. 전신이 새빨간 망자에게 이끌려 데 다르가 관에 틀어박힌 그는 코나르를 비롯한 얼스터의 전사들의 원군도 허무하게 젖형제의 군세에 밀려 전사한다.

### 네라의 이세계행
Echtrae Nerai

코노트의 전사 네라의 이야기. 사윈제 전야, 네라는 요정의 언덕 앞에서 코노트의 수도 크루아한이 공격을 받는 환상을 본다. 요정의 언덕에서 만난 여자에게 그것이 다음 날 사윈제에 일어날 일이라는 것, 습격자는 요정들이라는 것을 들은 그는 크루아한으로 돌아가 왕 알릴과 여왕 메이브에게 그 사실을 보고한다. 사태를 무겁게 본 알릴과 메이브는 선수를 쳐서 요정의 언덕을 공격해 그들을 평정했다. 네라와 요정 여자는 그대로 언덕에 남아 크루아한으로 돌아가는 일은 없었다고 한다.

### 두 돼지치기의 탄생에 대해
De chophur in da muccida

코노트와 먼스터에 사는 요정왕을 모시는 두 명

의 돼지치기에 대한 이야기. 『쿨리네의 황소 사냥』의 전편에 해당한다. 그들은 서로의 기술을 경쟁하며 변신 기술을 구사하여 싸우지만, 지렁이로 변신했던 것을 두 마리의 수소에게 먹혀 소로 다시 태어나게 된다. 그 소들이 훗날 얼스터의 돈 쿨리네와 코노트의 핀베나하이다.

### 브리크리우의 연회
Fled Bricrenn

음험한 영주 브리크리우와 얼스터의 영웅들의 이야기. 남의 싸움을 보는 것을 좋아했던 브리크리우는 얼스터의 영웅들에게 불화의 싹을 뿌리기 위해 연회를 연다. 그리고 계획대로 쿠 훌린, 로이가레, 코나르, 그리고 그들의 처 3명을 싸우게 만든 브리크리우. 하지만 그 대가로 관이 엉망진창이 된다. 또한 현자 세한의 충고로 3명의 영웅은 싸움을 멈추고 누가 제일가는 용사인지 심판을 맡게 되었다. 코노트의 왕 알릴, 먼스터의 왕 쿠 로이는 쿠 훌린을 용자로 뽑지만, 남은 두 명은 납득하지 않는다. 그런 어느 날 수수께끼의 거인이 나타나 자신과 서로 목을 노릴 용자를 찾았다. 유일하게 쿠 훌린만이 이 시련에 성공하여 그가 제일의 용사가 된다. 수수께끼의 거인은 쿠 로이가 변신한 모습이었다고 한다.

### 프로이히의 소 사냥
Táin Bó Froích

코노트의 전사 프로이히의 이세계행과 가족 탈환의 이야기. 『쿨리네의 황소 사냥』의 전 이야기에 해당한다. 프로이히는 코노트의 왕 알릴의 딸 핀다비르를 자신의 아내로 삼기 위해 얼스터로 가는 원정에 지원한다. 혹은 이세계에서 물의 요정과 싸웠다고도 한다. 이야기는 일단 여기서 끊기고 다음 이야기에서 프로이히는 얼스터의 전사 코나르의 조력을 얻어 사로잡힌 소들과 세 아들, 핀다비르와는 다른 처를 구출한다.

### 막 다호의 돼지 이야기
Scéla Mucce Meic Dathó

렌스터의 왕 막 다호의 엽견을 둘러싼 얼스터와 코노트의 다툼 이야기. 멋진 엽견을 가지고 있던 막 다호는 얼스터의 왕 콘코바, 코노트의 왕 알릴에게서 그 엽견의 양도를 요청받는다. 곤란해진 그와 처는 그가 소유한 훌륭한 돼지를 잡아 두 사람을 부르고 멋대로 엽견의 소유권을 두고 싸우게 만든다. 두 사람은 연회에서 격돌하지만 엽견은 얼스터 측에 붙어 마구 날뛰다가 알릴에게 죽고 만다. 그 후 남은 것은 엽견과 돼지를 잃은 막 다호, 그리고 황폐해진 관뿐이었다.

### 로이가레 부아다하의 최후
Aided Loegairi Buadaig

어떤 이야기에서도 조연을 맡을 경우가 많은 얼스터의 전사 로이가레의 최후를 그린 이야기. 얼스터의 왕 콘코바의 시인 아이드는 콘코바의 부인과 관계를 맺는 바람에 호수에 던져지는 처형을 받게 되었다. 하지만 아이드는 마술을 구사하여 매번 호수를 사라지게 만들었다. 이곳저곳을 끌려가며 전전한 끝에 결국 로이가레의 집 앞에 있는 호수는 없애지를 못하게 되었다. 그런데 자신의 집 앞에서 시인을 죽이는 것은 운수가 나쁘다며 로이가레는 검을 들고 뛰쳐나왔지만 우물에 머리를 찧고 그대로 죽어버린다. 아이드는 그 소동을 틈타 살아남는다.

### 콘코바의 이야기
Scéla ConChobair maic Nessa

콘코바가 어떻게 하여 얼스터의 왕이 되었는지를 그린 이야기. 전반은 콘코바가 왕이 된 경위, 후반은 그가 전사나 손님을 대접하는 붉은 가지의 관의 장엄함과 페르구스나 코나르와 같이 관에 모인 전사들의 위업에 대해 이야기한다.

#### 보인 강의 전투
Cath Bóinde

코노트의 여왕 메이브의 남성편력과 얼스터의 왕 콘코바가 그녀를 지키기 위해 행한 보인 강에서의 싸움 이야기. 메이브의 가족 구성이나 그녀의 사상, 남성편력이 자세히 그려져 있다.

#### 메이브의 최후
Aided Meidbe

코노트의 여왕 메이브의 최후를 그린 이야기. 메이브는 예전 코노트의 왕권을 손에 넣기 위해 자매인 크로홀라를 살해했다. 그 크로홀라와 얼스터의 왕 콘코바의 아들 포아베이는 메이브에게 복수하기 위하여 치밀한 신변조사를 행한다. 그녀가 어떤 섬의 호수에서 홀로 목욕하는 것을 안 포아베이는 그 거리를 특정해 투석 연습에 매진했다. 그리고 결국 메이브에게 오래되어 딱딱해진 치즈를 던져 살해하는 것에 성공한다.

#### 쿠 홀린의 환상의 전차
Siaburcharpat Con Culainn

기독교화한 훗날의 세계에서 쿠 홀린에 대해 그린 이야기. 아일랜드의 왕 니알의 아들 로이가레를 개종시키고 싶은 성 패트릭은 그의 바람에 응해 쿠 홀린을 사후의 세계에서 불러온다. 전차와 함께 나타난 쿠 홀린은 로이가레의 요구에 응해 과거의 위업을 자랑하지만 기독교도가 아니었기 때문에 지금은 지옥에서 고생하고 있다고 말한다.

### 핀 이야기

3세기경 아일랜드를 무대로 아일랜드의 수호를 담당한 피아나 기사단과 그 단장 핀 막 쿨의 활약을 그린 이야기. 핀과 그의 아들 오신, 손자 오스카를 다룬 바스크나 계통, 부단장 골과 영웅 디어뮈드를 다룬 모나 계통, 그리고 아일랜드의 전통적인 전도사 성 패트릭의 기록이라는 형태를 띠는 기독교 계통, 이렇게 세 가지로 분류할 수 있다.

#### 핀의 소년 시대의 행위
Macgnímartha Finn

피아나 기사단 단장 핀이 어떻게 태어나고 자랐으며 단장의 지위가 되었는지를 그린 이야기. 바스크나 씨족 출신으로 피아나 기사단의 단장이었던 쿨은 모나 씨족의 여성과 사랑에 빠진다. 하지만 그것을 싫어했던 그녀의 아버지는 쿨을 살해. 임신한 여성은 도망쳐 켈리의 왕과 결혼하여 남자아이를 낳는다. 두 여 드루이드의 밑에서 자란 디무나는 모나 씨족의 추적자를 피하기 위해 바스크나 씨족의 전사에게 맡겨져 무술을 배우고 방랑 끝에 현자 핀네가스에게 사사한다. 그리고 우연히 지혜의 연어에게서 위대한 지식을 얻는다. 핀이라고 이름을 밝힌 그는 사윈제 때 왕도 타라를 덮친 아레인이라는 마물을 쓰러뜨리고 그에 대한 상으로 피아나 기사단의 단장 자리를 되찾는다.

#### 옛 노인들의 이야기
Acallam na Senórach

핀의 아들 오신과 조카 키르타의 이야기. 피아나 기사단의 최후 생존자인 그들이 성 패트릭 일행과 아일랜드 각지를 여행하며 옛 흔적이나 지명의 유래에 대해 이야기한다. 훗날 그들은 성 패트릭에게 세례를 받아 기독교로 개종한다.

#### 핀 가집(歌集)
Duanaire Finn

핀 막 쿨의 활약을 그린 69개의 시편. 주로 핀의 아들 오신과 성 패트릭의 대화 형식으로, 그 외의 기사단의 생존자도 섞여 피아나 기사단의 영광을 노래한다.

### 핀트라그의 싸움
Cath Finntrága

아일랜드를 지키는 피아나 기사단과 「세계의 왕」의 싸움을 그린 이야기. 피아나 기사단 단장 핀이 프랑스의 왕의 딸과 사랑의 도피를 한 것에 대한 보복으로 「세계의 왕」이 아일랜드를 침공한다. 핀은 요정의 왕 적모의 보브의 힘을 빌려 아일랜드 남서쪽에서 침공하는 「세계의 왕」의 군세와 충돌하여 격전 끝에 그들을 격퇴한다.

### 핀과 오신의 말싸움
The Quarrel between Finn and Oisín

핀과 그의 아들 오신의 말싸움을 그린 작품. 핀의 행위에 화가 난 오신은 1년 동안 모습을 감추고 만다. 아일랜드 전토를 탐색한 핀은 결국 오신을 찾아낸다. 그때 오신은 돼지를 요리하고 있었다. 핀은 오신에게 일격을 먹인다. 오신은 요리를 방해한 수상한 자의 정체가 핀임을 깨닫지 못하고 두 사람은 어린아이 같은 말싸움을 벌이게 된다.

### 아투 히의 관
Bruiden Átha Hi

어느 여성을 둘러싼 핀의 모험과 지명담(地名譚)을 엮은 짧은 이야기.

### 핀은 어떻게 지식을 얻고 칼 더브를 죽였는가
Tucait fhaghbala in fesa do Finn inso ocus marbad cuil duib

핀이 카라의 수령이었던 시절의 짧은 이세계 모험담. 돼지를 삶는 모습이 주제다.

### 가우라의 싸움
Cath Cabhra

아일랜드의 지고왕 카이르브레와 피아나 기사단의 싸움을 그린 이야기. 어느 날 카이르브레의 딸이 결혼하게 되었다. 하지만 피아나 기사단은 그녀가 결혼하겠다면 우리에게도 축하 선물을 보내달라며 막대한 요구를 들이민다. 피아나 기사단의 거만함과 권력의 확대를 우려한 카이르브레는 피아나 기사단 토벌에 나선다. 한편 피아나 기사단에서는 지고왕파와 단장 핀의 파벌이 대립. 핀이 이끄는 바스크나 씨족과 부단장 골이 이끄는 모나 씨족으로 분열한다. 싸움은 핀의 손자 오스카와 카이르브레의 공멸로 막을 내린다. 핀은 손자의 죽음에 눈물을 흘리지만 핀의 아들 오신은 그에게 「당신이 죽었다고 하여도 이토록 슬프지는 않을 거야」라고 차갑게 내뱉는다.

## 웨일스 전승

켈트 신화의 일부로 다루어지는 웨일스 영웅들에 대한 이야기. 샬롯 게스트의 『마비노기온』 등이 중심 자료로 다루어진다.

### 마비노기온
Y Mbinogion

19세기 샬롯 게스트가 웨일스 전승을 남기기 위해 편찬한 12개의 이야기. 『디버드의 대공 프윌』, 『리르의 딸 브란웬』, 『리르의 아들 마나위단』, 『마소누이의 아들 마스』 등 젊은 프리데리의 일생과 그 주변을 그린 「마비노기 4장」, 『킬흐와 올웬』, 『막센 황제의 꿈』, 『루드와 레펠리스의 이야기』, 『로나부의 꿈』 등 웨일스에 전해지는 이야기를 다룬 「컴리에 전해지는 4가지 이야기」, 『샘의 귀부인』, 『에브라우크의 자식 브레두르』, 『엘빈의 자식 게라인드』 등 훗날 기사도 이야기로 이어지는 내용을 다룬「아서의 궁정의 3가지 로망스」, 여기에 더해 전설적 시인 탈리에신을 다룬『탈리에신 이야기』가 포함되어 있는데, 나중에 이것이 제외되어 11가지 이야기로 다루어진다.

### 문지기는 누구인가?
Pa ŵr yw'r porthor?

가장 오래된 아서 왕 문학으로 다루어지는 시. 문지기 글레우루이드가 아서 왕을 의심하며 종자들의 이름을 묻는다는 형식으로 전개된다. 아서 왕은 베디비어, 케이, 마나위단의 이름을 들어 그들이 어떠한 위업을 이루었는지를 글레우루이드에게 말한다.

### 게레인트의 시
Englynion Gereint

영웅 게레인트의 싸움과 그의 죽음을 그린 이야기. 아서 왕과 동시대의 인물이라고 여겨져 싸움의 묘사 안에 아서 왕이 등장한다.

### 브리튼 섬 삼제가(三題歌)
Trioedd Ynys Prydein

13~17세기의 묘사에 남아 있는 하나의 공통점을 가진 역사적, 전설적 인물들의 이름을 정리한 압운(押韻) 시집.『마비노기온』안에서도 가장 왕성하게 인용되며, 3인의 소몰이 중 하나에 프리데리의 이름이, 3명의 신발 장인 중 하나에 마나위단의 이름 등이 보인다. 또『킬흐와 올웬』의 등장인물 대다수도 이『브리튼 섬 삼제가』안에서 노래된다.

### 탈리에신 이야기
Hanes Taliesin

웨일스의 전설적인 시인 탈리에신 탄생에 대한 이야기. 마녀 케리드윈은 추한 아들에게 적어도 지혜만큼은 익힐 수 있도록 마법의 비약을 만든다. 그 작업을 맡았던 난장이 귀온 바하는 마법의 냄비에서 튄 세 방울의 국물을 마시는데, 이것이야말로 케리드윈이 만들려고 했던 비약이었다. 미쳐 날뛰는 케리드윈에게서 도망치기 위해 그는 여러 번 모습을 바꾸지만 최종적으로는 그녀에게 먹혀 갓난아기로 다시 태어난다. 갓난아기의 아름다움에 죽일 수 없었던 케리드윈은 그를 바다에 버린다. 웨일스 북부의 왕자 엘핀에게 거두어진 그는 탈리에신이란 이름을 받고 비범한 재능을 발휘하여 위기에 빠진 엘핀을 구한다.

### 고도딘
Y Gododdin

부호 매니독의 종자 고도딘의 싸움을 그린 서사시. 훗날에 덧붙인 것이 아니라면 가장 먼저 아서 왕을 등장시킨 이야기가 된다. 의를 중시하는 부자 매니독은 군세를 이끌고 색슨족에게 승산 없는 싸움을 건다. 한 명의 병사만이 살아남아 카트라이스에서 벌인 싸움의 모습을 전했다고 한다. 아서 왕은 용맹함의 예로서 때때로 이야기에 등장하는데, 묘사되는 몇 번의 싸움은 그의 일이 아닌가 하고 이야기되고 있다.

### 안누븐의 약탈
Preiddeu Annwfn

『탈리에신의 서』에 수록된 아서 왕의 이세계 모험을 그린 시. 아서 왕은 안누븐에 있다는 마법의 큰 솥을 노리고 안누븐을 침공한다. 9명의 처녀의 숨으로 불길이 유지되고 용감한 전사밖에 요리할 수 없다는 이 큰 솥은 보석으로 장식되었으며 사방이 유리로 만들어진 성에 보관되어 있었다. 프리드윈이라는 배로 출항한 아서 왕의 군세는 겨우 7명밖에 살아서 돌아오지 못했다고 한다. 큰 솥을 빼앗았는지에 대해서는 언급하지 않는다.

## 이세계 모험담, 해양 모험담

아일랜드의 이야기 중에서 가장 인기가 높은 이야기의 분류. 그 이름대로 이세계로 떠난 모험을 다룬 내용과 해양에서 벌인 모험을 다룬 것으로 나누어진다.

### 코르막의 이세계행
Echtra Chormaic I dTír Tairngiri

3세기에 실존했다고 여겨지는 이상적인 왕 코르막의 이야기. 수수께끼의 남자가 가진 3가지 보물과 바꾸어 가족을 빼앗긴 코르막은 가족을 찾는 여행에 나선다. 긴 여행 끝에 다다른 이세계의 관에서 주인에게 받은 과제를 무사히 해결한 코르막은 수수께끼의 남자, 그리고 이세계의 관의 주인의 정체가 해신 마나난임을 알게 된다. 마나난은 왕의 정의를 말하고 코르막에게 가족을 돌려줌과 동시에 3개의 보물을 주었다. 왕궁에서 눈을 뜬 코르막은 모든 것이 꿈인 줄만 알았지만 그 손에는 3가지의 보물이 들려 있었다고 한다.

### 콘라의 이세계행
Echtrae Chonnlai

아일랜드의 전설적인 왕, 백전의 콘의 아들 콘라의 이야기. 이세계의 미녀를 사랑한 콘라는 그녀가 준 사과만을 먹으며 살기 시작한다. 그리고 결국은 아버지의 반대를 무릅쓰고 미녀가 이끄는 대로 수정의 배에 타고 여행을 떠나 결국 돌아오지 않았다.

### 브란의 항해
Immram Brain

아일랜드의 왕자 브란의 모험담. 신비한 미녀에게 은으로 된 작은 가지를 건네받고 「여인의 나라」의 존재를 알게 된 왕자 브란은 동지를 모아 항해에 나선다. 도중에 해신 마나난의 조언에 힘입어 브란 일행은 무사히 「여인의 나라」에 다다른다. 즐겁게 살던 브란 일행이었지만 동료 중 하나가 고향으로 돌아가고 싶다 하여 「여인의 나라」의 여왕들이 말리는 것도 뿌리치고 다시 바다로 나온다. 아일랜드에 도착한 일행 중 한 명이 육지에 내려서자 그는 단숨에 잿더미가 되어 사라진다. 해안에 모인 사람들의 이야기로 몇 백 년의 시간이 지났음을 알게 된 브란 일행은 자신들의 체험을 밝히고 다시 바다 저편으로 사라진다.

### 마일 둔의 항해
Immram Curaig Maíle Dúin

왕의 궁정에서 자란 젊은이 마일 둔의 이세계행. 왕의 궁정에서 젖형제들과 아무런 불편함 없이 살던 마일 둔은 결투 끝에 격파한 상대에게서 자신의 출신을 듣고 아버지의 적을 쓰러뜨리기 위해 동지와 함께 여행에 나선다. 하지만 고난으로 가득찬 이세계의 항해와 더불어 가족이었던 젖형제들의 죽음 끝에 복수의 허무함을 알게 된 그는 복수할 상대를 용서하고 아일랜드로 돌아온다.

# 색인

〈가〉



〈나〉



〈다〉

## 〈사〉



## 〈아〉

## 〈자〉



## 〈차〉



## 〈카〉

## 〈타〉



## 〈파〉

## 〈하〉

## 참고문헌


### ■전승, 고문헌, 이야기

**『アーサー王の死　中世文学集1』** T.マロリー著／W.キャクストン編／厨川文夫、厨川圭子編訳　：筑摩書房
**『アイルランドの民話』** ヘンリー・グラッシー編／大澤正佳、大澤薫訳　：青土社
**『アイルランドの民話と伝説』** 三宅忠明著：大修館書店
**『オシァン　ケルト民族の古歌』** ジェイムズ・マクファソン著／中村徳三郎訳　：岩波書店
**『ガリア戦記』** カエサル著／近山金次訳　：岩波書店
**『ケルトの神話・伝説』** フランク・ディレイニー著／鶴岡真弓訳　：創元社
**『ケルト魔法民話集』** 小辻梅子訳編　：社会思想社
**『ケルト妖精物語』** W.B.イエイツ編／井村君江編訳　：筑摩書房
**『ケルト幻想物語』** W.B.イエイツ編／井村君江編訳　：筑摩書房
**『ケルト妖精物語Ⅰ』** ジョーゼフ・ジェイコブズ編／山本史郎訳　：原書房
**『ケルト妖精物語Ⅱ』** ジョーゼフ・ジェイコブズ編／山本史郎、山本泰子訳　：原書房
**『ケルト妖精民話集』** J.ジェイコブス編／小辻梅子訳編　：社会思想社
**『ケルト幻想民話集』** 小辻 梅子訳編　：社会思想社
**『ケルト魔法民話集』** 小辻 梅子訳編　：社会思想社
**『トーイン　クアルンゲの牛捕り』** キアラ・カーソン著／栩木伸明訳　：東京創元社
**『フィン・マックールの冒険　アイルランド英雄伝説』** バーナード・エヴスリン著／喜多元子訳 社会思想社
**『マビノギオン　ケルト神話物語　シャーロット・ゲスト版』** シャーロット・ゲスト著／井辻朱美訳 原書房
**『マビノギオン　中世ウェールズ幻想物語集』** シャーロット・ゲスト著／中野節子訳／徳岡久生協力 ：JULA出版局
**『マン島の妖精物語』** ソフィア・モリソン著／ニコルズ恵美子訳　：筑摩書房
**『炎の戦士クーフリン ケルト神話』** ローズマリー・サトクリフ著／灰島かり訳　：ほるぷ出版
**『黄金の騎士フィン・マックール　ケルト神話』** ローズマリー・サトクリフ 著／金原瑞人、久慈美貴訳 ：ほるぷ出版
**『神話伝説大系 G 愛蘭神話伝説集』** 八住利雄編　:近代社
**『西洋中世綺譚集成　アイルランド地誌』** ギラルドゥス・カンブレンシス著／有光秀行訳　：青土社
**『中世騎士物語』** ブルフィンチ作／野上弥生子訳　：岩波書店

### ■사전, 도감

**『ケルト事典』** ベルンハルト・マイヤー著／鶴岡真弓監修／平島直一郎訳　：創元社
**『ケルト神話・伝説事典』** ミランダ・J・グリーン著／井村君江監訳／渡辺充子、大橋篤子、北川佳奈訳 ：東京書籍
**『ケルト文化事典』** ジャン・マルカル著／金光仁三郎、渡邉浩司訳　：大修館書店
**『ヴィジュアル版　世界の神話百科　ギリシア・ローマ／ケルト／北欧』** アーサー・コットレル著／松村一男、蔵持不三也、米原まり子訳　：原書房
**『神話・伝承事典　失われた女神たちの復権』** バーバラ・ウォーカー著／山下主一郎ほか共訳　：大修館書店
**『図説　服装の歴史　上』** アドルフ・ローゼンベルグ著／エードゥアルト・ハイク文／飯塚信雄監修／高橋吉文、土合文夫訳　：国書刊行会
**『世界服飾文化史図鑑』** アルベール・ラシネ原著／アイリーン・リベイロ編／国際服飾学会訳編　：原書房
**『西洋服装史』** フランソワ・ブーシェ著／石山彰監修　：文化出版局

### ■연구서, 해설서

**『「ケルト神話」がわかる　ダーナの神々、妖精からアーサー王伝説まで』** 森瀬繚、静川龍宗著　：ソフトバンククリエイティブ
**『アイルランド文学はどこからきたのか　英雄・聖者・学僧の時代』** 三橋敦子著　：誠文堂新光社
**『アーサー王伝説』** リチャード・キャヴェンディッシュ著　高市順一郎訳　：晶文社
**『アイルランド』** ルネ・フレシェ著／山口俊章、山口俊洋訳：白水社
**『アイルランドの文学精神　7世紀から20世紀まで』** 松岡利次著　：岩波書店
**『ケルト　生と死の変容（中央大学人文科学研究所研究叢書16）』** 中央大学人文科学研究所編　：中央大学出版部
**『ケルト　伝統と民族の想像力（中央大学人文科学研究所研究叢書8）』** 中央大学人文科学研究所編 ：中央大学出版部
**『ケルト復興（中央大学人文科学研究所研究叢書25）』** 中央大学人文科学研究所編　：中央大学出版部
**『ケルト口承文化の水脈（中央大学人文科学研究所研究叢書25）』** 中央大学人文科学研究所編　：中央大学出版部
**『ケルトと日本』** 鎌田東二、鶴岡真弓編著　：角川書店
**『ケルト神話　女神と英雄と妖精と』** 井村君江著　：筑摩書房

『ケルト神話』プロインシァス・マッカーナ著／松田幸雄訳　：青土社
『ケルト神話（Truth In Fantasy 85）』池上正太著　：新紀元社
『ケルト神話と中世騎士物語　「他界」への旅と冒険』田中仁彦著　：中央公論社
『ケルト神話の世界』ヤン・ブレキリアン著／田中仁彦、山邑久仁子訳　：中央公論社
『ケルト人　蘇るヨーロッパ<幻の民>（「知の再発見」双書35）』クリスチアーヌ・エリュヌール著／鶴岡真弓監修　：創元社
『ケルト人の世界』T.G.E.パウエル著／笹田公明訳　：東京書籍
『ケルト人の歴史と文化』木村正俊著　：原書房
『ケルト美術』鶴岡真弓著　：筑摩書房
『ケルト文明とローマ帝国　ガリア戦記の舞台（「知の再発見」双書114）』フランソワーズ・ベック、エレーヌ・シュー著／鶴岡真弓監修／遠藤ゆかり訳　：創元社
『ゲルマン、ケルトの神話』E・トンヌラ、G・ロート、F・ギラン著／清水茂訳　：みすず書房
『ミステリアス・ケルト　薄明のヨーロッパ』ジョン・シャーキー著／鶴岡真弓訳　：平凡社
『虚空の神々（Truth In Fantasy6）』健部伸明と怪兵隊著　：新紀元社
『図解ドルイド』ミランダ・J・グリーン著／井村君江訳　：東京書籍
『図説ケルト』サイモン・ジェームズ著／井村君江監訳／吉岡晶子、渡辺充子訳
『図説ケルトの歴史　文化・美術・神話をよむ』鶴岡真弓、松村一男著　：河出書房新社
『世界宗教史3』ミルチア・エリアーデ著　：筑摩書房
『二つのケルト　その個別性と普遍性』小辻梅子、山内淳編　：世界思想社

## ■기행문

『アイルランド民話紀行　ー語り継がれる妖精たち』松島まり乃著　：集英社

## ■언어

『ゲール語基礎15000語』三橋敦子編　：大学書林
『ゲール語四週間』C.O.ガルホール、三橋敦子著　：大学書林
『ニューエクスプレス　アイルランド語』梨本邦直著　：白水社

## ■영문 자료

『A Social History of Ancient Ireland』Edited by P.W. Joyce　：BIBLIOLIFE
『CATH MAIGE TUIRED The Second Battle of Mag Tuired』Edited by Elizabeth A. Gray　：IRISH TEXTS SOCIETY
『Celtic fashions』Edited by Tom Tierney　：DOVER PUBLICATIONS, INC.
『Dictionary of Celtic Mythology』Edited by Peter Berresford Ellis　：ABC-CLIO
『Irish Folktales』Edited by Henry Glassie　：Pantheon Books
『Lebor Gabála Érenn: The Book of the Taking of Ireland part 3』Edited by Robert Alexander Stewart Macalister　：IRISH TEXTS SOCIETY
『Old Celtic Romances Tales from Irish Mythology』Edited by P.W.Joyce　：Dover Publications
『Sanas Chormaic. Cormac's Glossary』Edited by John O'Donovan, Whitley Stokes　：Nabu Press
『The Battle of Moytura』Edited by Anonymous　：Kessinger Publishing
『The Celtic Encyclopedia Volume 2』Edited by Harry Mountain　：Upublish.Com
『The Celtic Encyclopedia Volume 3』Edited by Harry Mountain　：Upublish.Com
『The Celtic Encyclopedia Volume 4』Edited by Harry Mountain　：Upublish.Com
『The Colloquy With The Ancients』Edited by Standish Hayes O'Grady Kessinger　：Pub Co
『The Langeuage of the Annals of Ulster』Edited by Tomás Ó Máille　：BIBLIOLIFE
『The encyclopedia of Celtic mythology and folklore』Edited by Patricia Monaghan　：Facts On File

## ■잡지, 논문

『説話・伝承学　第14号』「アーサー王伝説「石から抜かれた剣」ーケルト神話が結ぶインド=ヨーロッパの観念ー」鶴岡真弓著　：説話・伝承学会

## ■참조 홈페이지

『Celt Corpus of Electlronic Text』http://www.ucc.ie/celt/index.html
『The Celtic Literature Collective』http://www.maryjones.us/ctexts/index_irish.html

# 도해 켈트 신화

초판 1쇄 인쇄 2014년 10월 20일
초판 1쇄 발행 2014년 10월 25일

저자 : 이케가미 료타
일러스트 : 시부야 유우지
시부야 치즈루
DTP : Tokyo Color Photo Process 주식회사
편집 : 주식회사 신기겐샤 편집부
번역 : 곽형준

〈한국어판〉
펴낸이 : 이동섭
편집 : 이민규
디자인 : 고미용, 이은영
영업 · 마케팅 : 송정환
e-BOOK : 홍인표
관리 : 이윤미

㈜에이케이커뮤니케이션즈
등록 1996년 7월 9일(제302-1996-00026호)
주소 : 121-842 서울시 마포구 서교동 461-29 2층
TEL : 02-702-7963~5 FAX : 02-702-7988
http://www.amusementkorea.co.kr

ISBN 978-89-6407-769-6 03900



이 도서의 국립중앙도서관 출판예정도서목록(CIP)은
서지정보유통지원시스템 홈페이지(http://seoji.nl.go.kr)와
국가자료공동목록시스템(http://www.nl.go.kr/kolisnet)에서 이용하실 수 있습니다.
(CIP제어번호: CIP2014027241)

*잘못된 책은 구입한 곳에서 무료로 바꿔드립니다.